PREPÁRENSE PARA PERDER

PREPÁRENSE PARA PERDER

Diego Torres

GRUPO ZETA

Barcelona • Madrid • Bogotá • Buenos Aires • Caracas • México D.F. • Miami • Montevideo • Santiago de Chile

1.ª edición: septiembre 2013

© Diego Torres, 2013
© Ediciones B, S. A., 2013
   Consell de Cent, 425-427 - 08009 Barcelona (España)
   www.edicionesb.com

Printed in Spain
ISBN: 978-84-666-5366-4
Depósito legal: B. 16.474-2013

Impreso por Liberdúplex, S.L.U.

A los futbolistas valientes

Dramatis personae

- JOSÉ MOURINHO (Setúbal, 1963). Mánager del Real Madrid.
- FLORENTINO PÉREZ (Madrid, 1947). Presidente de ACS y del Real Madrid.
- JORGE MENDES (Lisboa, 1966). Representante de futbolistas y empresario.
- JOSÉ ÁNGEL SÁNCHEZ (Segovia, 1968). Director General Ejecutivo del Real Madrid.
- IKER CASILLAS (Madrid, 1981). Portero y capitán del Real Madrid y la selección de fútbol de España.
- SERGIO RAMOS (Sevilla, 1986). Defensa y segundo capitán del Real Madrid.
- CRISTIANO RONALDO (Madeira, 1985). Delantero del Real Madrid.
- ZINEDINE ZIDANE (Marsella, 1972). Asesor de Florentino Pérez.
- ANTONIO GARCÍA FERRERAS (León, 1970). Asesor de Florentino Pérez.
- AITOR KARANKA (Vitoria, 1973). Ayudante de campo de Mourinho.
- SILVINO LOURO (Setúbal, 1959). Entrenador de porteros del Real Madrid.

- RUI FARIA (Balugães, 1975). Preparador físico del Real Madrid.
- XABI ALONSO (Tolosa, 1981). Centrocampista del Real Madrid.
- LASS DIARRA (París, 1985). Centrocampista del Real Madrid.
- PEDRO LEÓN (Muelas, 1986). Centrocampista del Real Madrid.
- PEPE (Maceió, 1983). Defensa del Real Madrid.
- GONZALO HIGUAÍN (Brest, 1987). Delantero del Real Madrid.
- KARIM BENZEMA (Lyón, 1987). Delantero del Real Madrid.
- MARCELO (Rio, 1988). Lateral del Real Madrid.
- MESUT ÖZIL (Gelsenkirchen, 1988). Media punta del Real Madrid.
- ÁLVARO ARBELOA (Salamanca, 1983). Lateral del Real Madrid.
- ÁNGEL DI MARÍA (Rosario, 1988). Extremo del Real Madrid.
- SAMI KHEDIRA (Stuttgart, 1987). Centrocampista del Real Madrid.
- KAKÁ (Gama, 1982). Media punta del Real Madrid.
- FABIO COENTRÃO (Viana do Conde, 1988). Lateral del Real Madrid.
- JÜRGEN KLOPP (Stuttgart, 1966). Entrenador del Borussia Dortmund.
- PEPE MEL (Madrid, 1963). Entrenador del Betis.
- SERGIO BALLESTEROS (Burjasot, 1975). Defensa del Levante.
- ASIER DEL HORNO (Baracaldo, 1981). Defensa del Levante.
- LIONEL MESSI (Rosario, 1987). Jugador del Barcelona.

1

Llanto

Piensa en esto: cuando te regalan un reloj te regalan un pequeño infierno florido, una cadena de rosas, un calabozo de aire.

JULIO CORTÁZAR, *Preámbulo
a las instrucciones para dar cuerda a un reloj*

—¡Ha llorado! ¡Ha llorado...!

El 8 de mayo de 2013, la gente que trabajaba para la empresa Gestão de Carreiras de Profissionais Desportivos S. A., Gestifute, la compañía de representación más importante del mundo de la industria del fútbol, amaneció en un estado de excitación desconocido. José Mourinho no paraba de llamar a los empleados. Sus interlocutores le habían oído sollozar ruidosamente y corrían la voz. El hombre más temido de la empresa estaba demolido.

La noticia de que Sir Alex Ferguson había nombrado a David Moyes como su sucesor en el cargo de mánager del Manchester United provocó un terremoto. El United, el club más valorado del planeta por los inversores bursátiles, era el equivalente a la gran corona imperial del márketing futbolístico, y su puesto de mánager, ocupado durante 28 años por un magnífico patriarca, tenía connotaciones míticas.

Los términos de la abdicación de Ferguson eran el *scoop* más ansiado por los traficantes de secretos de la Premier. Hubo quienes se afanaron durante años preparando una trama de conexiones privilegiadas que les permitiera adivinar antes que nadie cuándo se produciría la vacante. Jorge Mendes, presidente y propietario de Gestifute, trenzó con Old Trafford más lazos que ningún agente. Ningún representante hizo negocios más voluminosos ni más raros con Ferguson. Nadie preparó con más cuidado a un delfín ni supo transmitir a los medios de comunicación la idea de que existía un sucesor predestinado. Si el efecto propagandístico profundizó en la conciencia de un hombre, ese fue el propio aspirante. Mourinho, alentado por su abnegado agente, creyó que Ferguson era, además de un aliado, su amigo y padrino. Se convenció de que les unía una relación de genuina confianza. Pensó que su fabulosa colección de títulos, sus dos Copas de Europa, sus siete Ligas y sus cuatro Copas en cuatro países distintos constituían un aval inaccesible para todos los demás pretendientes. Cuando supo que Ferguson había elegido a Moyes, el mánager del Everton, lo asaltó una espantosa incredulidad. ¡Moyes no había ganado absolutamente nada!

Fueron las horas más desgraciadas de Mourinho en su etapa como mánager del Real Madrid. Las sobrellevó entre el duermevela y la vigilia, pegado al móvil en busca de aclaraciones, entre la noche del 7 y la mañana del 8 de mayo, metido en el hotel Sheraton Mirasierra. Había llegado por la tarde en su Audi plateado, acompañado de su hijo de 12 años, José Mario, sin sospechar lo que se avecinaba. En la muñeca izquierda lucía el reloj «Mourinho CityEgo», modelo de la firma De la Cour valorado en unos 20.000 euros. La carcasa escondía una inscripción grabada en cristal de zafiro: *«I am not afraid of the consequences of my decisions.»*

A Mourinho le fascinaban los relojes de lujo. No solo usaba

los de la marca que patrocinaba. Los coleccionaba compulsivamente. Sostenía que en su muñeca no podía llevar cualquier objeto. Teorizaba sobre la necesidad íntima de que aquello que rozaba su piel fuese un instrumento único. Distintivo.

Esa tarde se preparaba para concentrarse con el equipo antes de disputar la jornada 36 de Liga contra el Málaga en el Bernabéu. Lo embargaba la pesadumbre. Sabía que su reputación de líder carismático estaba dañada y lo atribuía a su estancia en Chamartín. El comportamiento de los españoles le parecía agobiante, la organización del club jamás colmó sus expectativas, y estaba harto de sus futbolistas. Les había acusado de traición ante el presidente, Florentino Pérez, y para demostrarles su desprecio resolvió no acompañarlos en el autobús del equipo y acudir al hotel por su cuenta. Separado de la plantilla en un gesto simbólico. Le recibieron un grupo de hinchas radicales del grupo Ultras Sur, desplegando una pancarta de 20 metros junto a la entrada del Sheraton. «Mou, te queremos», ponía. Cuando el autobús aparcó con la plantilla y los jugadores comenzaron a bajar, uno de los fanáticos, escondido tras la pancarta, expresó la sensación que arraigaba en el sector más violento de la afición.

—¡Casillas! ¡Deja de filtrar y vete a tomar por el culo!

La sospecha de que Casillas, el capitán y el futbolista más representativo de la masa social, era un topo y un saboteador, había sido cuidadosamente extendida por Mourinho durante sus reuniones con Florentino Pérez y algunos de sus asesores. Ciertos medios de comunicación multiplicaron los chismes sin que el club hiciera nada por contrarrestarlo, y el silencio del portero fue suficiente para que una porción de los seguidores le diera por culpable. Para culminar su obra de descrédito, el mánager pronunció una conferencia de prensa ese mismo mediodía insinuando que el portero intentaba manipular a los entrenadores para ganarse el puesto de forma ilegítima.

—Del mismo modo —dijo— que Casillas puede llegar y decir: «A mí me gusta un entrenador como Del Bosque, un entrenador como Pellegrini, un entrenador más manejable como no sé quién...» ¡Es legítimo que lo diga! Yo como entrenador tengo legitimidad para decir: ¡me gusta más Diego López! Y conmigo, mientras yo sea entrenador del Madrid, va a jugar Diego López. ¡No tiene historia!

El clima en el Sheraton era lóbrego esa noche cuando desde Inglaterra comenzaron a circular rumores contradictorios sobre la retirada de Ferguson. Las páginas del *Mirror* y el *Sun* ofrecían un panorama inquietante en Internet. El portugués estaba seguro de que Sir Alex, en caso de tomar una decisión así, le llamaría, al menos para comunicárselo. Pero nada. Según la gente que le prestaba apoyo logístico desde Gestifute, no recibió ni un mensaje de texto. Nada. Durante horas lo embargó una angustia incontenible. Estuvo haciendo llamadas hasta la madrugada para intentar confirmar los datos con periodistas y amigos británicos. Mendes lo supo inmediatamente pero no se atrevió a decirle toda la verdad. No le quiso comunicar que jamás había tenido la más mínima posibilidad. Fue otro empleado de Gestifute quien le anunció que, definitivamente, Moyes era el sucesor.

Lo atormentó el recuerdo de la entrevista que Sir Bobby Charlton había concedido al *Guardian* en diciembre. Los juicios del legendario ex futbolista y miembro del consejo directivo del United le causaron gran incertidumbre. «Un mánager del United no haría lo que él le hizo a Tito Vilanova», zanjó Charlton, evocando el dedo en el ojo, cuando le preguntaron si le veía como un sucesor para Ferguson. «Mourinho es realmente un buen entrenador, pero yo no iría más allá.» Respecto a la cuestión de la admiración que le profesaba el propio Ferguson, el veterano vino a decir que aquello era una fábula: «A él no le gusta demasiado.»

Mourinho prefirió creer en las cosas que Ferguson le contaba a él antes que dejarse agobiar por lo que un diario decía que Charlton decía. Pero aquella noche, la venerable figura de Sir Bobby asaltó su imaginación con fuerza reveladora. Había cumplido 50 años y tal vez se le cruzó por la mente su condición mortal. Ya no habría más Manchester United para él. No más sueños colosales. Solo la realidad. Solo el declive en España devorando su prestigio a cada minuto. Solo la mano tendida de Abramovich.

Por la mañana llamó a Mendes para que se pusiera en contacto con el United urgentemente. Hasta el final, quiso que su agente presionara al club inglés en un intento de bloquear cualquier operación. Fue un acto de desesperación. Ambos sabían que Mendes había puesto a Mourinho en el mercado desde hacía un año. David Gill, el director ejecutivo del United, mantenía conversaciones regulares con Gestifute y estaba al corriente de la disposición de Mourinho. Pero no le interesaba como mánager. A Mendes ya les habían dicho en el otoño de 2012 que la primera opción de Ferguson era Pep Guardiola. Le habían explicado las razones. En Gestifute, el mensaje de un ejecutivo del United retumbaba como un tambor:

—El problema es que cuando a «Mou» no le van bien las cosas, él no hace política de club. Hace política de José.

Lo que más espantó a Mourinho fue que la opinión pública concluyera que había hecho el ridículo. Se sentía engañado por Ferguson y temió que alguien pudiera dejar de tomarle en serio. Durante años, el aparato de propaganda que actuaba a su servicio había divulgado la idea de una amistad que ahora se revelaba como una imagen fantasiosa. Para darle coherencia a los hechos a la luz pública, los asesores de Gestifute le aconsejaron que dijera que él ya lo sabía todo porque Ferguson le había llamado para informarle. El 9 de mayo, alguien de Gestifute se puso en contacto con el diario *Record* para contar que Ferguson le ofreció su corona a Mourinho hacía cuatro meses, pero que la rechazó porque su mujer prefería vivir en Londres, y que por eso había acabado por inclinarse por el Chelsea. Al mismo tiempo, Mourinho ofreció una entrevista en Sky en donde declaró que Ferguson le mantuvo puntualmente al tanto de sus intenciones, pero que nunca le hizo esa oferta porque él sabía perfectamente que quería entrenar al Chelsea. Las contradicciones no estaban previstas.

Algo parecido a la depresión aplastó al mánager desde el fatídico 7 de mayo. Durante dos semanas desapareció de la escena pública y prácticamente no dirigió la palabra a los jugadores. Por primera vez en años, españoles y portugueses coincidieron observándole desde la distancia, como quien vigila a un lunático. El 17 de mayo debían disputar la final de la Copa del Rey ante el Atlético. La preparación del partido les hizo prever lo peor. El resentimiento era pegajoso. Si Mourinho se sentía traicionado, la plantilla le veía como a alguien cuya influencia podía destrozar la carrera a cualquiera. ¿Si había puesto en peligro a Casillas, el capitán más formidable de la historia del fútbol español, cómo debían sentirse los demás? Un testigo que asistió a los acontecimientos desde el interior de Valdebebas determinó una comunión diabólica: a los futbolistas no les importaba perder para que perdiera Mourinho, y a Mourinho tampoco pues así perdían los futbolistas.

El 16 de mayo, el mánager se presentó en el hotel de concentración con un «trivote» bajo el brazo. «Trivote», en la jerga de los futbolistas, era el término que definía el modelo táctico que Mourinho decía haber inventado. Sus ejecutantes variaban según diversas circunstancias. El plan, presentado en la pantalla mural del hotel, dispuso a los elegidos: Modric, Alonso y Khedira. Esto condicionó la ubicación de Özil, el jugador más creativo, que fue desplazado a la derecha, a un puesto en donde se sentía aislado. Adelante situó a Benzema y Cristiano. Atrás, a Essien, Albiol, Ramos y Coentrão. En la portería, a Diego López.

Las charlas tácticas de Mourinho se habían caracterizado por una inflamación hipnótica. El hombre vibraba. Cada idea que transmitía parecía proceder de lo más vivo de su sistema nervioso. Ese día no sucedió. Llevaba tiempo aislado en su despacho, con los ojos hundidos, absorto, pálido, melancólico. Los jugadores dudaron. Algunos interpretaron pura indolencia; otros le vieron sencillamente perdido, como si dijera cosas que no comprendía.

—Parecía un holograma —recordó uno de los asistentes.

—Solo le faltó bostezar —apuntó otro.

La sala se sumió en un silencio tenso. El entrenador les estaba proponiendo sobre la pizarra hacer algo que no habían practicado en toda la semana. Incomprensible, pero frecuente en los últimos meses. Les indicó que, después de años poniendo en práctica este esquema, lo debían tener tan asimilado que no necesitaban entrenarlo. Les bastaría con su explicación para entender cómo moverse en ataque. Como de costumbre, a Özil le cayeron las consignas más complejas. El alemán tenía que tapar la banda cuando el equipo no tuviera la pelota. Cuando la recuperaba, le mandó desplazarse al medio y asociarse con Modric.

Los jugadores entendieron que para ganar amplitud y profundidad lo lógico habría sido colocar a un extremo a la derecha, alguien como Di María, dejar a Özil en el eje y retrasar a Modric a la posición de Khedira. Pero el mánager consideró que, puesto que Modric carecía del suficiente fondo físico, necesitaba sostener el armazón defensivo con Khedira. La divergencia de criterios nunca fue expresada. Durante años la comunicación entre el jefe y sus subordinados consistió en una autopista de un solo sentido. En esa ocasión apenas hubo nada que decir. La charla fue fugaz. A los futbolistas no les quedó claro a santo de qué había que reforzar defensivamente el centro del campo con Khedira, considerando que el Atlético apenas iba a atacarlos. Pero se limitaron a obedecer.

La Copa, para el club con el presupuesto más elevado del mundo, resultó un propósito menor. Al conocer que disputarían la final en su campo, los directivos se acongojaron. Después de perder la Liga y la Champions, a la temporada le quedaba poco para ofrecer. Una final contra el Atlético en Chamartín era la ocasión perfecta para sufrir más pérdidas que beneficios. El chascarrillo circuló desde la obtención de la clasificación, cuando el equipo se impuso al Barça en el Camp Nou. Al presidente le oyeron decir que una final en el Bernabéu contra el Atlético era tan atractiva como «un saco de arena».

Los precios que establecieron los clubes y la federación constituyeron un récord. A pesar de la crisis económica que aplastaba España, fue la Copa más cara de la historia del fútbol. Las entradas oscilaron entre los 50 y los 275 euros. Asistir a la FA Cup en Wembley costó entre 53 y 136 euros. Las entradas para la Copa alemana se vendieron entre 35 y 125. En la Copa de Italia, el abanico se situó entre 30 y 120. Esa tarde, como era previsible, en el Bernabéu hubo asientos vacíos.

Cristiano cabeceó un córner lanzado por Modric y adelantó al Madrid (1-0) en el minuto 14. Siguiendo un manual de actuaciones que cumplía tres años de antigüedad, el equipo se replegó para proteger su ventaja y cedió el campo y la pelota a su rival. El panorama parecía inmejorable. El Madrid disponía de la constelación de jugadores más costosa que jamás había reunido. Enfrente no le amenazaba el Atlético de Schuster, Vizcaíno, Donato, Manolo y Futre, como en la final de 1992. Se trataba de Koke Resurrección, Gabi Fernández, Mario Suárez, Falcao, Arda y Costa. Durante una hora y media, ambos conjuntos se desafiaron de un modo extravagante. Se trató de ver quién era capaz de arreglárselas durante más tiempo sin la pelota. Fue una competencia feroz. Se impuso el Atlético, que rebajó su tiempo de posesión al 40 %. El Madrid tuvo el balón el 60 % restante, pero no supo cómo administrarlo porque Marcelo había sido marginado, Alonso estaba fatigado, Özil sufría fuera del radar y Khedira no tenía criterio para canalizar los ataques. El Atlético se parapetó atrás y en dos fogonazos resolvió el partido. Primero marcó Diego Costa, tras un error de Albiol en la marca que aprovechó Falcao. Después, en la prórroga, Miranda cabeceó el 1-2, aprovechando un error en la salida de Diego López.

Albiol había reemplazado a Pepe, descartado a la grada por insurgente. Pepe pidió «respeto» para Casillas y en respuesta fue depurado. En cuestión de horas el defensa pasó de ser el brazo derecho del mánager en el campo a convertirse en objeto de su juicio público sumario. La aparición de Varane como estrella emergente fue la excusa. «No es fácil para un hombre de 31 años, con un estatuto y un pasado, ser atropellado por un niño de 19 como Varane —dijo Mourinho—. Pero es ley de vida.»

Varane no pudo jugar la final por lesión. Sin embargo, Pepe vio el espectáculo en la tribuna, cediendo el puesto a Albiol, que llevaba meses sin tener continuidad. Una parte del vestuario creyó reconocer en esta decisión la evidencia más rotunda de aquello que Mourinho había practicado durante años en el Madrid: la confección de alineaciones en virtud de sus intereses personales, aunque perjudicara para ello el funcionamiento del equipo.

Cuando el árbitro expulsó a Mourinho por protestar, Pepe se descolgó hasta la zona de los banquillos y, vulnerando el reglamento, invadió la zona técnica. El hecho no tuvo precedentes. Acabó la final desplazando a Aitor Karanka, el ayudante del entrenador, y dando instrucciones a sus compañeros desde la banda, como si fuera él mismo el mánager. Nada que impidiera la victoria del Atlético.

Aitor Karanka permaneció confundido toda la velada. Su jefe abandonó el escenario y lo dejó solo. Rompiendo el protocolo, Mourinho no acudió a recibir la placa con que el rey Juan Carlos se dispuso a homenajear al entrenador del equipo perdedor. Quien subió las escaleras al frente de los derrotados fue Karanka. Al verle, el monarca aferró la pieza de plata y se volvió hacia el presidente de la Federación Española, Ángel María Villar, en busca de una aclaración.

—¿Se la doy a este?

Abochornado, Karanka recibió la bandejita y Mourinho se presentó en la sala de conferencias del estadio para pronunciar sus últimas palabras como representante oficial del Madrid. Tres años de retórica de agitación, estridentes alocuciones, sesiones de adoctrinamiento, amonestaciones, denuncias y entretenidos monólogos, se interrumpieron con una confesión. No había cómo ocultar que ese año no había ganado nada.

—Esta es la peor temporada de mi carrera —dijo.

A los tres días, se reunió con Florentino Pérez y firmó el finiquito.

Nunca en la historia del Real Madrid hubo un entrenador más poderoso ni más desdichado; ni más deseoso de rescindir su contrato con el club; ni más feliz de poner fin a una aventura que se había convertido en un tormento.

2

Eyjafjallajökull

«En fin —dijo don Quijote—, bien se parece, San-
cho, que eres villano y de aquellos que dicen: "¡Viva
quien vence!"»

MIGUEL DE CERVANTES,
Don Quijote de la Mancha

Las cualidades objetivas de José Mourinho como entrenador no le llevaron a fichar por el Madrid en 2010 tanto como
su consideración de figura providencial, mágica, bendecida
con una inteligencia insondable y misteriosa.

El director general corporativo del Real Madrid, José Ángel Sánchez, fue el principal impulsor de la contratación. El
proceso tardó años en concretarse. Acaso se inició en los primeros meses de 2007, cuando Sánchez se puso en contacto
con Jorge Mendes, el agente de Mourinho, para negociar el
traspaso de Pepe. Képler Laverán Lima, apodado «Pepe», defensa del Oporto, costó 30 millones de euros, convirtiéndose
en el tercer central más caro de la historia después de Ferdi-
nand y Nesta. Su precio fue el más elevado que se pagó nunca
por un defensa sin trayectoria en su selección nacional. La

transacción constituyó el primero de los intercambios que cerraron Mendes y Sánchez, y sentó las bases para un nuevo orden. Desde entonces, el superagente comenzó a redirigir su estrategia desde Inglaterra a España. Los lazos de amistad que trabó con Sánchez pavimentaron su expansión.

No tardó en entablar relaciones con el presidente Ramón Calderón. Atrevido por naturaleza, le hizo una oferta inevitable: importar al Madrid a su entrenador estrella, que por entonces agotaba su tercera temporada en el Chelsea.

—Cuando usted le conozca ya no querrá contratar a nadie más —lo animó Mendes—. Para que usted se perpetúe en el Madrid, tiene que traer al mejor entrenador del mundo.

Así lo recuerda Calderón, que dice que el intermediario intentó organizar una cena con Mourinho. Le prometieron un viaje relámpago, un encuentro en algún chalet de las afueras de Madrid, al abrigo de la noche para evitar fotógrafos, y hermetismo absoluto. «José Ángel lo quería a muerte», recuerda Calderón, que asegura que examinó la contratación con el director general y con Pedja Mijatovic, el entonces director deportivo.

—¡A mí me parece que este tío nos va a volver locos! —dijo el presidente—, ¡con Mourinho tú aquí no duras ni un minuto, Pedja!

Calderón no examinó razones científicas para desechar al portugués. Simplemente vislumbró a un tipo difícil con ideas superadas. «Es como Capello en joven», dijo, aludiendo vagamente a un modo de entender el juego que aburría al hincha medio. No contó el ex presidente con el carisma como elemento decisivo para excitar a una afición ansiosa por recuperar la preeminencia en el fútbol español. Una multitud cada vez más necesitada de referencias mesiánicas.

La capacidad de trabajo de Mendes es proverbial. Promocionó a Mourinho en diversos clubes de Europa cuando todavía no había acabado su relación con el Chelsea y siguió ofreciéndolo con más fuerza en el invierno de 2007 a 2008. Por entonces, el Barça, presidido por Joan Laporta, buscaba entrenador. Ferrán Soriano, el vicepresidente económico azulgrana, explica que el proceso de selección comenzó considerando unos cinco hombres y acabó en una doble disyuntiva: Guardiola o Mourinho.

«Esta fue una decisión técnica —subraya Soriano—. El fútbol está lleno de folclore. En este caso no se puede decir que se tratara de una decisión intuitiva, sino producto de un análisis racional y riguroso. Teníamos un entrenador que nos gustaba mucho, que era Frank Rijkaard, pero veíamos que se le acababa su tiempo. Frank tomó un equipo que no era nada y lo llevó a ganar la Champions. Heredó a Saviola, Kluivert y Riquelme y de quedar sextos en la Liga ganamos la Liga y la Champions. Al siguiente año el equipo se desinfló un poco. Un 5 % menos de compromiso en la alta competición genera dificultades y Frank no supo volver a energizar el grupo, que se fue cayendo. En diciembre decidimos buscar cambios. Mourinho había salido del Chelsea y había posibilidades de traerle en enero pero creímos que no tenía sentido. Había que acabar la temporada con Frank y al entrenador nuevo darle la posibilidad de empezar desde cero. Le encargamos a Txiqui que explorara alternativas y se fue a ver a varios: a Valverde, a Blanc, a Mourinho...»

El que fuera presidente barcelonista, Joan Laporta, contó que Txiqui Begiristain, ex jugador del Barça y, a la sazón, director técnico, tuvo un encuentro con el entrenador portugués en Lisboa y le dijo que la última palabra sobre la elección la tendría Johan Cruyff. Impaciente ante la posibilidad del retorno al club en el que trabajó entre 1996 y 2000, Mourinho llamó a Laporta: «Presidente, permítame hablar con Johan, yo le voy a convencer...» Laporta no dio más rodeos y le confesó que la decisión estaba tomada. Que el entrenador sería Pep Guardiola. La noticia desencajó a Mourinho, que se apresuró a anunciarle que cometía un gravísimo error. Guardiola, en su opinión, no estaba preparado para el cargo.

Soriano evoca el momento decisivo: «Después de filtrar a

todos los entrenadores que Txiqui examinó, la conclusión fue que quedaron dos. Al final se hizo una reunión en la que se decidió que sería Guardiola por diez criterios. Confeccionamos una exposición y lo desarrollamos en un documento: ¿cuáles son los diez criterios para elegir al entrenador? Era evidente que Mourinho era un grandísimo entrenador y ante la duda se pensó que Guardiola sería mejor. Había un tema de conocimiento. Mourinho lo tenía, pero Guardiola lo tenía en más cantidad, y además gozaba de más afinidad con el club. Mourinho es un ganador y para ganar genera un nivel de tensión en el entorno que es una dificultad. Esa dificultad... Es una elección... Es tensión positiva pero nosotros no la queríamos. Mourinho ha generado esa tensión en el Chelsea, en el Inter, en el Madrid, en todas partes. Es su manera de gestionar.»

En su libro, *La pelota no entra por azar*, publicado en 2010, Soriano detalla los principios que llevaron a la elección de Guardiola: 1) Respetar el modelo de gestión deportiva y el rol de la secretaría técnica; 2) estilo de juego; 3) valores para fomentar en el primer equipo, con principal atención al desarrollo de la cantera; 4) entrenamiento y rendimiento; 5) gestión activa del vestuario; 6) otras responsabilidades y compromisos con el club, incluyendo una representación prudente y evitando la sobreutilización de los medios de comunicación; 7) tener experiencia como jugador y entrenador en el fútbol de elite; 8) apoyo al buen gobierno del club; 9) conocimiento de la Liga española, del club y del entorno europeo.

Guardiola no cumplía con el séptimo criterio. Pero Mourinho tampoco. Además, era poco probable, atendiendo a los precedentes, que pudiera ejercer su labor sin vulnerar el segundo, el tercero, el sexto y el octavo.

El nombramiento de Pep Guardiola como entrenador del Barça acentuaría la deriva del fútbol hacia la politización. Paradójico porque Guardiola, uno de los entrenadores más obsesionados con los detalles técnicos del juego, un empirista cuya fuerza reside en su trabajo de campo, comenzó a ser percibido por cierto sector del madridismo como un agitador de masas, un comunicador engañoso cuya propaganda era preciso contrarrestar fuera del terreno de juego. Distraído por esta ilusión, el Madrid como institución empeñaría gran parte de su energía en hacerse con los recursos necesarios para librar la guerra en los medios de comunicación.

Mientras el Barcelona de Guardiola inició una epopeya arrolladora que transformaría el fútbol en medio planeta y contribuiría a reforzar a la selección española en la conquista de la Copa del Mundo de 2010, en el Madrid escaseó la paz institucional y social. Calderón contrató a Bernd Schuster, y un año y medio más tarde dimitió en medio de acusaciones de corrupción. Florentino Pérez, de regreso a la presidencia en 2009, impulsó una investigación judicial que no llevó a ninguna parte, si se exceptúan las sentencias que determinaron que Calderón fue víctima de un delito de calumnias.

La reaparición de Florentino Pérez en el Bernabéu anunció grandes cambios. El presidente de la multinacional de la construcción y los servicios ACS poseía una mezcla de determinación e influencia difícil de equiparar. En 2010 *Forbes* le consideró la décima mayor fortuna de España. Sus orígenes, sin embargo, correspondían a la pequeña burguesía. Egresado de la Escuela de Ingenieros de Caminos de Madrid, formaba parte de una lista de tecnócratas que habían nutrido la administración española durante dos siglos. Afiliado a la Unión de Centro Democrático (UCD), entró en política en 1979. Fue concejal del Ayuntamiento de Madrid, director general del Ministerio de Transportes y Turismo y subsecretario del Ministerio de Agricultura entre 1979 y 1982. En 1986 abandonó la política para emprender una carrera en la empresa privada.

Heterodoxo y aventurero en la gestión de los asuntos deportivos, la dirección de Pérez en el Madrid entre 2000 y 2006 había descrito una trayectoria descendente. De un apogeo inicial, marcado por la conquista de dos Ligas y una Champions, había pasado al estancamiento. Después de tres años sin lograr títulos, presentó la dimisión en febrero de 2006 alegando que lo hacía porque había «maleducado» a los jugadores y era preciso instaurar a otro timonel que, sin sentimentalismo ni compromisos heredados, fuera capaz de limpiar el vestuario. Nunca antes en la historia del Madrid un presidente había dimitido interrumpiendo un mandato. Pero su obstinación por recuperar el palco, y un declarado sentimiento de misión, le devolvió al club. Regresó en 2009. No lo eligieron los socios puesto que las elecciones no pudieron celebrarse por incomparecencia de otros candidatos. Tenía 62 años y aseguraba que gracias a él el Madrid se había salvado de la ruina financiera y de la crisis administrativa.

De vuelta en el poder, Pérez se dispuso a contratar entrenador. Inició la selección asesorado por su mano derecha, el director general deportivo, Jorge Valdano. Tras los intentos fallidos de fichar a Arsène Wenger primero, y a Carlo Ancelotti después, Florentino Pérez fichó a Manuel Pellegrini. El tránsito del chileno en Chamartín estuvo precedido por las sospechas y el desafecto. No había cumplido media temporada como entrenador del primer equipo y la idea de fichar a Mourinho rondaba la mente de Sánchez con más fuerza que nunca. Había madurado la operación desde hacía años y estaba a punto de convencer al presidente de dar el paso. En las reuniones con sus amigos, el director general suspiraba: «¡Me encanta!»

Valdano insistió en proteger a Pellegrini. El entrenador fue objeto de una campaña de desprestigio en la prensa, alentada desde dentro del club. En los debates internos, Sánchez señalaba que Pellegrini era intrínsecamente débil, demasiado frágil para resistir el desgaste de un puesto como el del banquillo madridista. Para convencer a Pérez el director general corporativo proponía un silogismo elemental: «Pellegrini necesita protección porque es débil. Un hombre fuerte no necesitaría protección.»

Sánchez actuó por vías laterales. Prosiguió sus contactos

con Mendes y estableció una vía de conversaciones directa entre el entrenador del Inter y Pérez. Cuando alguien le manifestaba sus sospechas sobre la idoneidad de los conocimientos puramente futbolísticos de Mourinho aplicados a un equipo como el madrileño, Sánchez confesaba que el carácter del personaje le parecía digno de una superproducción y para avalar sus conocimientos técnicos remitía a la estadística:

—Yo no sé cuánto sabrá de fútbol, pero un tío que no pierde desde hace seis años en su estadio algo tiene que tener. ¡Seis años sin perder en su estadio...! Si no sabe de fútbol, seguro que conoce muy bien al ser humano. No es normal que el día de su último partido con el Chelsea los dos capitanes corrieran a abrazarlo. ¡Los dos capitanes!

Sánchez es el principal ideólogo del proyecto que, entre el año 2000 y el 2007 convirtió al Madrid en la institución futbolística más rica del planeta. Su agudo sentido del humor convive con el celo con que contempla su posición. En cierta ocasión, en 2010, se presentó por escrito en los siguientes términos: «Yo soy director general ejecutivo desde hace cinco años. Antes fui director general de márketing durante otros cinco. Mi responsabilidad es corporativa: la administración, el control de gestión, los recursos, instalaciones e infraestructuras del club, los servicios generales, las compras, los sistemas de información y la tecnología, los recursos humanos, el área comercial y de márketing, con las áreas de contenidos, medios propios, explotación de instalaciones, *sponsors*, etc. Tengo bajo mi responsabilidad a 141 empleados de los 190 que tiene el club. Soy responsable del resultado económico, de las cuentas, etc. Dirijo el club en estos aspectos con cierto orgullo de estar desde hace seis años en el primer lugar del mundo en el ránking de ingresos, incluso en años malos o de crisis institucional. He negociado los fichajes y los traspasos del club desde hace diez años... quizá 70 transacciones, entre compras y ventas. Negocio los contratos de los futbolistas, las giras y los derechos de televisión. Represento al club en la LFP y en los foros internacionales que implican su economía. Siento desapego por el protagonismo, diría mejor: desprecio... He trabajado con distintos presidentes, lo que resulta un dato en sí mismo. En ese tránsito (ciertamente una experiencia inusual en el fútbol) se hacen muchos amigos, desde Platini a Rummenigge, desde Galliani a Raúl pasando por el presidente de la Volkswagen, desde Tebas hasta Roures, o algún ministro, muchos empresarios, y también representantes de futbolistas... Esa plataforma de relaciones a golpe de teléfono es una de las fortalezas del club.»

Licenciado en Filosofía y curtido en la administración de empresas en Sega, la compañía de juegos electrónicos en donde se desempeñó como máximo responsable para el sur de Europa, Sánchez es, además, el ejecutivo más influyente del fútbol español. Cuando Florentino Pérez lo sumó a su empresa, en la primavera de 2000, tenía 32 años. Nadie imaginó entonces que se estaba preparando el terreno para el desarrollo de la figura que dominaría la Liga de Fútbol Profesional con puño de hierro desde 2006, contribuyendo al enriquecimiento exponencial del Madrid (y del Barça) y, como consecuencia, poniendo en serio peligro las finanzas de los demás clubes. Si el reparto español de los derechos televisivos refleja un desequilibrio único en Europa es, en buena medida, gracias a la habilidad de Sánchez para aprovecharse del enredo de dilaciones, dejaciones e incompetencia que mostraron las tres instituciones que debieron velar por la salud económica del fútbol: Consejo Superior de Deportes, Federación Española de Fútbol y Liga de Fútbol Profesional.

El primer ejecutivo del Madrid desde 2006 irradiaba el entusiasmo de un enamorado mientras imaginaba el abanico de combinaciones. La posibilidad de fusionar el poderío económico del club más popular del planeta con el sentido propagandístico de un técnico capaz de trascender los límites publicitarios de las empresas en las que había participado, intrigaban el espíritu curioso de Sánchez. Entusiasta por naturaleza, este maestro del márketing comprendió que se hallaba ante posibilidades nunca puestas en práctica en el mundo del deporte. Un experimento pionero.

Sánchez necesitaba terminar de convencer a Pérez cuando los acontecimientos tramaron por sí solos un escenario suficientemente intimidante. La eliminación del Madrid de la Liga de Campeones, en los cuartos de final, ante el Lyon, en marzo de 2010, comenzó a erosionar el espíritu más bien sereno del presidente. El Barcelona se encaminaba hacia la final, que ese año se celebraría en el Bernabéu. La posibilidad de ver al archirrival, y a Guardiola, conquistando su tercera Copa de Europa en Chamartín constituía una especie de profanación para los madridistas más cerrados y una afrenta insoportable para Pérez.

El avance del Barcelona trasladó el eje de rotación del fútbol español lejos de la capital. Por primera vez en cincuenta años el Real Madrid, el club con más títulos continentales, no fue la referencia indiscutible. El cambio de hegemonía, precisamente cuando las selecciones españolas vivían su época dorada en todas las categorías, acarreó consecuencias políticas inevitables. En muchos sectores sociales, fuertemente influidos por un sentimiento nacionalista unitario, la presencia del club catalán a la vanguardia del deporte más popular del país inspiró un oscuro malestar.

La UEFA había concedido la final al Madrid como premio a los esfuerzos de Ramón Calderón por mejorar las relaciones institucionales con la Federación Española y con los funcionarios del primer organismo del fútbol europeo, con Michel Platini a la cabeza. Para Pérez la organización del evento se convirtió, desde que asumió el cargo, en una servidumbre desagradable. La herencia incómoda de su predecesor, y, al cabo, una trampa.

La extrema preocupación del presidente del Madrid por evitar que el Barcelona jugase la final convirtió a Mourinho en objeto de veneración instantánea desde que Barça e Inter se cruzaron en el sorteo. Si el Barça quería superar las semifinales debería imponerse al equipo que dirigía el entrenador favorito del director general corporativo. En este punto, decepcionados con Valdano tras el fracaso de Pellegrini en la Copa y en la competición europea, Sánchez y Pérez habían comenzado a comulgar con una misma sensibilidad tecnocrática. Una especie de campo de fuerza que los unía en su visión del fútbol como un negocio demasiado importante para dejarlo en manos de «los futboleros», representados por Valdano, primera autoridad deportiva dentro del club.

Valdano lo solía decir, y su opinión fue compartida por los agentes que conocieron a todas las partes: ni Pérez ni Sánchez eran expertos en el análisis profundo del juego. Ambos se maravillaban por los futbolistas vistosos, por los muy elegantes o por los muy habilidosos, pero les costaba entender por qué ocurrían las cosas en un partido. Ante la crisis, bajo presión, acabaron por rechazar lo que no vislumbraban y se aferraron a sus intuiciones. Los modelos, las fórmulas y el olfato que les había convertido en gestores de renombre se fundieron con la necesidad histórica de frenar al Barça. A la luz de su mirada anhelante, Mourinho se representó como el héroe providencial.

Por entonces, el discurso repetitivo de Mendes y Mourinho había hecho blanco en Sánchez. No cabe duda de que Pérez se reunió con su futuro entrenador cuando todavía trabajaba para el Inter. Mucho menos incierto es que el presidente debió escuchar a su director general explicarle por qué Mourinho era un entrenador genial. «Él tiene una inteligencia para el fútbol que yo no he visto en nadie más», decía Sánchez por aquella época. El ejecutivo sostenía que Mourinho sabía exactamente lo que le podía dar cada jugador. Decía que era capaz de anticiparse a lo que iba a ocurrir en un partido. Que era capaz de adivinar lo que pasaría a la media hora, a la hora, o a la hora y media de juego. Que era «impresionante». El sobrecogimiento de Sánchez ante un hombre que describía como un mago omnisciente siempre pareció genuino. Por lo demás, nunca incluyó demasiados detalles, al menos en público. Ni cómo eran sus entrenamientos, ni cuáles eran sus principios, ni qué esperaba exactamente de sus equipos a la hora de plantear los partidos. Lo único que se sabía del hombre a ciencia cierta era que había ganado mucho. ¿Para qué examinar estas cuestiones cuando los trofeos hablan por sí mismos?

La erupción del volcán Eyjafjallajökull, el 20 de marzo de 2010, en el sur de Islandia, supuso un aliado imprevisto. La ceniza clausuró el espacio aéreo europeo y el Barcelona debió viajar a Milán en autobús. El equipo tardó un día en llegar y pasó dos noches durmiendo en hoteles antes del partido. Detalles significativos para el rendimiento en una competición que se decide en los pormenores. El 3-1 de la ida y el 1-0 de la vuelta dieron la victoria al Inter después de 180 minutos en los que apenas consiguió dominar a su rival. Que el Inter acabara con diez hombres, encerrado en su área, desesperado, salvado por la anulación equivocada de un gol a Bojan, no hizo sospechar a Pérez, y mucho menos a Sánchez, que el azar había jugado un papel importante. La derrota del Barcelona alivió de tal modo al presidente que selló su pacto con Mourinho inmediatamente. Con la fe de quien compra dos encantamientos en uno: el antídoto universal, contra el fracaso y el *knowhow* de la destrucción del equipo de Guardiola.

Ilusión es la palabra clave en todos los discursos públicos de Florentino Pérez desde que asumió el cargo en su primer mandato. Tras ganar las elecciones, el 17 de julio de 2000, siguiendo el cuarto párrafo del escrito, leyó: «Tenemos por delante, tal y como hemos dicho en campaña electoral, una tarea apasionante y llena de ilusión...» El día que presentó su candidatura a la presidencia, el 13 de mayo de 2009, habló bajo un cartel que exhibía el lema del proyecto, «Vuelve la ilusión», como si todo lo que hubiese ocurrido mientras él no estuvo presente hubiese formado parte de una realidad férrea y estéril. En su discurso, pronunciado en el Salón Real del hotel Ritz, confió que se sentía capaz «de casi todo», y advirtió que sus planes albergaban un contenido «espectacular». La palabra «espectacular» apareció cinco veces en su alocución. El día que anunció el fichaje de Mourinho, el presidente insistió: «Lo que me ha encantado de Mourinho es lo que seguro les encanta a todos ustedes: ilusión, esfuerzo, profesionalidad, motivación, competencia, en fin... Todo aquello que le hace ser el mejor entrenador.»

Los asesores de comunicación de Pérez comprendieron desde el principio que la idea empresarial de su cliente conecta con la fantasía como valor primordial. Ilusión y espectáculo son conceptos correlativos. El diccionario consigna que «espectacular» es un adjetivo que se aplica a las cosas que, por el «aparato que las acompaña, impresionan a quien las presencia». Agrega la acepción «efectista». En el primer sentido de «ilusión» el diccionario es rotundo: «imagen formada en la mente de una cosa inexistente tomada como real». Añade un sinónimo: «visión».

José Luis Nueno, profesor de dirección comercial del IESE, y autor de un estudio sobre el modelo del Madrid para la Harvard Business School en 2004, se interrogó sobre la lógica de la elección del ejecutivo y recuerdo que, en la empresa tradicional, un caso como el fichaje de Mourinho por el Madrid resultaría, al menos, heterodoxo. «Sería un error —dice Nueno— que una empresa imite a un líder: creer que una persona es responsable de todo es como creer que una tarea es responsable de todo. Es como decir: si compro los escaparates de Zara soy Zara. Incluso: si copio todo lo que hace Zara soy Zara. Te pierdes las relaciones entre todas las cosas sueltas del sistema.»

La industria tradicional es menos sensible a la mitología que puebla la mente de los consumidores de fútbol. La conquista de la Liga de Campeones ante el Bayern coronó a Mourinho con otro título, pero, más importante aún, le confirió un fulgor mágico entre muchos madridistas. La sensación de que por fin habían dado con el patriarca autoritario imprescindible en tiempos difíciles. Alguien que abriría las aguas del mar Rojo. ¿Hay algo más ilusionante que una hermosa superstición?

Nadie lo supo interpretar mejor que el portugués, cada vez más consciente de que su colección de trofeos le proporcionaba una capacidad incalculable para influir en la conciencia de hinchas y dirigentes: dos Ligas portuguesas, dos Ligas inglesas, dos Ligas italianas, una Copa portuguesa, una Copa inglesa, una Copa italiana, una Copa de la UEFA, dos Ligas de Campeones... El éxito es fascinante, y el éxito repetido y amplificado por una hábil exposición pública es la llave de la persuasión. Es entonces cuando entra en acción el pensamiento mágico.

En *La rama dorada*, el clásico de antropología publicado en 1890, James George Frazer escribió que las sociedades primitivas se vinculaban a un «hombre-dios mágico» que ejercía la «magia pública», principalmente para suministrar víveres y dominar la lluvia. No esperamos mucho menos de los directores generales de las grandes multinacionales ni de ciertos entrenadores. Siguiendo a Frazer, la magia funciona por imitación: lo parecido influye sobre lo parecido. Lo similar causa lo similar. Si quieres más músculo, come más carne; si quieres volar, come pájaros. La magia actúa mediante símbolos y los símbolos funcionan por metonimia y por metáfora. Y Mourinho es un símbolo de líder social. Es una metáfora del éxito.

El pensamiento mágico establece una correlación homeopática que muy poca gente es capaz de reprimir en el mundo del fútbol. No se reprimió Roman Abramovich cuando pretendió importar el modelo de Guardiola en el Chelsea, ni debió reprimirse Florentino Pérez cuando vinculó su deseo de conquistar la Copa de Europa a un entrenador que había ganado dos.

La estadística en la Liga de Campeones acercó a Mourinho al Madrid. Pero esas mismas cifras hicieron que fuese matemáticamente menos probable conseguir el título una vez más. Bob Paisley fue el único entrenador que ganó tres Copas de Europa, y lo hizo en un entorno de gran estabilidad: el Liverpool de las décadas de los setenta y los ochenta, un club firmemente asentado sobre los cimientos que estableció Bill Shankly con un trabajo constante desde 1959.

El propio Mourinho debió de percibir tal grado de furor en su entorno que, a los dos meses de llegar a España, tras el imprevisto empate (0-0) en su debut liguero en Mallorca, se vio obligado a aclarar que él no era un ilusionista. «Miren —dijo—, yo soy entrenador. No soy Harry Potter. Él es mágico pero en la realidad no existe la magia. Lo mágico es ficción y yo vivo en el fútbol, que es real.»

Mourinho quiso rebajar el nivel de expectativa. Pero siempre supo que su fichaje estuvo íntimamente relacionado con el márketing, una ciencia que estudia el aprovechamiento de expectativas con fines económicos. Harry Potter no es solo un personaje literario. Es un sistema de comercialización aprendido en las escuelas de empresa y bien conocido por José Ángel Sánchez. Cuando el Madrid fichó a Ronaldo Nazario, en 2002, el director general comparó su impacto para la economía del club diciendo que «Ronaldo es Harry Potter».

El modelo de comercialización de la marca Real Madrid que inspiró a Sánchez desde su llegada al club fue el mismo que implementó Disney con *El Rey León*. Siguiendo las coordenadas del inventor del concepto, el profesor Hal Varian, economista jefe de Google, y especialista en la economía de la información, Disney desarrolló una cadena de explotación que multiplicaba la oferta de un producto. La propiedad evolucionaba generando nuevas expectativas y nuevas ilusiones de necesidad. Varian las llamó «ventanas». La primera ventana para una película era el cine. La segunda, la reproducción en los aviones de pasajeros. Luego, la publicación del DVD. El aluvión de manufacturas con la imagen de los personajes patentados: juguetes, juegos electrónicos, textiles, menaje, etc. Finalmente, el musical o cualquier otro artículo de consumo que la imaginación sea capaz de concebir.

«Disney es una productora de contenidos y nosotros somos otra productora de contenidos», explicaba Sánchez en la época de los «galácticos», mientras rentabilizaba a Figo, Zidane, Ronaldo y Beckham como a personajes de una serie. En el universo que vislumbró el director, los aficionados se transformaban en «audiencias» o sencillamente en consumidores de relatos míticos. Durante el partido, las audiencias se dividían en tres bloques. En el estadio se acomodaban los que pagaban la entrada de gallinero, los que compraban su box, las empresas que alquilaban sus palcos, o los particulares que contrataban sus zonas VIP, cada uno en su «ventana» de consumo. Fuera del estadio estaban las empresas que pagaban los derechos de retransmisión, simultánea o sucesivamente explotados en soportes como la televisión, el ordenador o el teléfono móvil a través de Internet. El espectáculo no acababa al concluir el partido: los medios del club, Real Madrid TV, la página oficial y las distintas tiendas de ropa y mercadotecnia seguían invitando al consumo. Los jugadores prestaban su imagen para la promoción de empresas vinculadas al club por contrato, como Audi, Telefónica, Coca-Cola, Adidas, Babybel, Nivea, Samsung o Bwin. El cine, a modo de colofón, prometía un horizonte grandioso. *Real, la película*, estrenada en 2005, constituyó la clase de exploración a que conducía la puesta en práctica de la teoría de Varian cuando se lleva al extremo. El punto en el que el Real Madrid se parecía más a Disney de lo que Disney se parecerá jamás al Real Madrid.

Más que generar nuevos iconos para construir una historia capaz de elevar el valor mercantil del producto, lo que Sánchez y Pérez buscaron desde el año 2000 fue gente famosa. Personajes constituidos que incorporasen su propia mitología. Antes de fichar por el Paris Saint-Germain, un internacional brasileño se ofreció al club. Se llamaba Ronaldinho Gaúcho y un alto cargo del Madrid lo devaluó tras emitir un juicio sumario sobre su notable dentadura. Ronaldinho era, para los parámetros Disney, un absoluto desconocido. El cásting no lo hizo, en cualquier caso, un especialista en fútbol. El resultado fue la selección de David Beckham como único fichaje para la temporada 2003-2004. El inglés poseía una imagen de «proyección universal», en palabras del presidente.

Junto con la venta de los terrenos de la vieja ciudad deportiva de la Castellana para construir rascacielos, operación inmobiliaria que alteró de forma dramática el horizonte de Madrid, la fórmula de Sánchez y Pérez ayudó a ganar dinero a espuertas. En el ejercicio que se cerró en 2005 el Madrid se convirtió en el club con más ingresos del mundo. A las arcas del Bernabéu entraron 276 millones de euros, 30 millones más de lo que ingresó el Manchester United, hasta entonces la empresa futbolística con más músculo financiero. La negociación de los derechos televisivos en 2006 concluyó con un reparto desequilibrado que oprimió a todos los clubes de Primera y Segunda División menos al Barcelona y al Madrid, bendecidos por los contratos más voluminosos de Europa.

Ni el pinchazo de la burbuja económica frenó la inflación. Al cierre del ejercicio 2011-2012 el Madrid superó los 500 millones de euros y Florentino Pérez sacó a pasear a su equipo por Madrid para exhibir la Liga recién obtenida. Su primera Liga como presidente desde 2003. La primera y última Liga española de Mourinho.

3

Mercado

Tú eres Pedro, y sobre esta piedra edificaré mi Iglesia, y las puertas del Hades no prevalecerán contra ella. A ti te daré las llaves del Reino de los Cielos; y lo que ates en la tierra quedará atado en los cielos, y lo que desates en la tierra quedará desatado en los cielos.

MATEO 16:18-18

Las bases de esta, nuestra Ciudad, son tan firmes como las convicciones de todos cuantos amamos el Real Madrid. Una institución que respeta su pasado, aprende del presente y apuesta decididamente por el futuro.

Inscripción en la piedra fundacional
de la Ciudad Deportiva de Valdebebas

Las noches de Fútbol en el estadio Ciutat de Valencia tienen un tono peculiar. El aire salado del mar, el aroma de pipas de girasol, de la tribuna, el aliento de la tierra seca, la nota penetrante del alcanfor sobre las baldosas de cerámica de los vestuarios, las botas desparramadas por el suelo. Las lámparas incandescentes ligeramente más apagadas del vestuario visitante respecto al vestuario local, más brillantes, más esperanzadoras. Esas lámparas como de sala de hospital que iluminaron a Pedro León cuando se cambiaba de ropa razonablemente satisfecho después del partido el 25 de septiembre de 2010. ¿Por qué no estás conforme? El público le acababa de despedir con un aplauso, en reconocimiento a su paso por el Levante tres temporadas atrás. Había sido el jugador más desequilibrante del Madrid. Había cumplido con lo que le pedía su entrenador, o eso creía él.

En el minuto 61 Mourinho le hizo entrar en lugar de Di María en un intento de romper la defensa del Levante. Le ordenó que se abriera a la banda e intentara desbordar para ensanchar el campo; que rompiera por afuera y que, si había espacios interiores, que tirara la diagonal para meterse entre líneas a combinar con Benzema e Higuaín. El suplente cumplió con lo mandado aunque, en el banquillo, siguiéndole con la mirada, Mourinho dio muestras de contrariedad. Furioso, cogió un botellín de agua y lo arrojó contra el suelo. Por más que se fabricó un remate. Por más que sirvió un gol sencillo a Benzema. El partido acabó 0-0.

Pedro León se estaba preparando para ir al autobús cuando Mourinho lo interrumpió y, llamando al resto de jugadores, le señaló.

—Me he enterado que vas por ahí de estrella, diciendo que tienes que ser titular y haces lo que te sale de los cojones. Tus amigos de la prensa, ese Santiago Segurola... dicen que eres un crack. Pero tú lo que tienes que aprender es a entrenar fuerte y a no ir diciendo que tienes que ser titular. Vas a estar varios partidos sin ir convocado. El lunes no irás a Auxerre...

—¡Yo no he dicho eso! —se revolvió el acusado, atónito—. ¡Dígame! ¿A quién le he dicho yo que tengo que ser titular? Hablemos en privado... Por favor, míster, hablemos en privado...

Mourinho hizo una mueca despectiva antes de dar media vuelta. El vestuario quedó electrizado. Los jugadores no entendían qué había pasado para que, repentinamente, el entrenador descalificara de un modo tan despiadado a alguien que parecía tan vulnerable. Un joven de 23 años, recién llegado al equipo. Un futbolista talentoso a quien parte del grupo veía como una solución frente a los problemas de creación que se habían presentado en las últimas salidas. Un futbolista que acababa de demostrar, frente al Levante, que estaba a la altura de las exigencias, fue presentado por el jefe como una especie de traidor sin más alegato en su contra que un chismorreo del que nadie más que el acusador había tenido conocimiento.

El lunes 27 de septiembre el Madrid se trasladó a la ciudad francesa de Auxerre para disputar la segunda jornada de la Liga de Campeones contra el club local. La ausencia de Pedro León de la convocatoria llamó la atención de los directivos y los periodistas. Por la tarde, durante la conferencia oficial, alguien le preguntó a Mourinho por los motivos técnicos de la decisión de quitar de la lista a uno de los jugadores más destacados del último partido. La cuestión invitaba a una reflexión futbolística, o a una simple evasiva. La respuesta situó al hombre más poderoso del club al límite del descontrol. «La especulación es vuestra profesión —dijo a los periodistas con un tono inflexible y metálico que entonces resultó novedoso pero que, con el tiempo, se haría casi rutinario—. Ese es un problema para vosotros.»

«De un modo muy pragmático diré que no ha sido convocado porque el entrenador no ha querido —prosiguió—. Si el presidente Florentino me viene a preguntar a mí por qué Pedro León no ha sido convocado yo tengo que responderle. Pero no me ha preguntado. Vosotros estáis hablando de Pedro León como si fuera Zidane o Maradona. Pedro León es un óptimo jugador pero hace dos días atrás jugaba en el Getafe. No ha sido convocado a un partido y parece que estáis hablando de Zidane, Maradona o Di Stéfano. ¡Estáis hablando de Pedro

León! ¡Tiene que trabajar para jugar! Si trabaja como me gusta a mí, será más fácil que juegue. Si no, será más difícil.»

Mourinho habló con una mezcla de crueldad y goce. El tinte sádico de la descarga revolvió a la plantilla. Fue la primera vez que los jugadores sintieron que su jefe representaba una amenaza desconocida. Gradualmente comenzaron a seguir cada comparecencia pública del entrenador: por la televisión, en la red, a través de Twitter, con los iPhones o con las Blackberries. No se perdían ni un acto porque comprendían que en las salas de prensa se desarrollaba un juego que les afectaba de lleno profesionalmente. Un juego que les podía degradar o enaltecer, resaltar o enterrar en la indiferencia, pasar por alto sus méritos o encubrir sus miserias. Un ritual de cuatro sesiones semanales al que no tenían acceso más que como espectadores.

Los estatutos sociales del Real Madrid establecen que la junta directiva es el órgano ejecutivo y de gobierno al que corresponde la dirección de la administración. En la práctica, funciona como un pequeño parlamento de composición homogénea que se reúne periódicamente para debatir las cuestiones que propone el presidente para su aprobación. A excepción del grupo más próximo al presidente, cuya posición le permite vías directas de indagación, la información confidencial que manejan los miembros que integran la junta suele limitarse a fuentes de las oficinas del Bernabéu, por lo general bastante alejadas del equipo de fútbol. Puesto que los directivos son seleccionados a dedo por el presidente, Florentino Pérez nunca se ha encontrado con una oposición mayoritaria y, salvo en rarísimas ocasiones, el bloque se ha puesto de acuerdo por unanimidad.

José Manuel Otero Lastres, reconocido por la revista *Best Lawyers* como el mejor abogado de España en materia de propiedad intelectual, catedrático de Derecho Mercantil de la Universidad de Alcalá de Henares, ex decano de la Facultad de Derecho de la Universidad de León, y autor de novela negra, es uno de los 17 directivos que componen la junta. Preguntado en noviembre de 2010 por el carácter desaforado de José Mourinho, el más intelectual de los directivos madridistas empuñó la Biblia.

Cuando Jesucristo nombró al hombre que debía encabezar su Iglesia no eligió a Juan, el genio frío, sino a Pedro, el pescador ardoroso y apasionado. Mourinho lo planifica todo, todo, todo... Su inteligencia analiza muy bien la realidad y proyecta su respuesta. Yo jamás le oí decir a Casillas que un entrenador había estado «genial» en el descanso de un partido [el portero declaró esto a los medios tras la victoria en Alicante en octubre de 2010]. Todos lo adoran. Él es un dialéctico. Él acorrala a los jugadores verbalmente. Ha acertado en todos los fichajes. Es la primera vez que veo en el club este nivel de tranquilidad.

José Ángel Sánchez, el director general corporativo, ofreció a los directivos una versión tan maravillosamente circular como la que se repetía en la junta.

—El míster —comentaba Sánchez— es como Kant. Cuando Emmanuel Kant salía a dar su paseo por Köenigsberg todos ponían en hora sus relojes porque siempre lo hacía con puntualidad. Cuando el míster entra en Valdebebas por las mañanas todos saben que son las 7.30 sin mirar el reloj.

Sánchez consideró que estaba ante su primer entrenador con buen criterio para fichar. Puso como ejemplo a Khedira y Di María, a quienes el técnico pidió antes del Mundial de 2010 con ojo clínico. Sostuvo que ese compendio de virtudes le convertían en la figura sólida que había necesitado el club durante tantos años. Mourinho, en opinión del máximo ejecutivo, había «pacificado» al Madrid.

El complejo deportivo de Valdebebas, conocido como Ciudad Real Madrid, es uno de los centros de tecnificación futbolística más avanzados que existen en el mundo. Ocupa una superficie de 1.200.000 metros cuadrados, de los cuales solo se ha desarrollado la cuarta parte con un coste de unos 98 millones de euros. Obra del estudio arquitectónico de Antonio Lamela, consta de 12 campos de juego, un estadio y un corazón longitudinal de módulos en forma de «T», cuyo diseño funcionalista de capas de planos y rectas limpias encierra un mensaje esotérico de contenido moral.

La entrada principal, en el pie de la «T», se sitúa en el punto más bajo de las instalaciones. A partir de ahí se despliegan los vestuarios y las dependencias de los equipos comenzando por los benjamines y los alevines, y escalando en la jerarquía a lo largo de una rampa ascendente sobre la que se articulan los pabellones de cada equipo, aprovechando la inclinación natural de la colina en la vertiente sur del valle del Jarama. Los arquitectos, en colaboración con el que fuera director de la cantera, Alberto Giráldez, dotaron al edificio principal de una señal pedagógica para los jóvenes: la idea del camino del esfuerzo en sentido ascendente, desde el vestuario de los más pequeños hasta los aposentos de los profesionales. En la cima ideal de esta alegoría de la superación (y la producción) se asienta el vestuario del primer equipo. Por encima del vestuario, a modo de mirador, destaca la oficina del entrenador, entendido como la máxima autoridad posible. Como decía Vicente del Bosque de su predecesor como responsable de la cantera, Luis Molowny: «Él era un líder moral.»

El desembarco de Mourinho en Valdebebas tuvo una particularidad que dejó perplejos a los habitantes habituales del recinto. Además de Rui Faria, el preparador físico, Silvino Louro, el preparador de porteros, Aitor Karanka, el entrenador auxiliar, y José Morais, el analista de rivales, el técnico portugués llevó consigo a su agente y amigo, Jorge Mendes. Con el correr de las semanas, la plantilla se hizo a la idea de que Mendes trabajaría en el edificio. No como un técnico más sino como el verdadero factótum.

Impecablemente ceñido en su terno italiano de lana fría, con una corbata inamovible y un corte de pelo vanguardista pero discreto, bronceado incluso en los días más lóbregos del invierno, Jorge Paulo Agostinho Mendes fue el primer representante de jugadores que se vio a sí mismo como un empresario poderoso. Frecuentemente hablaba de sí mismo como de un agente de la «industria» del fútbol, término que también empleaba Mourinho en sus discursos, sazonando los giros con expresiones propias de la tecnocracia financiera. Para muchos otros representantes de futbolistas, esta era una pose artificial. «¡Se piensan que son ejecutivos de Standard & Poor's!», decía el agente FIFA de un jugador del Madrid.

Nacido en Lisboa, en 1966, Mendes se crio en una barriada social. Su padre trabajaba en la petrolera Galp y él se ganó sus primeros escudos vendiendo sombreros de paja en la playa de Costa Caparica. Fue futbolista en campeonatos menores. Empeñado en llegar a profesional, emigró al norte, a Viana do Castelo. Dirigió una tienda de alquiler de vídeos, ejerció de pinchadiscos y abrió su propia discoteca en Caminha antes de descubrir que tenía un don. Un talento intransferible para ganarse la confianza de los jugadores de fútbol primero, y para valorizarlos, en general por encima de los precios del mercado, después. La transacción que le abrió el camino fue el traspaso del portero Nuno, del Vitória de Guimarães al Deportivo de la Coruña, en 1996. Con la comisión que obtuvo cimentó la fundación de Gestifute, la empresa de representación más poderosa del fútbol mundial, con subsidiarias como Polarissports, dedicada a la gestión de los derechos de imagen, márketing y publicidad, y Gestifute Media, que actúa como una agencia de propaganda.

La sincronía de Mourinho y Mendes era tan estrecha que inmediatamente compartieron el despacho. El agente se estableció en el barrio residencial de La Finca, en Pozuelo, junto con sus jugadores y su entrenador, y acudió a Valdebebas casi todas las mañanas acompañado de diversos ayudantes. A la hora del entrenamiento se sentaba en la silla de Mourinho y se asomaba al ventanal de su dependencia privada para seguir las progresiones del equipo desde lo alto.

La imagen del representante con su traje azul oscuro de raya diplomática sentado al otro lado del cristal, bebiendo café y mirándolo todo desde sus gafas de antifaz, encendía la imaginación de los jugadores cada mañana, cuando saltaban a calentar. No faltaban las bromas ni las risas. Sobre todo cuando iban juntos trotando en el pelotón, sintiéndose observados desde arriba.

—¡Ahí está el amo del club! —decía uno—. ¡Ahí está el capo!

Mendes recibía a sus socios en el despacho de Mourinho. Allí organizaba sus entrevistas de trabajo con otros agentes. Juanma López, el ex jugador del Atlético, que se dedicaba a representar futbolistas, apareció una mañana. Curiosos por naturaleza, los jugadores organizaban corrillos. «¡Mendes se pone la oficina aquí!», comentaban. Lass Diarra no entendía a qué venía tanto alboroto: «¿Quién es ese?» El francés nunca había visto jugar a Juanma López.

La vieja Ciudad Deportiva de la Castellana era un complejo accesible: cualquiera, a cambio de algunas pesetas, podía ingresar para admirar a sus ídolos mientras se ejercitaban. En Valdebebas el club vedó la entrada a los aficionados en días laborables. Incluso a los socios, cuyas aportaciones al presupuesto, fundamentalmente en concepto de ticketing, abonos o cuotas, suponen un tercio de la economía del Madrid. Los entrenamientos del primer equipo ya estaban cerrados cuando Mourinho llegó al club. Pero al técnico le pareció poco. De modo que extendió la prohibición a los familiares de los jugadores y a los representantes. Si el padre de Sergio Canales, que por entonces tenía 19 años, quería ver entrenar a su hijo debía solicitar un permiso con tres días de antelación. Lo mismo les sucedió a los representantes de Casillas, Alonso o Arbeloa, por poner algunos casos. Antes del fin de año de 2010, Mourinho había extendido la veda a Jorge Valdano, hasta entonces la máxima autoridad del club en materia deportiva. La única persona ajena a la institución para quien se abrieron las puertas de Valdebebas sin condiciones fue Mendes.

En el marco de Gestifute se llegó a administrar la actividad de 300 futbolistas simultáneamente. A algunos, la empresa se limitó a representarlos frente a terceros. A otros, al amparo de la ley portuguesa, la única legislación europea que lo consiente, los adquirió parcialmente en propiedad a través de fondos de inversión, y esto le permitió especular con mayores volúmenes en caso de revalorización. Cuando un club portugués vendía a un jugador cuya propiedad compartía con Gestifute, la empresa cobraba la parte alícuota del traspaso.

En el otoño de 2010 Mendes representaba a Mourinho y a cuatro jugadores de la primera plantilla del Madrid. Pepe y Cristiano, en la nómina del club desde 2007 y 2009 respectivamente, y Carvalho y Di María, fichados por recomendación del nuevo entrenador. Ángel di María fue el futbolista que Mourinho reclamó con más determinación a lo largo del mercado estival. Al presidente, Florentino Pérez, se le hizo difícil aceptar el desembolso de cerca de 30 millones de euros. Pérez consideró que el extremo zurdo argentino, a pesar de participar en el Mundial, no gozaba de suficiente caché como para justificar el precio. Mourinho insistió en que se trataba de una apuesta estratégica.

La adquisición de Di María se encareció porque los derechos del jugador pertenecían al Benfica, como mucho, en un 80 %. Desde 2009, el club lisboeta cedió porcentajes al fondo de inversión Benfica Stars Fund, gestionado por el Banco Espirito Santo. A cambio de obtener liquidez para financiarse, el Benfica se condicionó a traspasar al jugador solo si el valor de venta aseguraba un beneficio para los inversores privados. La venta de Di María significó la primera plusvalía en la historia del Benfica Stars Fund. Le seguirían otras transacciones igualmente rentables: el traspaso de Fabio Coentrão al Madrid por

30 millones de euros en 2011, el de David Luiz al Chelsea por 30 millones en enero de 2011, y el de Javi García al City por 20 millones en 2012. No se sabe si Jorge Mendes participó en todos estos negocios a través del fondo. El empresario portugués dice que no. El Banco Espirito Santo garantiza el anonimato de los inversores. El administrador del fondo, João Caino, no aportó documentos pero aseguró que los participantes son un conjunto de compañías e individuos ricos que no incluye agentes de fútbol.

El verano de 2010 se caracterizó por las grandes expectativas. José Ángel Sánchez pudo contar, por fin, con un amigo en la caseta, un verdadero colaborador con quien moldear el futuro desde el mismo vestuario y en igualdad de poder. Después de dos años de grandes inversiones en jugadores, la directiva se frotó las manos ante la certeza del advenimiento del carismático infalible. La junta interpretó por unanimidad que Mourinho era la pieza que faltaba. Inspirados básicamente por relatos elaborados en los despachos de los directivos, la prensa y los aficionados soñaron con las maravillosas aventuras de un equipo plagado de figuras dirigidas por un entrenador científico que ensamblaba armas secretas enclaustrado a jornada completa en el perímetro infranqueable de Valdebebas.

Las sesiones de pretemporada en Madrid se celebraron a puerta cerrada salvo una que se abrió hasta el final. Mourinho organizó cada jornada de forma meticulosa. Se pasaba días ocupado, cumpliendo con las más diversas tareas autoimpuestas, pero, al igual que los mánagers británicos, no siempre dirigía personalmente las prácticas. Los jugadores recuerdan que la tarde que abrió las puertas a la prensa llevaba cuatro días metido en su despacho, delegando el trabajo de campo en Karanka. Esa vez, sin embargo, saltó a escena con vigor renovado. Bajo la mirada de los periodistas apostados en el balcón con sus cámaras, Mourinho desplegó una actividad frenética estimulando una agitación inaudita en plena canícula. Los jugadores se carcajeaban diciendo que a ese ritmo al día siguiente jugarían la final de la Champions. Pero salvo por ese paréntesis de exposición total, los ensayos discurrieron con bastante tranquilidad, permitiendo la asistencia de la prensa solo durante quince minutos, mientras los futbolistas salían del vestuario y calentaban los músculos antes del trabajo.

Una de las rutinas que más llamó la atención del personal se desarrollaba cuando los guardias de seguridad cerraban las puertas y los periodistas se retiraban. Ocurrió unas cuantas veces mientras hizo calor. Mourinho se quitaba la camiseta y dejaba que el equipo terminara de prepararse bajo la supervisión de Karanka y Rui Faria mientras él se iba hacia otro campo, caminando solo, empequeñeciéndose en la lejanía, de cara al poniente. Se detenía, extendía la camiseta en el césped, se sentaba o se acostaba, y tomaba el sol. Siempre igual. Era metódico. La mayoría de los futbolistas fingían indiferencia metidos en los rondos o en los juegos. El único que se atrevió a interrumpirle fue el holandés Royston Drenthe.

—¡Pero míster...! ¿Qué hace?

—Es que estoy perdiendo el moreno.

Aquellos días de finales de agosto fueron los más serenos de toda la etapa de Mourinho en el Madrid. El hombre soñaba con emprender algo grande. Una obra de dimensiones desconocidas que trascendiera sus funciones como entrenador. No había día que no saliera a una conferencia en la que no pronunciara la palabra «construcción». Desde que, junto con Mendes, comenzó a negociar su contrato con José Ángel Sánchez, lo movió la determinación de iniciar una saga que culminase su carrera en la apoteosis de la grandeza administrativa. Después de conquistar su segunda Copa de Europa el hombre se sentía avalado para hacer algo más que entrenar. Su modelo era Sir Alex Ferguson. En su plan inicial, Mourinho no concibió Chamartín como una estación de tránsito. Una persona de confianza de Mendes dictaminó que el plan era instalarse: «Él creyó que en Madrid iba a ser el emperador. Creyó que se retiraría en Madrid. Lo creyó con tanta fuerza que se precipitó.»

Mourinho no puso su firma hasta que no quedó completamente convencido de que el Madrid le daría todo el poder para rediseñar la institución a su medida. El técnico creyó que su postura era lógica, puesto que estaba dejando al Inter tras ganar una Champions y era el Madrid quien le necesitaba y no al revés. Junto con Mendes establecieron sus exigencias y el club accedió a las dos condiciones fundamentales que pidieron. Por un lado, el control de lo que publicase la prensa, y por otro, la competencia absoluta en materia de gestión deportiva. Para Mourinho, disponer de margen para vender y fichar a discreción era algo tan decisivo como controlar toda la información que se produjera sobre él y el equipo. En Gestifute aseguran que el Madrid le prometió que contaría con el respaldo del 95 % de los medios de comunicación.

El proyecto que trazaron Mourinho y Mendes mientras negociaban la salida del Inter incluía el fichaje de Hugo Almeida, como muy tarde en el mercado de invierno. Almeida era el clásico punta de referencia. Espigado, desde sus 191 centímetros manejaba el juego aéreo con soltura. Era la opción perfecta para culminar el juego directo, ese pase largo que ahorraría el tránsito por el medio campo y brindaría al equipo otras alternativas en ataque y al entrenador un atajo en caso de dificultades para elaborar las jugadas. Como goleador no figuraba en las listas de prioridades de ninguno de los principales clubes de Europa: era simplemente correcto. Sus 13 tantos de media por temporada en cuatro años en el Werder Bremen no mejoraban las estadísticas de Higuaín o Benzema. Pero Almeida tenía una característica añadida que lo hacía especialmente atractivo: era el «nueve» más importante en la nómina de Gestifute a quien el mercado parecía darle la espalda. Las mejores ofertas que tenía eran de Turquía.

Hubo personas de Gestifute que, al enterarse de que Mourinho presionaba al Madrid para cerrar el traspaso de Almeida, intentaron persuadir a Mendes. Le previnieron de no saltarse los plazos para no perder credibilidad ante Florentino Pérez.

El presidente, reflexionaban, podría acabar pensando que a Mourinho le interesaban tanto los negocios como la formación de una plantilla competitiva. En opinión de estos expertos, el plan de negocio más prudente habría constado de tres etapas. Primero, fichar jugadores excelentes. Segundo, ganar títulos importantes. Tercero, con el aval de los trofeos, comprar jugadores ordinarios y, acaso, sobrevalorados.

Mourinho rompió con este borrador de acción progresiva. Estaba tan seguro de su poder que intentó avanzar hasta la tercera posición en la primera embestida. En opinión de observadores de su entorno, el entrenador asumió suficientes riesgos con Di María y Carvalho. Empeñarse en Almeida fue una negligencia. Cuando al año siguiente se aferró a la Copa del Rey, un título menor, para exigir la contratación de Fabio Coentrão, dio un paso en falso definitivo. Pagar 30 millones de euros por Coentrão, un lateral zurdo de calidad inferior a la de Marcelo, supuso un traspaso récord para un suplente. No solo los directivos del Madrid comenzaron a recelar. Las personas de confianza de Mendes destacaron que a partir de ese momento la prensa y los clubes se pusieron en guardia. Y no solo en España.

Tal vez por razones de imagen, la presencia de representantes en los entrenamientos del Madrid estuvo históricamente reservada a casos aislados: en la Ciudad Deportiva de la Castellana lo normal era que esperaran en el aparcamiento. En Valdebebas, el club acondicionó una zona para familiares y gente próxima a los jugadores y empleados. Mourinho redobló el rigor: arbitró normas para limitar las visitas al máximo. Había que pedir permiso con tres días de antelación y la mayoría de los allegados de los futbolistas acabaron por dejar de ir. La libertad de Mendes para moverse por el complejo contrastó con el clima restrictivo reinante. Los jugadores llegaron a pensar que Mendes aparecería cualquier día entre las máquinas del gimnasio, sorprendiéndolos en medio de una reunión. Esto no sucedió. Pero salvo en el gimnasio y en el vestuario, el hombre andaba por todas las instalaciones. Después del despacho de Mourinho, su hábitat era la cafetería. El bufet libre estaba a su disposición todas las mañanas. Desayunaba y comía con el cuerpo técnico, y se paseaba por las mesas bromeando con los jugadores, sobre todo con Cristiano, Di María y Pepe, con los que compartía una relación personal. El entrenador alternaba con todos. Le gustaba contar chistes, hacer risas. Aquella fue su fase más locuaz. «¡No os podéis ni imaginar el dinero que tiene este hombre!», les dijo a unos jugadores que desayunaban, señalando a Mendes. A la mayoría les pareció extraño pero hicieron un esfuerzo por mostrarse gentiles. Casillas ni se inmutó. El capitán comenzó muy pronto a mostrarse frío.

Mendes y su séquito solían bajar al terreno de juego para asistir a la última parte de los entrenamientos. En ocasiones, con invitados extranjeros a quienes querían presentar jugadores. Completado el trabajo, cuando los futbolistas emprendían la marcha hacia el vestuario, se encontraban a Mendes a pie de campo, a veces interponiéndose en el camino al vestuario o al gimnasio. Inmediatamente se formaban corrillos. Cristiano se acercaba para saludarlo y normalmente le seguían Pepe, Di María, Carvalho o Marcelo. Todos, menos este último, vivían bajo el paraguas administrativo del representante portugués y era corriente que tuvieran cosas que compartir. El grupo intercambiaba chanzas ante la mirada un poco desconcertada de los demás miembros de la plantilla, que poco a poco se fueron familiarizando con estas estampas. Los españoles se acercaban a saludar y le daban la mano al agente. Casi todos, de un modo u otro, procuraron convivir cortésmente con la situación menos Casillas. El portero ignoraba a Mendes. Hacía como que no existía. A sus 29 años, el capitán sentía que ya había cumplido con su cuota de formalismos de compromiso. Como dijo en una ocasión, la Copa del Mundo le había servido para liberarse: «Me he ganado el derecho a decir que "no".»

Casillas consideraba que la actividad de Mendes en Valdebebas era invasiva y que suponía una discriminación respecto a la mayoría de la plantilla, que no podía invitar a sus representantes, amigos o familiares sin tener que pasar antes por el filtro de la superestructura impuesta por Mourinho bajo principios poco claros. Lo creían todos los españoles del vestuario y lo compartían los antiguos empleados del club: el nuevo orden privilegiaba a quienes tenían vínculos con Gestifute.

La plantilla lo pudo atestiguar a los pocos meses de convivencia. Mendes se situaba en el vértice de la pirámide alimenticia. Era el único que no rendía pleitesía a nadie. La única persona ante la cual Mourinho se mostraba dócil era el agente. Lo que pensaran el presidente del club o los jugadores, al entrenador le traía sin cuidado. Se movía con desenvoltura. Le gustaba exhibir un punto de desenfado. Cuando se ponía al volante de uno de sus coches, el Aston Martin, el Ferrari o el Audi del club, era propenso a la bravuconería. Sobre todo si percibía que había alguien mirándole. Asistir a sus salidas pisando el acelerador a fondo, revolucionando el motor, consumiendo los neumáticos en una nube de humo blanco y olor a plástico quemado, era parte del espectáculo que ofrecía a quien tuviera la suerte de coincidir con él en la zona del aparcamiento. Mourinho se veía a sí mismo como un destacado piloto aficionado.

La armonía espiritual de Mourinho tardó dos meses en comenzar a evaporarse. Probablemente, ese fue el tiempo que transcurrió hasta que empezó a sospechar que el Madrid no le daría el poder que le había prometido. El 16 de septiembre se anunciaron los primeros síntomas cuando el presidente de la Federación Portuguesa de Fútbol, Gilberto Madaíl, se trasladó a Madrid para solicitarle personalmente que se hiciera cargo de Portugal en la fase de clasificación de la Eurocopa de 2012. Lo insólito no fue la petición. Lo verdaderamente excepcional fue que Mourinho hiciera público el encuentro antes de reconocer en una conferencia de prensa que si no se ponía a trabajar para su selección no era por falta de ganas sino porque los dirigentes del Madrid no se lo permitían. «El Madrid tiene todo, todo, todo el derecho... —dijo— a poner algún obstáculo y si lo pone, por mínimo que sea, yo no puedo ir.» En la misma comparecencia el técnico advirtió que él, particularmente, no encontraba dificultades en compatibilizar los cargos, puesto que en las dos semanas que la FIFA reservaba para las selecciones Valdebebas se quedaba sin apenas hombres para entrenar. «Si me fuese con Portugal iría con tres jugadores del Madrid: Pepe, Cristiano y Carvalho —explicó—. Y si me quedo aquí lo haría con tres: Pedro León, Granero y Mateos.» Con esta elipsis, le recordó a Florentino Pérez que él no firmó un contrato solo para entrenar sino para administrar el club. Su mensaje al presidente fue resonante: estaba demorándose en darle el poder que le había exigido como condición para firmar su contrato. Quería reformar el Madrid hasta los cimientos y si no lo dejaban se iría a otra parte.

Las contrataciones de Carvalho, Di María, Özil, Khedira, Canales y Pedro León por un total de 90 millones de euros no colmaron los deseos de Mourinho. Primero, porque habría cambiado a Benzema por Hugo Almeida. Segundo, porque él no había fichado a Canales, ni a Pedro León: había dado el visto bueno a propuestas de Jorge Valdano, el director deportivo, y más que refuerzos los consideraba obstáculos en su proyecto. Tercero, porque le molestaba que Valdano siguiera presente en el organigrama, ejerciera de asesor presidencial y se hiciera oír en calidad de portavoz, función para la que el argentino había sido contratado en 2009. Mourinho quería nombrar un portavoz de su confianza. También quería elevar a Pepe y a Di María en la escala salarial por encima de Ramos y de Alonso. Pero Florentino Pérez le dio largas. Fue lo bastante astuto como para sugerirle que le respaldaría sin fisuras, y, al mismo tiempo, no hacer lo suficiente para traducir ese apoyo en hechos concretos. Preocupado en ganar tiempo, en probar sobre la competición la eficacia del método que proponía el entrenador, el presidente jugó con dos barajas. Ante Mourinho se mostró vanguardista. Luego ejerció una influencia dilatoria y conservadora.

Junto con Granero y Alonso, el murciano Pedro León Sánchez formaba parte de la prolongada hornada de centrocampistas que había producido la cantera española en la última década. Era uno de esos jugadores cuyo sentido del juego asociado había proporcionado a España una identidad futbolística. En la pretemporada con el Madrid había dado la impresión de estar físicamente a punto de afirmarse como el valor importante que vislumbraron los ojeadores del Chelsea, el Barça y el Milan. Su despliegue en el Getafe durante la temporada 2009-2010, esa combinación de visión de juego, audacia creativa y golpeo del balón, le había llevado a situarse entre los máximos asistentes de la Liga con nueve pases de gol. Solo lo superaron Alves (Barcelona) con 11, y Navas (Sevilla) con 10; y lo igualaron Valero (Villarreal), Xavi y Messi (Barcelona). Pedro León lo había conseguido en el Getafe, un pequeño equipo de la periferia de Madrid. Sin los goleadores del Barcelona, el Sevilla y el Villarreal. Cuando el Madrid pagó 10 millones de euros por incorporarle a nadie le pareció un mal negocio.

El modo de dominar la pelota, la coordinación entre el cuerpo y el objeto, la sensibilidad del pie, remitía a otra realidad social. A la época en que los niños no tenían ni televisión, ni consolas, ni McDonald's, ni teléfonos móviles, ni Dolce & Gabana. Solo balones. Para José Luis Mendilíbar, que fue su entrenador en el Valladolid, el chico parecía salido de la máquina del tiempo. Mendilíbar, que nació en Vizcaya en 1961, se emociona al recordarlo. «Ya no hay jugadores como Pedro León —decía—. Él es de otro tiempo. Y es un niño. Estoy seguro de que le das un balón en la calle y se pone a jugar. ¡Yo le tenía que echar de los entrenamientos!»

Pedro León siempre fue un muchacho de costumbres anacrónicas. Nació en Mula, un pueblo del interior de Murcia, y al carácter reservado de los montañeses sumó la educación severa de su padre, un guardia civil retirado por invalidez permanente tras sufrir un ataque, posiblemente de ETA. El régimen de casa era espartano, se rendía culto a la abnegación, al valor físico y a la discreción.

A Pedro León lo empalagaban los chistes y aborrecía los juegos electrónicos. Apenas le prestó atención a la vida social, a la música, a los bares de copas o a las admiradoras. Su primera novia fue la última. Vicente del Bosque lo decía de Munitis: «Tiene vicio por el fútbol.» Pedro León tenía vicio por el fútbol y dejó pruebas de su debilidad por donde pasó. Cuando jugaba en el Levante, en la temporada 2007-2008, sus compañeros contaban que se entrenaba por las mañanas en Buñol y recorría 200 kilómetros hasta Mula para jugar al fútbol sala con sus amigos. El verano que firmó por el Madrid, agobiado por el sedentarismo de las vacaciones de verano, se inscribió en un campeonato de fútbol siete a pesar del riesgo que corría de lesionarse. Era uno de esos torneos que duran 24 horas sin interrupción. «Las 24 horas de Caravaca.» Una maratón. Empezó un sábado y acabó un domingo después de emplear la madrugada en eliminatorias. Los ojeadores del Madrid, la gente que se ocupa de verificar la clase de vida privada que llevan los potenciales fichajes, habían emitido los informes más despejados que se recuerdan. Jorge Valdano lo confesaba encogiéndose de hombros: «Es un chico sano hasta la ingenuidad.»

El espíritu amateur de Pedro León contrastó con la noción industrial que predicaba Mourinho del fútbol, en donde los jugadores representan piezas asépticas en una cadena de montaje que el entrenador adapta a sus designios. Pedro León no lograba entrenarse con indiferencia cuando su técnico apenas contaba con él para la competición. La experiencia era insólita en su carrera. Nunca había ocupado un lugar tan marginal en un equipo y eso le quemaba por dentro. Iba a Valdebebas cada mañana como quien acude a la lucha. Apretaba los dientes. Se entrenaba como si fuera la última vez porque soñaba con ser titular. Su objetivo era ocupar la banda derecha: la banda que recorría el fichaje más caro del verano. El primer traspaso que había proporcionado beneficios al Benfica Stars Fund: Ángel di María.

La noche del Ciutat de Valencia, cuando Mourinho acusó a Pedro León de vanidoso y egoísta delante de sus compañeros, fue el segundo partido de Liga en que le hacía participar. Después de cinco jornadas disputadas en el campeonato local y una en Champions el murciano sumaba 60 minutos de acción por 340 de Di María. La conferencia de prensa de Auxerre fue el ataque público más explícito que Mourinho había lanzado jamás contra un jugador suyo. Probablemente, después de oírse a sí mismo, se dio cuenta de que necesitaba dar a lo sucedido carta de naturalidad. Nadie mejor para esa tarea que el propio Pedro León.

El técnico citó a Pedro León dos semanas después de regresar de Auxerre y le pidió que ofreciera una conferencia de prensa que él mismo se encargaría de supervisar. El procedimiento fue el mismo que Mourinho empleó cuando Karanka habló en público, o la mayoría de las veces que uno de sus jugadores ofreció una rueda de prensa oficial: se reunía con el hombre en cuestión, le formulaba las preguntas que imaginaba que le harían y le sugería las respuestas. Lo que Mourinho le pidió a Pedro León puede dilucidarse de la reiterativa exposición que tuvo lugar en la sala de conferencias.

—Hablé con el míster después del partido contra el Levante y yo ya sabía que había hecho cosas mal —dijo el chico, sin precisar exactamente cuáles habían sido sus errores futbolísticos—. Aquí no ha habido ningún castigo. Yo incluso me he sentido arropado por mi entrenador. El míster es el que manda. A mí no me sentaron mal las declaraciones del míster. Yo sé que cuando el míster se lleva bien con alguien suele decirle estas cosas. En ningún momento me he sentido mal ni ofendido. Si tengo que pedirle consejo a alguien, con la relación de amistad que tengo con mi entrenador, se lo pido a él. Yo con él me llevo muy bien. Tengo una relación muy buena. Yo sé que todo lo que él hace es por el bien del grupo y por mi bien. Y el equipo está muy bien...

El efecto propagandístico favorable al poder establecido parecía indudable. Pero a Mourinho no le acabaron de gustar algunas palabras empleadas por el jugador. Con el tiempo, el técnico prohibió con carácter general las conferencias de prensa que los futbolistas del Madrid habían ofrecido históricamente casi a diario. A Pedro León su aparición pública tampoco le sirvió para mejorar sus perspectivas profesionales. Jugó cada vez menos. El 3 de octubre, en San Siro, en la cuarta jornada de la fase de grupos de la Champions, el Milan ganaba 2-1 cuando el entrenador le llamó a falta de diez minutos para el final. Su contribución fue explosiva: metió el gol del empate (2-2) en la última acción del partido. Pero esto tampoco encontró compensación. El gol de San Siro fue lo último que hizo Pedro León en un terreno de juego en muchos días. No disputó ni un solo minuto en las seis jornadas que se sucedieron en Liga.

El abogado murciano José Sánchez Bernal, uno de esos 16 hombres que acompañaron a Florentino Pérez en la junta directiva, se apresuró a ofrecer la versión oficial sobre su paisano en el diario *La Verdad* de Murcia: «Tengo que aclarar que en absoluto nuestro entrenador le ha puesto una cruz —dijo—. Estoy seguro de que Pedro León terminará jugando muchos partidos en el Real Madrid y triunfará plenamente.»

La visión de Sánchez Bernal da una idea de la disposición anímica y la información que manejaba una parte de la junta. En Valdebebas la realidad era más abrupta. El futuro de Pedro León en el Madrid era impracticable. El Chelsea y el Manchester City se pusieron en contacto con Jorge Valdano en diciembre y enero para interesarse por el futbolista, tanteando las posibilidades de una cesión con derecho a compra hasta el verano. Al enterarse, Mourinho rechazó esa posibilidad diciendo que le necesitaba. En la segunda vuelta de la temporada, sin embargo, le empleó todavía menos. Para los jugadores, como para los empleados próximos a la primera plantilla, las razones de la postergación de Pedro León son las mismas que luego inspiraron el arrinconamiento de Canales o Kaká. Tal y como armaba los equipos Mourinho, la presencia de estos futbolistas habría supuesto una grave amenaza para la continuidad indiscutible de Di María en el once titular. Puesto que el extremo argentino no podría competir con Cristiano ni con Özil sin que su inferioridad se pusiera de manifiesto, solo le quedaba un puesto que defender con holgura: el carril derecho. Mantener la condición de futbolista fundamental que Mourinho atribuyó a Di María implicaba orillar a los competidores serios que se desempeñasen bien en ese costado del campo.

La primera piedra de Valdebebas se colocó el 12 de mayo de 2004. En el transcurso del acto Florentino Pérez pronunció su discurso visionario: imaginó algo parecido a un gran parque temático al que los socios podrían acceder diariamente para compartir vivencias con los equipos del club.

—La nueva Ciudad del Real Madrid tiene un carácter incluyente —dijo el presidente—. Estará abierta a todos cuantos aman el deporte y deseen disfrutar de todas las posibilidades de entretenimiento que en torno al mismo puedan disfrutarse.

En las Navidades de 2010 Mourinho alcanzó la plena conciencia de que Florentino Pérez le escamoteaba el poder y las condiciones que él había exigido para llevar a cabo su lucha. No le bastaba con haber convertido Valdebebas, ese antiguo proyecto de feria permanente del madridismo, en algo parecido a un fortín cuyos habitantes acumulaban cada día más sospechas de que se privilegiaban los intereses de unos pocos. Necesitaba mucho más poder y algo le decía que no sería posible avanzar hasta completar su misión sin antes provocar un largo conflicto. La pacificación de la que hablaba José Ángel Sánchez no podría conseguirse sin una violenta transformación.

4

Pelea

En resumen, no hay nada misterioso, romántico o necesariamente admirable en el liderazgo. De hecho, algunos de los líderes más eficaces han sido aquellos que, meramente por disponer de una cuota de psicopatía por encima de la media, han estado en disposición de descargar su conducta antisocial en otros. El secreto consiste en establecer mediante el ejemplo un modo de actuación que normalmente permanece inhibido. Esto proporciona placer a los seguidores al tiempo que refuerza el liderazgo.

NORMAN DIXON, *Sobre la psicopatología de la incompetencia militar*

José Mourinho bordeó la zona técnica y, tapándose la boca para que no le leyeran los labios, se dirigió al lateral zurdo del Levante y le insultó.

Eran cerca de las ocho y media de la tarde del 25 de septiembre de 2010. El Madrid disputaba su quinto partido de Liga de la temporada. El lateral zurdo del Levante se llamaba Asier del Horno, y se había arrimado a sacar de banda, avanzada la primera parte. Sostenía la pelota entre sus manos cuando desde el banquillo visitante oyeron a Mourinho dirigiéndose a él con otra descarga humillante que hacía referencia a su vida privada.

Del Horno procuró ignorarlo pero Mourinho le martilleó durante todo el partido. Haciéndose sentir, principalmente, para sus auxiliares y los suplentes. Apenas a unos metros de la escena, sentados en el banquillo, los jugadores asistieron al asalto entre la perplejidad y la vergüenza. No podían creer que fuera capaz de injuriar con tanta saña a un futbolista.

Esa noche, en el estadio Ciutat de Valencia, comenzaron a darse cuenta de que el hombre más poderoso del club, la persona de la que dependerían profesionalmente en los años venideros, tenía un costado misterioso y caótico. Algo que lo inclinaba hacia la transgresión. Granero, Mateos, Dudek, Pedro León, Lass y Benzema, alineados en la caseta, casi todos aturdidos ante lo que veían, comentaron que jamás habían tenido un entrenador así. Que aquellas provocaciones a un adversario eran una experiencia nueva. El único que no se sorprendió ante la actitud del técnico fue Lassana, «Lass», Diarra, que entre 2005 y 2007 jugó en el Chelsea a las órdenes de Mourinho.

El partido expuso algunos de los principales problemas que encontraría en lo sucesivo el Madrid. El campeonato de Liga, con su rutina machacona, le resultaría psicológicamente extenuante, principalmente contra adversarios modestos, inclinados a renunciar al ataque. En el Ciutat de Valencia se revelaron condicionantes tácticos que no por su extrema simplicidad se hicieron más fáciles de resolver. Con el Levante completamente cerrado sobre su área, como un erizo, al Madrid no le quedó más alternativa que administrar el balón para intentar abrir canales hacia el remate jugando en corto. Concebido como estaba desde la pretemporada para contragolpear, no tardó en dar síntomas de embotamiento. La distancia entre la línea que marcaba Ballesteros, el líder de la zaga, y Reina, el portero, era siempre mínima.

Mourinho fue consciente de la situación de inmediato. El

empate a cero de la primera jornada, en Mallorca, había colocado a su equipo a tiro del Barcelona. A un punto de diferencia. Expuesto a perder el liderato frente al equipo de Guardiola, que jugaba en Bilbao a las diez de la noche. Los nervios en la comitiva madridista eran palpables desde el hotel de concentración. Esa misma mañana un grupo de periodistas alertados desde el entorno del portugués había acudido al estadio a examinar el corte del césped y a grabarlo con cámaras. El jefe de prensa del club valenciano, Emilio Nadal, se asombró de que sacaran una regla para medir la longitud exacta del pasto, que estaba largo y seco para frenar la circulación rápida del balón. Nada nuevo en el catálogo de las tácticas que emplean los equipos chicos para privar a los jugadores habilidosos de la ventaja de un campo rápido. Nada ilegal. Un detalle, sin embargo, que no ayudó a Mourinho a mantener la calma. Comenzado el partido, el técnico no tardó en abandonar su asiento. Al ver a Del Horno se irritó.

A Del Horno lo que le gustaba era la pelota vasca. El fútbol, más que pasión, era el lugar donde practicaba un oficio. Tenía unas condiciones formidables. Había destacado desde juvenil por su resistencia, su poderío y su capacidad de llegada. Era un marcador tenaz y un cabeceador sorpresivo. También llamaba la atención por su atrevimiento. Dentro y fuera del campo. Las cualidades que le permitían afrontar los partidos sin temor al fracaso también le permitían vivir despreocupadamente. Vizcaíno, muy apegado a Gallarta, en el corazón minero del valle de Somorrostro, era capaz de cualquier cosa con tal de no perderse las fiestas de su pueblo. Un día fichó por el Chelsea: lo pidió Mourinho.

«El Chelsea me firmó por cuatro años en 2005 —recuerda Del Horno—. En 2006, después de una temporada en Londres, el Valencia me ofreció el mismo salario pero doblando los años. Era un club importante, era el Valencia, y suponía volver a España. La oferta era muy buena y aunque fue difícil tomar la decisión, la acepté.»

Para el vizcaíno, Mourinho fue el entrenador que le abrió las puertas al campeón de la Premier, el mercado más atractivo del fútbol mundial, un escaparate que le permitió transformar su carrera. «Mourinho era un entrenador cercano, que estaba pendiente de todo —dice—. Conmigo y con mi familia se portó genial cuando llegué a Inglaterra. Tengo un muy buen recuerdo de ese año porque tuve la oportunidad de ganar dos títulos. Yo era muy joven y la verdad es que tanto él como la gente que trabaja con él me acogieron y me ayudaron mucho. Siempre estaré agradecido por la oportunidad que me dio de formar parte de un equipo como el Chelsea. De apostar por mí y de cómo se portó.»

Entre 2006 y 2008, Del Horno se convirtió en el mejor lateral zurdo de España. Integró con regularidad las convocatorias de Luis Aragonés para la selección. Participó en el proceso de clasificación para el Mundial de Alemania pero se quedó fuera de la última llamada. Fuentes de la Federación Española aseguraron que sufrió una inflamación crónica en el tendón de Aquiles derecho durante su temporada en el Chelsea. La clase de lesión que exige descanso para evitar que el deterioro del tejido afectado sea irreversible. Los médicos del Chelsea lo sabían pero, siempre según las fuentes federativas, Mourinho lo persuadió para que jugase infiltrado. Un año después de firmar su contrato en Stamford Bridge, Del Horno no podía saltar sin experimentar un fuerte dolor. No acudió al Mundial pero fichó por el Valencia a cambio de ocho millones de euros. Tenía el tendón destrozado. Las dos operaciones a las que se sometió solo pudieron prolongarle la carrera a costa de grandes sacrificios. A su cuenta regresiva le quedaba poco el día que se enfrentó con el Madrid: solo jugaría 34 partidos más en Primera.

La noche del 25 de septiembre propició descubrimientos futbolísticos perdurables. El Levante hizo un ejercicio de renuncia. Un planteamiento extraño en una Liga como la española, en donde suele prevalecer el orgullo de la posesión de la pelota frente al reconocimiento de la inferioridad que supone dedicarse a defender a la espera del contragolpe. Dirigido por

Sergio Ballesteros, el Levante se armó atrás, entregó el balón al rival y cavó una trinchera infranqueable. Solo tiró tres veces contra el arco de Casillas: siempre desviado. Pero el Madrid no pudo rematarle más de dos veces entre los tres palos. Nunca más en lo que restaba de temporada tiró menos de tres veces a puerta. Prueba de la viabilidad de la táctica del Levante y síntoma de carencias en el funcionamiento del Madrid que persistirían en los años siguientes. Motivo de exasperación en su entrenador, que volcó su ira en Del Horno.

A diferencia de sus compañeros y varios de sus rivales, el jugador no se tomó a Mourinho en serio. «Todos sabemos —dice Del Horno— que cuando cada uno coge su camino, en cuanto te juntas en un campo de fútbol las cosas cambian totalmente. Ese día tuvimos la oportunidad de empatar y a ellos no les salían las cuentas. No contaban con perder dos puntos en un campo como el del Levante. Les pusimos las cosas difíciles y para eso empleamos todas nuestras armas. De la misma manera, Mourinho utilizó sus armas. Vio que podía descentrar a un jugador para sacar rendimiento de su equipo y ya está... Es un entrenador al que le gusta estar cerca de los jugadores, de los partidos... Pero bueno... ¡Él defiende sus intereses!»

El empeño de Mourinho en increpar a su ex futbolista acabó por llamar la atención de todos los implicados en el partido, según avanzaba la noche. Del Horno chocó con Cristiano, reclamó falta y se formó una montonera de gente de ambos equipos. El entrenador madridista intervino de nuevo contra su ex jugador. Se cruzaron descalificaciones. La tensión se prolongó hasta el final. La violencia es contagiosa. Pero el árbitro, Delgado Ferreiro, solo se atrevió a expulsar al doctor Juan Carlos Hernández. Especialista en medicina del deporte con más de diez años de honesto servicio al Madrid, si por algo nunca se caracterizó el doctor Hernández fue por pendenciero.

Más atento a los acontecimientos que Delgado Ferreiro andaba Ballesteros. El capitán del Levante acababa de cumplir 35 años. Su historia representaba la parábola del indiano. Surgido de algún lugar de la huerta de Burjassot y formado en la cantera del club portuario, había debutado en 1994 para después marchar en busca de prosperidad. Cuatro años en Tenerife, uno en Vallecas, tres en Villarreal y ocho en Mallorca le habían devuelto a casa curtido por dentro y por fuera. Firmó su contrato en el verano de 2008, después de que la sociedad presentara la suspensión de pagos. Las alternativas eran extremas: terminar su carrera rodeado de ruina o devolver al equipo a Primera contra todos los pronósticos. El 13 de junio de 2010 sucedió lo imposible: el club con uno de los presupuestos más bajos de Segunda se sobrepuso al concurso de acreedores y culminó su cuarto ascenso. Al frente de la empresa se situó Ballesteros.

Durante mucho tiempo, los periodistas que cubrían el Levante supieron que Ballesteros era un chico de aire misterioso que aceptaba a regañadientes sentarse a hablar pero que luego se mostraba afable con una excepción: no soportaba que le preguntaran por una Vespa que le robaron un día siendo un chaval, mientras se entrenaba en Buñol. Al parecer dejó la Vespa aparcada y al salir del vestuario recién duchado, caminando tranquilamente con sus chanclas, descubrió que su moto había desaparecido para siempre. El recuerdo anecdótico de la sustracción de la Vespa le sentaba como un tiro. Y cuando algo le sentaba mal, como cuando iba a por un balón dividido, podía comportarse con particular aspereza. Arrastraba fama de duro. ¿Cómo de duro? Ante la pregunta, el extremo levantinista Valmiro Lopes Rocha, más conocido como Valdo, mueve inquieto los ojillos de ardilla rememorando alguna cosa que le sirva para explicarse. «Un día —dice Valdo—, jugando en un entrenamiento, Sergio me golpeó cuando iba a controlar un balón. Fue un golpe fortuito en el hombro y en la cara. Fue como si me golpearan con algo muy duro. Muy compacto. Le dije: "¡Macho! ¿Tú de qué estás hecho?"»

Largo y ancho como una tubería industrial, el cuerpo de casi 1,90 de Ballesteros semeja una torreta de la que asoma la cabeza coriácea, torneada, prolongación sin rasgos reseñables de un cuello de rumiante. El apelativo de «Papá» lo explica todo de su significado para el vestuario. Ballesteros es el líder natural. Su voz pesa tanto como la voz presidencial. Sus ojos verdes vigilantes inspiran respeto entre unos compañeros. Todos le observan como al gran proveedor. En su amplio radio de acción administrativa no se le escapa nada. Tampoco le pasaron inadvertidas las provocaciones del entrenador del Madrid y no tardó en transmitirle una sencilla advertencia. Al final del partido se le acercó en el túnel de vestuarios y se lo repitió varias veces:

—¡Respeta a los profesionales...! —le dijo—. ¡Respeta a los profesionales...!

En la temporada 2010-2011, los futbolistas profesionales del Levante constituían la plantilla peor pagada de Primera. Según el informe que elabora el profesor Gay de Liébana para la Universidad de Barcelona, en total, el gasto de personal del Levante Unión Deportiva para ese curso ascendió a siete millones de euros. Le siguió el Almería con 11,7 millones, y la Real Sociedad con 14,4 millones en salarios y primas. Muy por debajo del Barcelona, que comprometió 240,6 millones de su presupuesto para el pago de sueldos, y a un abismo del Madrid que con 216,1 millones era el segundo club con más gastos de personal de la Liga por detrás del azulgrana. Solo el salario de Mourinho (unos 14 millones brutos) duplicaba la masa salarial de todo el equipo valenciano. En tiempos de crisis fiscal el Levante era el club con la deuda total más pequeña con las administraciones públicas. La intervención concursal le había puesto al día con Hacienda por la fuerza.

«Los profesionales», que diría Ballesteros, viven sujetos a la ley del mercado. Estas leyes son más crueles cuanto más pequeños son los clubes. A ocho de los once titulares del Levante que jugaron contra el Madrid en 2010 les quedaba poco recorrido en Primera. Del Horno está sin equipo desde 2012. David Cerrajería, el lateral derecho, fichó por el Córdoba en 2011. Sergio

González Soriano, el medio centro, se retiró en 2011. Xisco Nadal firmó por el Alqueires, de Regional Preferente, en 2011. Nano, el central que acompañó a Ballesteros, se fue al Guizhou, de la Liga china, en 2012. El portero Manolo Reina recaló en el Atromitos, un equipo de la periferia de Atenas, en 2011. Nacho González, el media punta, pasó por el Standard de Lieja y en 2012 firmó por el Hércules, de Segunda. Tras un breve periplo en la Liga china, Rubén Suárez, el delantero, entró en el Almería, de Segunda.

La ciudad deportiva del Levante está emplazada en la comarca de la Hoya de Buñol, en un altiplano rodeado de sierras, sembrado de almendros y surcado de acequias. El horizonte está recortado por los gigantescos cilindros metálicos de la cementera que Cemex ha resuelto cerrar por falta de demanda. A principios de 2013, el futuro de los 150 trabajadores de la planta pendía de una negociación sombría. Las partículas de polvo de materiales triturados flotan en el aire. Hacía un frío y un viento helador, circunstancias habituales en el microclima del llano de Buñol, el día de febrero en que Vicente Iborra se sentó en una salita junto a los vestuarios para explicar en qué clase de club presta sus servicios.

—Somos conscientes de nuestras limitaciones —admite el tercer capitán del Levante—. El club no puede pagar traspasos y debemos esperar jugadores cedidos o libres. Como el club que paga traspasos es el que primero elige, a nosotros no nos queda otra que esperar al final del verano: es incómodo porque empiezas la temporada con la mitad de la plantilla hecha, y después de empezada la Liga vienen dos o tres jugadores más.

Nacido en Moncada en 1988 y criado en la cantera del Levante, Iborra vivió sus años formativos cruciales en la época del concurso de acreedores y el ascenso. Desde los 24 años es el lugarteniente de Ballesteros y de Juanfran. Comparte con ellos ese porte de lanzador de jabalina y el sentido del deber administrativo. Habla del club con la solemnidad con que se expresaría un empresario medio al hablar de su inversión. Escuchar a Quico Catalán, el presidente, no difiere mucho de escuchar a los futbolistas. Los discursos remiten a la crisis, a la austeridad, a los problemas estructurales que determinan la lucha diaria en la gran mayoría de los clubes españoles.

—Recurrimos muchas veces a jugadores que en sus equipos no tienen protagonismo y que tienen ganas de seguir disfrutando del fútbol —dice Iborra—. Vienen aquí y creo que la familiaridad del club te hace estar muy tranquilo, trabajar con mucha calma, con la estabilidad económica que ahora tenemos. La gente que viene se siente muy cómoda y el rendimiento es mucho mayor. Es muy fácil involucrarse.

El partido del 25 de septiembre concentró la trama de los años venideros cuando el Madrid chocó contra equipos que le regalaron el terreno y la pelota. También anticipó uno de los modelos argumentales de Mourinho para explicar malos resultados. Las explicaciones del entrenador para justificar el empate en la sala de prensa del Ciutat de Valencia señalaron sutilmente a los jugadores por su falta de puntería y camuflaron el hecho de que el Madrid había tenido menos posibilidades de marcar de las que él reconocía: los dos disparos a puerta que reflejó la estadística constituyeron un balance exiguo que el portugués pasó por alto para no reconocer que su equipo había jugado mal. «Me preocupa no materializar en goles la cantidad de fútbol ofensivo y oportunidades que tenemos —dijo—. No es normal necesitar tantas oportunidades. Si de seis marcas dos o tres goles pues bien... Pero desde el primer partido ha sido así. Pasó contra el Mallorca, contra el Osasuna... Y contra el Levante hemos tenido tantas y algunas muy grandes pero no marcamos.»

El sorteo de los octavos de final de la Copa del Rey volvió a cruzar al Madrid con el Levante. La ida se disputó en el Bernabéu el 22 de diciembre. Si Mourinho había dado muestras de nerviosismo en septiembre, tres meses después bordeaba la neurosis. La goleada sufrida ante el Barça en el Camp Nou (5-0) el 29 de noviembre le había embarcado en un frenesí de charlas y entrenamientos que mantenían al equipo en alerta constante. La preparación de los partidos se había transformado en motivo continuo de sorpresa para el vestuario. Los recursos del entrenador para estimular a los jugadores resultaban asombrosos y la inminencia de las Navidades proporcionó nuevas alternativas a la hora de alentar al equipo. En el vestuario interpretaron la planificación como una venganza por los dos puntos arrebatados en la Liga.

Aprovechando que se trataba del último partido de 2010, Mourinho prometió prolongar las vacaciones de Navidad de forma proporcional a los goles que le metieran al rival. Para completar el mensaje, alineó a la mayoría de los titulares. Salieron Casillas, Lass, Pepe, Albiol, Marcelo, Alonso, Granero, Di María, Özil, Cristiano y Benzema. La arenga antes de saltar al campo fue una obra maestra de la motivación. Hasta los futbolistas más escépticos dieron un paso al frente como poseídos.

Benzema, Özil, Benzema, Cristiano, Benzema, Cristiano, Cristiano y Pedro León completaron sucesivamente, desde el minuto cinco al minuto 90, todos los escalones de una goleada histórica: 8-0. El proceso resultó más tortuoso de la cuenta para los futbolistas del Levante. Algunos denunciaron que Di María, Marcelo, Özil y Pepe se habían mofado abiertamente de ellos repitiendo un eslogan despectivo: «No me toques la camiseta que me la ensucias.» Una reiteración incisiva que, a oídos de los visitantes, sonó a escenificación e insulto prefabricado. Nadie en el Madrid reconoció estos hechos. En cualquier caso, nunca fueron negados oficialmente.

«Nos molestó un poco que cuando llevaban seis goles celebraran el séptimo y el octavo con tanta rabia», recuerda Iborra. Los jugadores, inmersos en la faena, no lo oyeron muy bien. Pero a la directiva valenciana aposentada en el palco le pareció asombrosa la reacción del público en el estadio. El Bernabéu, tan electrificado como los futbolistas, festejó el aplastamiento pidiendo el descenso del Levante con un grito multitudinario: «¡A Segunda! ¡A Segunda...!»

—Estoy muy contento con la actitud de mi equipo —dijo Mourinho en la sala de prensa, con una serenidad inusual en él—. Con el modo como terminamos el año. Un 2010 que para mí, a título personal, ha sido fantástico. Termina de la mejor manera. Y para nosotros [el Madrid] también porque hemos jugado 25 partidos oficiales, ganamos 20, empatamos 4 y perdemos 1 [el 5-0]... Que es un récord muy bonito.

—No sabía que el Madrid tenía ese pique con el Levante —confesó, perplejo, el entrenador del Levante, Luis García—. Nosotros somos pequeños pero muy grandes en otros valores. Me gustaría recordar que un equipo con un presupuesto de 450 millones de euros empató contra otro que es el más limitado de todos. Gracias a ese punto estamos fuera del descenso y ellos no son líderes.

La vuelta quedó perfectamente preparada para lo impredecible. El Madrid estaba clasificado pero en el vestuario del Levante prevalecía un sentimiento de humillación. Luis García dio la Copa por perdida y concedió descanso a Robusté, Xavi Torres, Javi Venta, Juanlu y Ballesteros.

El partido se disputó el jueves 6 de enero. En el campo todo había transcurrido con aparente normalidad cuando el árbitro señaló el descanso. Ballesteros, sentado junto al palco, no lo vio así. El capitán había vigilado cada gesto de Mourinho desde su posición detrás del banquillo. Estaba sobresaltado. Peor que si le hubiesen recordado la Vespa robada. Quienes le conocen aseguran que en las raras ocasiones en que algo le enfada, cuando la maquinaria se pone en marcha, activa un sistema oculto. Un engranaje secreto e imparable. Los compañeros que le acompañaron en la grada esa noche dicen que el detonante fue un gesto despreciativo de Mourinho. Una risa de burla «que Sergio interpretó como si se cachondeara». Otros comentan que observó al entrenador cruzándose otra vez en la banda con Del Horno y deslizándole un comentario hiriente. Cuando el árbitro pitó el final de la primera parte Ballesteros ya había subido las escaleras que conducen a la gran sala del antepalco. Salvó los peldaños de dos en dos, impulsando su cuerpo de contenedor industrial con insospechada agilidad de gamo. Pasó por delante de la capilla consagrada a la Virgen de los Desamparados, patrona del club, y desapareció por el estrecho pasillo que conduce al distribuidor que une el túnel de salida al campo con los vestuarios. Una vez en el sótano, se apostó al doblar la galería que se hunde en el vestuario visitante. Vestido de paisano, a la luz blanca de las lámparas de neón, se respaldó contra la pared y se cruzó de brazos como quien espera el tren. Mourinho no debió de prestarle atención cuando pasó por delante, proveniente del campo. Ballesteros no movió un músculo hasta que los movió todos a la vez. Hubo unos cuantos testigos: los primeros, los futbolistas del Madrid que venían de jugar: Gago, Benzema, Kaká, Carvalho...

Lo que más sorprendió a los concurrentes fue la velocidad. Nunca imaginaron semejante agilidad de brazos en un individuo tan pesado. Repentinamente, Ballesteros dio dos pasos cortos y tomando a Mourinho por el cuello lo elevó a un metro del suelo apretándolo contra la pared. Fue una gran oscilación. Un solo movimiento. Un *swing*. El entrenador intentó librarse de la tenaza con sus manos mientras su captor le sostenía en alto mirándole fijamente y gritándole a la cara.

—¡Hijo de puta! ¡Respeta a los profesionales! ¡Insúltame a mí!

Al oír el jaleo, Silvino Louro, que abría la marcha en la columna, se volvió a toda prisa. El preparador de porteros, de 52 años, había sido internacional con Portugal en 24 ocasiones. Era tan corpulento, y tenía un aspecto tan fiero, con el entrecejo permanentemente cortado por un pliegue, que los jugadores del Madrid habían bromeado desde el verano sobre su verdadera función dentro del equipo. No faltaban quienes le consideraban el guardaespaldas «de facto» de Mourinho. El técnico siempre procuraba rodearse de subalternos a su alrededor, sobre todo en los traslados a otros campos. Rui Faria, el preparador físico, Karanka, el auxiliar, Oscar Ribot, el jefe de prensa,

Miguel Pardeza, el director de fútbol, Julio Cendal, el responsable de seguridad del club, entre otros empleados, solían alternarse para formar una especie de cuadro aislante del entrenador, de línea de protección frente al exterior. En este círculo, Louro era quien ofrecía mayores garantías de protección física.

Después de los acontecimientos del 6 de enero, a la comitiva se unió para siempre un guardaespaldas profesional que el club asignó especialmente para Mourinho. El hombre le acompañaría junto al banquillo en los partidos, en los vestuarios y en las salas de prensa. Pero el 6 de enero, lo más parecido a un guardaespaldas era Louro.

Los jugadores contemplaron la escena paralizados por la sorpresa mientras Louro se abalanzaba sobre el agresor de su jefe. Ballesteros aferró a Mourinho con su brazo derecho mientras con la mano izquierda, apuntando con el rabillo del ojo, lanzó un puñetazo a la cara del preparador de porteros según se aproximaba. Aturdido, Louro volvió sobre sus pasos antes de chocar contra la pared. Ballesteros se mantuvo firme como una grúa mientras unas ocho personas intentaban moverlo, entre empleados y jugadores del Levante y del Madrid. Fue como empujar una encina de 200 años. Ballesteros estaba extraviado y rojo. Un jugador recordó que «las venas que tenía en las sienes eran como dos cables de la luz». Mourinho se debatió horrorizado, amoratado por la asfixia, luchando por respirar. «¡Sergio...! ¡Sergio...! ¡Que te vas a meter en un lío...!», imploró un empleado del Levante. A lo que Ballesteros reaccionó sacudiéndose y gritando a Mourinho: «¿En un lío? ¿Vas a respetar a los profesionales? ¿Los vas a respetar?»

A punto de desvanecerse, colgado de las manos de su captor, Mourinho no pudo pronunciar ni una palabra durante el minuto largo que duró su padecimiento. Cuando la multitud finalmente lo separó de Ballesteros, el entrenador se desplomó en el suelo. Alguien le ayudó a alcanzar la puerta del vestuario visitante. Cuentan que estaba en un estado penoso. Pero hizo un esfuerzo por reponerse y sentarse en el banquillo en la segunda parte. Desde allí asistió a la derrota del Madrid, que encajó dos goles antes del final del partido. Fue la segunda derrota del equipo en lo que iba de temporada, tras el 5-0 en el Camp Nou. El resultado de la ida le aseguraba el pase a los cuartos de final de la Copa.

El Levante tuvo suficiente con acabar la temporada de Liga clasificado en 14.ª posición. No hay muchos equipos mejor preparados que el valenciano para la rutina de la resistencia. Es difícil imaginar un club con menos coincidencias deportivas que el Madrid. Los partidos que los enfrentaron en la Liga son cruces esporádicos que, más que exaltar la rivalidad, históricamente han servido de ocasión de comunión. La mayor parte de la directiva del Levante sigue siendo madridista. Vicente Boluda, ex presidente del Madrid, pertenece a una familia de históricos dirigentes levantinistas. Como con tantos clubes de provincias, los sentimientos de los hinchas resultan afines. Los aficionados más viejos recuerdan con admiración las visitas del Madrid de Di Stéfano en los sesenta. Eran ocasiones festivas. Los partidos se celebraban en Mestalla para congregar al mayor aforo posible y las aficiones comulgaban en un ambiente de confraternización.

—Hemos estado pocos años en Primera y la gente quiere seguir a un equipo que pelee por títulos, que gane Ligas, que gane Ligas de Campeones —explica Vicente Iborra—. Mucha gente levantinista simpatiza con el Madrid o con el Barça porque al fin y al cabo son los grandes de España y simpatizar con el Valencia es un poco incompatible. A la vista está que cuando vienen a jugar a casa el campo se llena de gente de esos equipos. No nos queda más remedio que acatarlo y hacer las cosas bien dentro del campo para que la masa social aumente.

El Madrid regresó al Ciutat de Valencia para disputar la cuarta jornada de Liga el 18 de septiembre de 2011. Y perdió 1-0. Fue otro partido inflamado. A las órdenes de un nuevo entrenador, Juan Ignacio Martínez, el Levante afinó el planteamiento del año anterior. «Nosotros sabíamos que si íbamos a por ellos, por calidad y por físico iban a ser mejores —recuerda Iborra—. Buscamos que no tuvieran espacios porque sabíamos que sobre todo en el uno contra uno y a la contra son el mejor equipo que hay. Buscamos estar todos muy juntitos, con muchas ayudas, muy comprometidos, y aprovechar las ocasiones. Afortunadamente se dio así: pudimos ganarles y otros equipos se dieron cuenta de que jugándoles de tú a tú perderían el 99 % de las veces. Es una manera inteligente de jugarles. No darles espacio para correr hace que se sientan incómodos. Quizás el Barça en ese sentido es mejor: sabe buscar más espacios teniendo el balón y esperando la oportunidad. El Madrid no, y los equipos se han dado cuenta de que no le puedes dejar espacios para correr.»

El tropiezo avivó la rivalidad y renovó el rencor en Mourinho, que insistió con sus provocaciones por otros medios: básicamente, empleando a Pepe con el fin de sacar de quicio a los jugadores rivales, impidiéndoles competir concentrados. Las llamadas de Casillas a sus colegas en el Levante para intentar poner término al resentimiento entre las plantillas tuvo un efecto muy limitado. Cuando el Madrid se presentó al Ciutat de Valencia para disputar el partido de Liga del 11 de noviembre de 2012, Ballesteros y sus compañeros se habían confabulado contra lo que consideraban el brazo ejecutor del mánager madridista. Señalaban especialmente a Pepe, pero también a Cristiano, Di María y Coentrão, todos representados por Jorge Mendes, amigo y agente del mánager. Los llamaban «los títeres de Mourinho». En los primeros minutos del partido Navarro disputó un balón dividido con Cristiano y le abrió una ceja con el codo. Cristiano lo encajó con deportividad. Cortada la hemorragia y aplicado el vendaje, se dedicó a jugar al fútbol lo mejor que pudo. Incluso hizo un gol.

El Levante perdió 1-2. Al cabo del partido los jugadores locales aseguran que vieron a Pepe bailando en el túnel de vestuarios. «Como si bailara una jota —observó un testigo—, gritaba: "¡Toma! ¡Toma! ¡Toma...!"» Cuando Ballesteros lo supo se dirigió al vestuario visitante y encontró a Pepe de paso por la enfermería. Lo que ocurrió a continuación fue confuso. Los jugadores del Madrid aseguran que Pepe se defendió como un bravo. Los jugadores del Levante dicen que su capitán agarró a Pepe por el cuello con una mano mientras que con la otra le golpeó la cabeza a discreción. Cuando le soltó, Pepe se escabulló en busca de refugio. «¡Baila ahora! —bramaba Ballesteros—. ¡Llama a tu jefe que te defienda!» La pequeña enfermería no tardó en llenarse con unas treinta personas. Adán, el portero suplente, fue el primero en irrumpir en defensa de Pepe, seguido de sus compañeros. La plantilla del Levante se presentó en pleno. Unos, como Casillas y Albiol, intentaron separar a los contendientes. Otros aprovecharon para ajustar cuentas. Ballesteros daba vueltas lanzando advertencias a los jugadores del Madrid: «¡Dile a Pepe que hoy se ha reído y ha bailado pero en dos semanas cuando venga el Barcelona los que nos vamos a reír vamos a ser nosotros!»

La refriega se había enfriado cuando Juanfran, Iborra y Juanlu intercambiaron palabras con otros jugadores del Madrid. Alguien se acordó de Mourinho.

—¿No notáis que aquí solo falta uno? ¡Nos estamos matando y el único que no ha aparecido es el que empezó todo!

El Barça se impuso 4-0 dos jornadas más tarde en el mismo escenario. El Levante completó el partido con estricto rigor funcionarial. No hubo entradas fuertes, se intercambiaron camisetas, y al cabo de la velada Xavi, Puyol e Iniesta se mostraron interesados ante los capitanes levantinistas por conocer la situación del club. Como embajadores que cumplen con las reglas de la etiqueta, los capitanes del Barça sabían que la cordialidad, aunque puramente formal, tiene un sentido práctico. En las gradas, cada vez con más admiradores culés, la despedida a los vencedores fue calurosa.

El triunfo ayudó al Barça a consolidar su liderazgo en una

jornada especialmente feliz para el equipo azulgrana. La víspera, el sábado 24 de noviembre, el Madrid perdió 1-0 en Sevilla ante el Betis y se quedó a 11 puntos de la cabeza de la clasificación. A un mes de la Navidad el campeonato estaba virtualmente resuelto y el Madrid se sumía en una crisis imprevista. Desde el domingo por la mañana, el presidente, Florentino Pérez, hizo llamadas a figuras representativas de todos los estamentos del club, desde las oficinas del Bernabéu a las dependencias de Valdebebas. Consultó a funcionarios, a técnicos, a jugadores y también a sus asesores y a sus amigos, gente que no estaba vinculada al Madrid por lazos jurídicos. A todos les preguntó si creían que despedir a Mourinho solucionaría los problemas del equipo, que parecía hundirse en la Liga.

Los partidos contra el Levante, el más impensable de los adversarios, expusieron al Madrid a una parte irreconocible de su nueva realidad. Algo que se había precipitado a velocidad de vértigo desde hacía tiempo en un amplio sector de la afición. Una necesidad desesperada que los dirigentes, en lugar de procesar desde la serenidad, habían interpretado desde el proselitismo. Ramón Calderón lo expresó cuando subió al estrado para celebrar su elección como presidente, una noche caliente de 2006 junto a la plaza de Lima. En el aire flotaba el deseo de replicar al Barcelona de Rijkaard, que había levantado la Champions hacía un mes, y el nuevo mandatario se afanó en complacer a sus votantes anunciando la contratación de Fabio Capello como garantía de un éxito seguro. Emocionado, proclamó que en 2007 los hinchas irían a Cibeles: «¡Como sea!»

Calderón no redactó discurso alguno. Habló desde la emotividad. Las palabras que leyó Florentino Pérez el día que asumió su tercer mandato, el 1 de junio de 2009, una semana después de que el Barcelona de Guardiola consiguiera su primera Champions, contenían elementos épicos insólitos en un ejecutivo que había hecho de la suficiencia, el sosiego y la vocación integradora su sello distintivo entre 2000 y 2006. En la nueva era, la necesidad de reaccionar ante una realidad agobiante que no dejaba margen para la vacilación era la novedosa idea matriz.

—Debemos recuperar cuanto antes los sueños, la estabilidad y el tiempo perdido —dijo el nuevo presidente—. El Real Madrid tiene que dejar el terreno de las dudas para avanzar sin descanso en pos de ese gran objetivo que siempre debe estar presente en su espíritu como es el de trabajar en todo momento para intentar ser también considerado el mejor club del siglo XXI. Para esta junta directiva contribuir al logro de esa meta será una auténtica obsesión.

Pérez reconoció que su estrategia se integraba por dos fuerzas: primero, la urgencia por recuperar el terreno perdido frente a un Barcelona al que no nombró; segundo, la necesidad de obrar con mesura para no perjudicar el patrimonio existente.

—Nuestro club ha sido y es esencial en la historia del fútbol, y por eso siempre debe ser ejemplar —avisó—. No debemos olvidar que nuestro prestigio y nuestra imagen son el tesoro más preciado que tenemos y que hemos conseguido a lo largo de los 107 años de historia.

—En este club la ética será indestructible —concluyó— y la solidaridad será un referente básico de comportamiento. El desafío que comienza para todos nosotros es posiblemente el mayor y más duro que hayamos asumido nunca. Pero os aseguro que vamos a hacer de este Real Madrid un gran símbolo y un ejemplo.

Un año y medio después de este pronunciamiento, espoleado por un entrenador al que contrató para acabar de una vez por todas con la primacía del Barça, el Madrid emprendió una serie de enfrentamientos desaforados con el Levante. «Era como si quisieran ganar como fuera —recordó Iborra—, porque temían que el Barcelona se les escapase.»

El asombro del joven Iborra era nítido. Se había criado en un club en quiebra y no concebía tanta pasión por otra cosa que no fuera conservar el empleo. El Barcelona, en cualquier caso, se escapó en la Liga que arrancó en 2010. A pesar de la fiebre competitiva, de la tensión generalizada y de la ruptura de códigos de convivencia entre equipos que amenazó gravemente con deshacer aquella imagen majestuosa que el madridismo había conquistado durante más de un siglo.

5

Humillación

Maquiavelo dice que el que quiera engañar, encontrará siempre quien se deje engañar, lo que prueba que si no hay quien mienta más, no es por la dificultad de encontrar quien crea, sino por la dificultad de encontrar quien se resuelva a mentir.

Lucio V. Mansilla,
Una excursión a los indios ranqueles

El domingo 28 de noviembre de 2010, en el hotel Rey Juan Carlos I, en la Diagonal de Barcelona, se alojó un creyente verdadero. Un hombre de convicciones firmes. Vitoriano pálido, de nariz prominente y melena ondulada, el hombre marchaba satisfecho de verse en esa situación, con ese uniforme, bajo ese escudo, a las órdenes de ese líder: un visionario. Aitor Karanka creía en Mourinho.

El auxiliar parecía animado por una emoción pueril. Con voz de contralto, transmitía un entusiasmo devoto cuando confesaba su fe a los miembros de la expedición que se encontraba en el aeropuerto, en el autobús, en el salón comedor, en la sala de reuniones, en el ascensor de cristal, en el gigantesco hall principal del hotel, mientras pasaban las horas que conducirían inexorablemente al Camp Nou.

—Vamos a dar una lección de fútbol —repetía Karanka a sus oyentes circunstanciales—. Vamos a dar una lección de fútbol.

El fervor del ayudante de campo de Mourinho contrastó con el escepticismo entre los jugadores españoles cuando el técnico los reunió a las 11 de la mañana del 29 para darles la que sería la charla táctica antes del primer clásico de la temporada. El técnico se presentó afectando seguridad en sí mismo. La gestualidad, la intención de seducir, la conciencia de que oficiaba un ritual de persuasión ante sus propios jugadores, les infundió a la mayoría esa mezcla de placer y miedo que provocan los actos iniciáticos. Algunos deslizaron un chascarrillo. «¡Se cree George Clooney!», decía un jugador tras el cónclave. Mientras duró, nadie abrió la boca. Nadie comentó ni cuestionó nada. No voló una mosca mientras el portugués impartió instrucciones que invitaban a esperar al Barcelona emboscados.

Mourinho les pidió que presionaran «en bloque bajo» salvo excepciones en que llevarían las líneas más arriba para presionar en «bloque medio» en los saques de portería, los saques de banda o los córners a favor. Les recordó que mantuvieran el «bloque medio» solo mientras el Barcelona intentaba dar el primero y el segundo pase. Al tercer pase les previno que debían regresar al campo propio. Para validar este planteamiento mostró un vídeo de un partido reciente, un Barcelona-Villarreal que acabó 3-1, en el que se veía al equipo amarillo apretando al Barça en su campo, intentando que las posesiones del equipo de Xavi fuesen menos ágiles y más cortas, dislocadas desde la salida del balón. Los jugadores recuerdan a Mourinho mostrándose completamente seguro de tener la respuesta y puso al Villarreal como ejemplo de lo que no debían hacer:

—A lo mejor el Barcelona se piensa que nosotros vamos a presionarlos arriba como los tontitos del Villarreal...

En Mourinho, los fundamentos del *pressing* derivan de la

terminología y los principios de Víctor Frade. Profesor jubilado de la Universidad de Oporto y director del Departamento de Metodología del Oporto, este técnico portugués es una referencia de los entrenadores de toda Europa por haber creado el método de la periodización táctica. En términos generales, la periodización táctica sirvió para superar las metodologías que dominaron los deportes de equipo hasta los años noventa. Pioneros como Frade en Portugal, o Paco Seirul·lo en España, concentraron los entrenamientos en la práctica del juego, dejando definitivamente atrás las recetas derivadas del atletismo, que entendían la progresión como un recorrido lineal que solo respondía al mecanicismo y el conductismo. Los nuevos teóricos como Frade sostuvieron que el jugador solo mejora si lo invitan a resolver problemas complejos inherentes al juego, y no únicamente repitiendo fórmulas mecánicamente. Como decía el entrenador Juanma Lillo, impulsor de la nueva corriente: «Si hay algo que no es lineal es un ser vivo.»

Guardiola y Mourinho bebían de las mismas fuentes, pero su aplicación de los métodos era distinta. Guardiola era un virtuoso de la pedagogía, capaz de organizar el ataque y la defensa hasta armonizar ambas funciones, como si no hubiera una transición entre las fases del juego. Mourinho expresaba su talento en la construcción de modelos defensivos. Guardiola apoyaba su defensa sobre la organización con el balón mientras que Mourinho apoyaba su ataque sobre la defensa. Entendido como un movimiento colectivo sincronizado para arrebatarle la pelota al contrario, la presión es un ejercicio defensivo que puede emplearse como un instrumento ofensivo si se aplica en los lugares y en los momentos adecuados. Mourinho impartía sus conferencias sobre la presión con el aplomo de quien se siente un innovador en la materia. Insistía a sus jugadores en que la posesión de la pelota no es un valor en sí mismo y en que, si no se administran los tiempos con extremo cuidado, mover el balón podía ser peligroso. Decía que cuantos más recursos tenían los equipos contrarios más convenía redoblar las precauciones a la hora de circular el balón por el eje vertical del campo. «Cuanto más circula el balón por el medio más posibilidades tiene el rival de robárnoslo», le oían repetir sus jugadores. El aforismo tenía un reverso lógico: cuanto más tuviera el balón el rival en el medio campo, mayor sería su fe, su seguridad, su exposición y su vulnerabilidad a una presión bien hecha.

Bajo este razonamiento, el Madrid dedicó muchas horas de práctica a ejercitar repliegues que crearan espacios para que el adversario entrara en ellos, como quien penetra en un desfiladero. Los jugadores llamaban a estos movimientos «señuelos». El equipo contrario tenía la pelota, la movía, avanzaba con ella sobre el terreno que se le ofrecía, y cuando pisaba el medio del campo, cerca del círculo central, el Madrid activaba una presión que le despojaba de la pelota y aceleraba el contragolpe. Esta última parte del juego era la que menos preocupaba al entrenador, que hacía hincapié en la necesidad de canalizar el movimiento ofensivo por los costados, a ser posible, y pedía velocidad. Más de tres pases podían suponer un riesgo excesivo.

Siguiendo la terminología de Frade, Mourinho entendía que la presión se divide en tres, según los sectores del campo en los que se aplica: bloque bajo, medio y alto. El bloque bajo consiste en poner las líneas de defensa y medio campo a partir de la frontal del área. El bloque medio se practica 20 metros más arriba. El bloque alto implica llevar la zaga hasta el círculo central, a veces traspasando la raya del medio campo, y apretar con los interiores en terreno del rival. El «bloque alto» era para Mourinho la apoteosis del fútbol ofensivo. El equipo lo aplicaba regularmente en los saques de banda del rival en su campo y en los córners a favor. También era un recurso frecuente en situaciones de urgencia. Si se agotaba el tiempo y el equipo necesitaba un gol, el bloque alto era la solución. Pero contra rivales fuertes, y especialmente contra el Barcelona, la presión en bloque alto se consideraba una excepción peligrosa.

Casillas, Alonso, Ramos, Albiol y Arbeloa conocían al Barça mejor que Mourinho. No solo se habían enfrentado al equipo de Guardiola un par de veces. Venían de ganar un Mundial jugando con Xavi, Iniesta, Villa, Busquets, Pedro, Piqué y Puyol, y comprendían su modo de pensar. Intuían que la mejor forma de hacerles daño era ahogándolos en la salida, en el primer pase de Valdés, allí donde se gesta el juego de posición. Mourinho no lo veía así, y entre los jugadores reinaba un clima de fatalismo. «Nos va a meter atrás —decían—. El Barça va a tener el balón controlado a 20 metros de nuestra portería y tarde o temprano...»

Xabi Alonso hizo el análisis más fundamentado en una reunión informal con algunos compañeros. El medio centro dijo que la visión del entrenador había caducado hacía meses. Lo explicó recordando que en las semifinales que el Inter ganó al Barça en 2010 la presencia de Ibrahimovic provocó interferencias en el último pase por la tendencia del sueco a superponerse con Messi. Pero el Barça ya no tenía ese problema. Xabi observó que las consignas de Mourinho podían funcionar contra el Barça de Ibrahimovic, un «nueve» que resultaba más fácil de fijar para los centrales; pero que Ibrahimovic ya no jugaba en el Barça y que, además, Iniesta se había recuperado de un largo periodo de lesiones que le había mantenido fuera de la semifinal de 2010. La movilidad de Pedro, Messi y Villa, con Iniesta y Xavi tocando y apareciendo desde atrás, dejaría a la defensa sin una referencia y convertiría la presión en «bloque bajo» en algo parecido al suicidio porque las líneas de pase del Barça se multiplicarían haciendo inviable cualquier intento de cerrar las vías de acceso. «Hoy vamos a tener que correr mucho», concluyó Alonso.

A las 15 horas del 29 de noviembre Mourinho dio su cuarta charla antes del partido. Anunció que Benzema jugaría solo en punta, y que Cristiano se trasladaría a la banda derecha, intercambiando posiciones con Di María, a quien señalaría la custodia de Alves en la banda izquierda. Dicen los presentes que las indicaciones a Mesut Özil ocuparon gran parte de la reunión. Para el media punta alemán el técnico reservó el catálogo más complejo de actuaciones. No solo le asignó la misión de suministrar balones a los delanteros y llegar él mismo al remate. Además le encomendó trabajar defensivamente en tres o cuatro zonas.

Puesto que el plan general predisponía al Madrid a defender principalmente en su campo, existía el riesgo de que el equipo se alargara, o se partiera, una vez concluidos los ataques. Para evitarlo, Özil debió estar atento a tapar la salida de Piqué o las recepciones de Busquets, o Xavi, según el lugar en el que se encontrase cuando el Madrid perdiera el balón. En resumen: cubrir los espacios que quedaban entre los defensas y los delanteros en los repliegues. Decidir rápido en las transiciones de ataque, ser creativo en la búsqueda de Benzema y Cristiano y, en caso de pérdida, presionar la gestación del juego adversario antes de bajar en auxilio de Alonso y Khedira. Esas fueron las tareas del guion de Özil. A nadie le exigió Mourinho misiones más diversas ni mayor entrega física.

El éxito del Inter en las semifinales de la Champions de 2010 estuvo condicionado tanto por la táctica conservadora de Mourinho como por sucesos ajenos a cualquier decisión técnica. Sin embargo, Mourinho pareció convencido de que el pase a la final fue consecuencia exclusiva de su genio organizador. Trazó su plan como si despreciase la nueva información de que disponía. Como si no hubiera contemplado que la erupción del volcán Eyjafjallajökull había obligado al Barça a viajar en autobús a Milán, mermándolo físicamente; como si no valorase que entonces Iniesta no pudo jugar y su lugar en el campo lo ocupó Keita; como si el regreso de Iniesta a la plenitud y el fichaje de Villa no hubieran cambiado el funcionamiento del adversario al que debía medirse de nuevo. En fin, como si creyera que los jugadores del Madrid responderían como lo hicieron los del Inter para ofrecer en el campo aquello que de verdad resultó determinante en las semifinales: la generosidad desesperada de quien se sabe a las puertas de algo irrepetible. Los jugadores del Inter, veteranos a punto de iniciar el declive, sabían que no dispondrían de otra ocasión más gloriosa. La plantilla del Madrid estaba poblada por chicos sin experiencia, demasiado tiernos y demasiado talentosos para asimilar del mismo modo sacrificios físicos extremos con el fin de perseguir rivales. El desprecio de Mourinho por la nueva realidad fue algo que sus propios jugadores percibieron antes de salir hacia el Camp Nou a vivir lo que Ricardo Carvalho describió a un compañero como «el día que más vergüenza he pasado en un campo de fútbol».

A los nueve minutos Xavi se presentó ante Casillas y definió por arriba. A los 14 minutos Pedro metió el 2-0. El plan del Madrid ya era oficialmente inútil.

Envuelto en un abrigo negro, de pie bajo una lluvia incesante, Mourinho reorganizó al equipo. Mandó presionar más adelante e intercambió las posiciones de Di María y Cristiano para que jugaran a pierna cambiada, como lo habían venido haciendo esa temporada, con la intención de que pudieran llegar más cómodos al disparo. Hasta el descanso, sin embargo, el partido fue del Barça. De regreso al vestuario los jugadores esperaban una gran intervención de Mourinho animándolos a dar la vuelta a la situación y proporcionando soluciones. Pero el técnico se mostró comedido. Su instrucción para retirar a Özil y sustituirlo por Lass constituyó un mensaje implícito de retirada.

La sensación predominante en la plantilla era que no había nadie más habilidoso que Özil. A sus 22 años, el joven de Gelsenkirchen era un caso extraño en el mundo del fútbol de elite, definido tanto por el compañerismo como por los celos, el individualismo y la competencia interna. Özil, que apenas hablaba castellano pero comprendía cada palabra, era objeto de admiración entre sus propios compañeros. En cada entrenamiento le veían hacer cosas inaccesibles para el resto. Sus controles, sus fintas, su desenvoltura en espacios reducidos, su capacidad para encontrar vías de pase en un laberinto, la sensibilidad de sus pies, eran inigualables. Había llegado a España hacía menos de cuatro meses y ya se había ganado el reconocimiento del grupo. Retirarle del partido significó algo parecido a la capitulación. Un modo de admitir la superioridad del Barça y la falta de recursos propios para dar una respuesta.

Si en su paso por el vestuario los jugadores esperaron una arenga emocionante, lo más parecido que se encontraron fue a Casillas al borde de la desesperación. Para los chicos que llevaban poco tiempo en el club resultó sobrecogedor descubrir al capitán, normalmente introvertido, gritando con angustia. «¡Que se vea que corremos! —decía—. ¡Ahora mismo habrá millones de personas mirándonos por televisión! ¡Millones que no van a poder dormir esta noche! ¡Que por lo menos vean que corremos...!»

El regreso al partido tuvo un significado especial. El despliegue de Lass, Khedira y Alonso en el medio centro constituyó el inicio de un largo experimento fallido. La primera puesta en escena de lo que Mourinho bautizó luego como «triángulo de presión adelantada». Concebido, como el término indica, para presionar abarcando más campo, este modelo táctico funcionaba mejor sin el balón que con él. Una vez que el equipo recuperaba la pelota, la presión se hacía innecesaria pero el triángulo seguía ahí, como una presencia invasiva, obligando a los supervivientes a jugar entre los andamios de un edificio en ruinas, a ventilar pases cada vez más largos, menos pensados, más expeditivos. El «triángulo de presión adelantada» tardó 12 minutos en fracasar. El tiempo que Villa tardó en meter el 3-0.

Bajo la lluvia persistente, el Camp Nou resonaba con un canto desatado: «¡Sal del banquillo, Mourinho, sal del banquillo...!» Sentado bajo la onda transparente de la caseta, sin asomarse a la zona técnica desde la reanudación, en el minuto 60 el portugués dio otro de esos pasos que prefiguró su estrategia para los años venideros: sustituir a Marcelo por Arbeloa. Descartar al lateral más desequilibrante del mundo para apostar por un hombre obediente, un defensa puro, reacio a traspasar la línea del medio campo. El cambio, que pretendió evitar una goleada mayor, eliminó toda esperanza de remontar y no garantizó mayor seguridad. El Madrid remató cuatro veces en la primera mitad y una en la segunda. Pero el Barça siguió atacando. Más y mejor. Hizo siete remates en la primera parte y ocho en la segunda.

Villa metió el 4-0 después de burlar a Pepe con cuatro pasos de baile: caminó por la «cornisa», sobre la línea del fuera de juego, pasó por delante de su marcador y retrocedió para confundirlo antes de arrancar en diagonal hacia la portería acompasando el pase de Messi. El 5-0, punto final del duelo, explicó la dimensión de lo sucedido y descubrió las limitaciones de la respuesta táctica del Madrid en la segunda parte.

Mourinho predispuso a Arbeloa para que entrara fuerte, haciendo falta si era preciso, como primer acto de presión tras la pérdida de la pelota. Arbeloa apretó cerca de la línea del medio campo, levantó la planta de su bota a la altura de la cabeza de Iniesta, pero el media punta se escapó del mordisco. Era falta. El árbitro, Iturralde González, aplicó la ley de la ventaja, e Iniesta entregó para Bojan, que había entrado por Villa en el minuto 75. Bojan aceleró por la derecha y la presión del Madrid se deshizo. La doble línea de marcadores recién desplegada no pudo cerrar todos los espacios cuando Bojan cambió la orientación de la jugada. Ni Khedira, ni Lass, ni Di María regresaron suficientemente rápido y se formó una de esas situaciones que Mourinho había intentado evitar por todos los medios: un cuatro contra cuatro. Bojan, Iniesta, Messi y Jeffren contra Arbeloa, Carvalho, Pepe y Ramos. Los zagueros del Madrid habían basculado hacia la izquierda, liberando un carril a la derecha, en la izquierda del ataque del Barça, y no tuvieron tiempo de recolocarse. Jeffren recibió el balón libre. A la espalda de Ramos, que se giró sin remedio antes de asistir al gol.

Cuando Mourinho se sentó en la sala de prensa del Camp

Nou irradiaba la serenidad de un *bodhidharma*. Llevaba cinco meses trabajando para el Madrid y nunca se había mostrado más tranquilo:

—Es la mayor derrota de mi carrera: nunca había perdido por 5-0. Esto sí, sin duda. Pero es una derrota fácil de digerir. Muy fácil de digerir. Porque es una derrota sin posibilidades de ganar. No es una de esas derrotas en las que tú te quedas con un sabor amargo porque son difíciles de aceptar, porque no te merecías perder y has perdido, o porque el árbitro ha influido en el resultado, o porque has mandado dos balones a los palos y has perdido por mala suerte. No. No es nada de eso. Un equipo ha jugado al máximo de su potencial y otro ha jugado muy mal. Victoria muy merecida y derrota muy merecida.

Pocas conferencias de Mourinho fueron tan medidas. La calma superficial escondía un torbellino de aguas turbias en el interior. La argumentación de los cambios que hizo a partir del descanso dejó entrever su pesimismo íntimo: la certeza de que lo mejor que podía hacer era evitar la goleada porque el parcial del minuto 45 no se podía remontar:

—Cuando estás 2-0 por detrás contra un equipo que al contragolpe es muy peligroso y muy rápido tienes dos opciones. Dices: «2-0 y aquí me quedo» o dices, «voy a intentar presionar más alto, voy a dar más espacios al adversario, y después otra vez al contraataque, otra vez en profundidad te hacen los otros goles...». Intenté ayudar al equipo en el intervalo: la única cosa que quería era que el equipo no perdiera su equilibrio en el centro del campo y que continuara con dignidad hasta el final... Siempre he dicho que el Barça es un producto acabado. Y siempre dije que el Madrid no era un producto acabado: que le faltaba muchísimo para serlo.

En los días previos al clásico, en el entorno de Mourinho se fue formando una nube de malestar por la frustración ante lo que el técnico experimentaba como falta de respaldo. Observaba la presencia de Valdano como una amenaza. Creía que el club exigía demasiado pero a cambio daba muy poco. Pensaba que Florentino Pérez le ignoraba cada vez que le solicitaba un delantero centro proponiendo el nombre de Hugo Almeida. Solo las buenas noticias soslayaron estas inquietudes durante un tiempo. Entre el 0-0 en Levante y la visita al Camp Nou, el Madrid encadenó dos meses de buenos partidos. Las goleadas al Deportivo (6-1), Málaga (1-4), Racing (6-1), Hércules (1-3), Athletic (5-1) y Ajax (0-4) parecían indicar una evolución feliz. Probablemente, aquel fue el periodo de juego más brillante del Madrid de Mourinho. La progresiva sintonía con que atacaba, la ausencia de las restricciones tácticas que luego se harían corrientes, el despliegue embravecido de algunos jugadores, hicieron pensar a los directivos y a los hinchas que el técnico hacía un esfuerzo por estimular un modo de jugar que coincidía con los gustos del aficionado español.

Los resultados se reflejaban en el carácter de Mourinho. Cuando estaba de buen humor lo transmitía inmediatamente. En las concentraciones, durante las sobremesas, reclamaba la atención de los miembros de la expedición elevando la voz, pontificando, y contando chistes. «¡Es un *showman*! —decían los futbolistas—. ¡Ahí está el *showman* otra vez!»

El 29 de noviembre se acabó el *show*. El ánimo del jefe cambió violentamente. Se volvió irritable e impredecible. Los jugadores descubrieron que el entrenador tenía una capacidad insondable de generar situaciones inauditas. Valencia, Zaragoza y Sevilla, los tres partidos que siguieron hasta la Navidad, fueron un muestrario de tormentas.

La visita del Valencia al Bernabéu el sábado 4 de diciembre, cinco días después del 5-0, ocasionó uno de esos momentos inesperados. Cuando Mourinho citó al grupo para la charla táctica, los jugadores encontraron a un hombre al borde de la crisis nerviosa. De acuerdo con el testimonio de algunos de los presentes, el técnico habló de los avatares del equipo en primera persona, según su extraña costumbre:

—Hoy no es un partido para charla táctica. Hoy lo importante es el corazón. Hoy lo que importa es mi hijo. ¡Esta semana mi hijo ha vuelto del colegio llorando porque me habían metido un 5-0! ¡Hoy tenemos que jugar por el orgullo de mi hijo!

El hijo del jefe se llamaba como su padre: José Mario Mourinho. Entonces tenía 10 años y los jugadores le conocían bien. A veces el técnico lo llevaba a Valdebebas, y solía bajar al vestuario después de los partidos en el Bernabéu, a los que asistía en una localidad de abono situada detrás del banquillo. La apelación al honor del niño desconcertó a los asistentes. La confusión fue casi tan grande como la que provocó la alineación. Prescindió del «nueve» y lució el primer «trivote» titular de la era Mourinho: Khedira, Alonso y Lass.

Solo la expulsión de Albelda por roja directa en el minuto 65 alivió al equipo, que jugó la primera parte más espesa que se había visto en Chamartín esa temporada. Contra uno menos, Özil y Cristiano resultaron imparables. Cristiano metió los dos goles del partido: uno en el minuto 73 y otro en el 87.

Atento a la repercusión mediática de su alineación ultradefensiva, y perfectamente consciente de que constituía un desafío al gusto vernáculo, Mourinho utilizó la conferencia de prensa posterior para justificarse. Sigmund Freud habría avanzado que donde Mourinho hablaba de la autoestima del equipo, lo que de verdad hacía era reconocer su propia debilidad interior:

—Hoy nos faltaba un poco de confianza y autoestima y era más importante iniciar el partido sin sufrir. Por eso cambié al equipo: con la intención de no sufrir. Porque podía imaginar lo que pasaría a mi equipo y a los aficionados si entramos en el partido sin controlarlo, tenemos problemas atrás y sufrimos el primer gol. Eso podría terminar la poca autoestima que el equipo tiene. Por eso decidí jugar con un centro del campo más lleno, más presionante, defensivamente más experto.

Casillas; Arbeloa, Pepe, Albiol, Marcelo; Khedira, Alonso, Lass; Di María, Özil y Cristiano compusieron una formación novedosa en la que faltaba el delantero centro. Para Mourinho, fue una forma de señalar la responsabilidad de Benzema en el desastre del Camp Nou y de insistir en que necesitaba otro «nueve». El técnico también explicó a su gente de confianza que el 5-0 había confirmado sus temores. Que por más que el público y la prensa exigieran jugar un fútbol de ataque, el último clásico había puesto de manifiesto que el equipo estaba inmaduro para una propuesta semejante. La goleada en contra, en definitiva, le reafirmó en sus razonamientos fundamentales: la presión era la parte más importante del juego y no se podía afrontar a rivales fuertes sin los jugadores adecuados para llevarla a cabo. En su interior comenzaron a cobrar forma una fobia y una filia. Fobia a Benzema y filia a la idea del «trivote» como arma providencial contra el Barça.

Desde Polibio en su *Historia general* no han dejado de surgir personalidades públicas que dan fe de su eficacia autodefiniéndose como pragmáticos. Una de las afirmaciones más repetidas por Mourinho en sus primeros meses en el Madrid fue que se consideraba un pragmático. Empleaba el término «pragmático» para acentuar un juicio, como un estribillo, o como un sello que convalidaba un enunciado. Muchas veces encabezaba sus reflexiones dando cuenta de su visión empírica, utilitarista, del trabajo de entrenador: «De un modo muy pragmático...» En abril de 2012, en el curso de una entrevista concedida a *Audi Magazine*, el mánager bordeó la autoparodia: «De un modo pragmático, me considero un gran entrenador.»

Declarando su empirismo Mourinho se distanciaba de otros técnicos idealistas, famosos por observar la realidad en función de un catálogo de dogmas. El tiempo, sin embargo, demostró que Mourinho también se envolvía en principios de los que luego no conseguía desprenderse fácilmente. Uno de estos principios era el de la «agresividad mental».

A finales de noviembre una lesión de espalda retiró a Higuaín de la competición durante varios meses. El delantero argentino era el punta preferido del entrenador y en el verano le había anunciado que jugaría más que Benzema. A Mourinho le exasperaba el carácter linfático del francés, la aparente conformidad ante cualquier situación, esa indiferencia con que recibía sus observaciones y advertencias. El chico estaba a punto de cumplir 23 años. Lo fascinaba tanto el rap como el fútbol. Si el juego lo atraía era porque estimulaba su sentido hedonista. Hay futbolistas que compiten bien gracias a la rabia que acumulan, y los hay que son grandes competidores porque hacen del juego un motivo de gozo. Benzema era de estos últimos. Su modo de vivir la profesión chocaba directamente con el principio de «agresividad mental».

Los tres goles de Benzema al Auxerre en la última jornada de la fase de grupos de la Champions no convencieron al entrenador. Cuando el 12 de diciembre, antes de viajar a La Romareda, le preguntaron si quería fichar otro «nueve», instrumentalizó su respuesta en dos sentidos: denunciar su desamparo ante el funcionamiento de una superestructura que incluía a Valdano y despreciar al delantero francés ante la necesidad de contar con un «nueve» más de su gusto. «El tema de los fichajes es para personas que están más arriba en el club y no pasa por mí —lamentó—. En el verano ya dije que sería muy difícil afrontar la temporada solo con Benzema e Higuaín. Y si tengo que afrontar la segunda parte de la temporada solo con Benzema será todavía mucho más difícil. Yo solo soy entrenador, nada más. Si tienes un perro para cazar, cazas más; si tienes un gato cazas menos, pero cazas. Solo tenemos un atacante, que es Benzema.»

La omisión de Cristiano Ronaldo en la lista de atacantes de Mourinho fue tan extraña como la degradación de Benzema en la escala zoológica. Pero lo que más repugnó al vestuario fue la actitud del entrenador en el banquillo de La Romareda. El técnico se pasó medio partido siguiendo a Benzema con mirada inquisitiva. Reprobando cada gesto del francés, descubriendo errores en cada uno de sus movimientos y haciéndoselo saber. Mourinho se descontroló después de que Benzema se mostrara incómodo jugando de espaldas a los centrales, recibiendo pases largos para descargar a la segunda línea. «¡Esto es una vergüenza! —comenzó a vociferar—. ¡Esto no es ni gato! ¡Esto es conejo!»

A cada imprecación, Mourinho se volvía hacia sus ayudantes en busca de complicidad. Otras veces se giraba hacia los jugadores suplentes, como esperando un signo de aprobación. Los estallidos de ira se hicieron tan frecuentes que, en lo sucesivo, los suplentes acabaron por disputarse los asientos más alejados del entrenador para ahorrarse malos ratos. Nadie quería participar del maltrato a un compañero. La victoria de La Romareda (1-3) fue el penúltimo escalón hacia la crisis interna que se avecinaba.

El Madrid disputó el último encuentro del año en el Bernabéu, ante el Sevilla, el domingo 19 de diciembre. Fue un partido malo. La baja de Alonso despojó al equipo del único futbolista capaz de imponer un trazo al juego y el árbitro señaló el descanso con un inquietante 0-0. Los jugadores se amontonaban en el túnel cuando Silvino Louro, el preparador de porteros del Madrid, se abalanzó sobre Cristóbal Soria, el delegado del Sevilla. Lo hizo con tanta violencia que no reparó en amigos ni enemigos. Hubo una arremetida, un mogollón y un caído. Agustín Herrerín, el delegado de campo del Madrid, rodó por los suelos. A sus 75 años, el hombre era una institución entre los empleados del club.

Herrerín justificó a Louro alegando que Soria se había burlado de los ocupantes del banquillo local mostrándoles la mano abierta, señal que remitía de forma inequívoca al 5-0. El gol de Di María en el minuto 77, después de que el árbitro, Clos Gómez, expulsara a Carvalho, no sirvió para contener la zozobra reinante en la caseta local. Al calor de los acontecimientos, Mourinho se dejó llevar hacia el conflicto por un arranque pasional fríamente calculado. Cuando Miguel Pardeza, el director de fútbol, mano derecha de Jorge Valdano, bajó al vestuario a felicitar a los jugadores, el entrenador le lanzó una andanada con la plantilla por testigo:

—¡Vosotros decís que esto es un club señor y esto es una

puta mierda de club! ¡Y ahora vas y se lo dices al presidente y a tus amigos...! Yo ahora me voy de vacaciones. Si me queréis echar, por mí no vuelvo. ¡Me voy contento porque esto es una puta mierda de club!

Pardeza mantuvo la compostura. El director de fútbol le negó las acusaciones con firmeza. El técnico parecía fuera de sí cuando se encaminó hacia la sala de prensa del estadio, esgrimiendo un papel.

—Me dan una lista con trece errores graves —dijo, sacando un folio con las presuntas equivocaciones de Clos Gómez—. ¡Hoy! Me preguntaron en la última rueda de prensa si yo estaba cansado de la presión. Yo no estoy cansado de la presión porque yo no me siento presionado a hacer las cosas que me gusta hacer. Y me gusta mucho entrenar y me gusta mucho jugar. Yo de lo que estoy un poco cansado es de esto, por ejemplo. ¡Que me den una lista de trece errores graves del árbitro y quieran que sea yo quien ataque al árbitro y defienda a mi equipo! Mi equipo tiene que ser defendido porque mi equipo merece ser defendido. No hoy: muchas veces más. Y si yo cojo esto y voy adelante con esta lista la historia es la misma: yo voy a las primeras páginas, suspenden a Mourinho... Tenemos un club, una estructura, un organigrama. ¡Yo quiero que la gente defienda a mi equipo, no siempre yo! Solo quiero decir que tengo un equipo de otro mundo, con un carácter de otro mundo. Hemos conseguido lo que parecía imposible... Yo prefiero no hablar más. Prefiero pedir una reunión con el presidente. Prefiero hablar con el presidente.

La utilización de los árbitros fue una de las principales fuentes de preocupación de Mourinho a lo largo de su carrera. En diciembre de 2010 los aprovechó con un doble fin: fueron la coartada perfecta cuando su equipo jugó mal y le sirvieron para cuestionar el rol de Valdano en el club. Molesto porque Valdano se oponía al fichaje de Hugo Almeida, el entrenador buscó atajos para atacarlo reclamándole una mayor agresividad crítica contra los jueces.

Esa noche Florentino Pérez se fue a la cama de madrugada, con la mente ocupada en consideraciones desagradables. Según un colaborador cercano, el presidente pensó que si echaba a Mourinho no tendría que pagarle ni la indemnización: el contrato estipulaba que, en caso de rescisión, nadie tenía el deber de compensar a nadie. Pero también se hizo las preguntas fatídicas. ¿Y si no es Mourinho? ¿Entonces quién? ¿Quién más puede dirigir al Madrid si despedimos a quien yo mismo he calificado como el mejor entrenador del mundo? Sin Mourinho, e incluso con él, al otro lado de la primavera imaginaba un desierto dominado por el Barça. Otra vez. Un fracaso histórico sin nadie a quien responsabilizar más que a él, el presidente, el autor del fichaje que marcaría su mandato para bien o para mal. Él, que debía cuidar su imagen, su halo de dirigente sólido, de convicciones firmes, solvente. No podía echarse atrás seis meses después de hacer la mayor apuesta de su trayectoria presidencial desde la contratación de Beckham. Al mediodía siguiente le tocaba oficiar de anfitrión en la cena oficial de Navidad con las plantillas de fútbol y baloncesto. Un directivo explicó la pesadilla de la noche anterior con palabras dulces: «Mou tiene una herida en el alma por el 5-0...»

El entrenador parecía sereno cuando se sentó a la mesa con el capitán Iker Casillas, el presidente de honor, Alfredo di Stéfano y Pérez. Como si nada hubiera ocurrido, mostró una alegre disposición y devoró con mucho gusto el faisán con cebolletas caramelizadas que sirvieron. Pérez cogió el micrófono, y antes de proceder a las felicitaciones, entablando un diálogo cómplice con Di Stéfano, a modo de digresión:

«Hay gente que se cree que está capacitada para todas las empresas pero no todos lo están. El Real Madrid es la empresa más fuerte y supone el desafío más grande. Porque tú, Alfredo, viniste conmigo cuando la FIFA nos dio el trofeo al mejor club del siglo XX. Ahí está el trofeo... No es fácil sobrellevar esta presión. Hay que vivir esa presión dentro del Real Madrid para conocerla. Comprendo que algunos que no estén capacitados se vuelvan locos. Porque esta no es una presión para todo el mundo...»

Di Stéfano asentía con la cabeza: «¡Por supuesto...!» Casillas estaba rojo como un tomate. Los jugadores de baloncesto atendían al discurso sin comprender muy bien lo que pasaba. Mourinho miraba fijamente al infinito.

El encuentro privado entre Mourinho y Pérez se celebró a finales de enero. Fue una cena. El presidente confesó a sus amigos que el técnico saturó el temario con la necesidad de renovar a Pepe, la conveniencia de fichar a Hugo Almeida para reemplazar a Higuaín y algunas explicaciones sobre su deseo truncado de dirigir a la selección de Portugal, cuestión que consideraba factible si el Madrid solo le necesitaba para entrenar al primer equipo. Ninguna de las cuestiones que el entrenador abordó como primordiales entusiasmaron al presidente. La frialdad de su interlocutor llevó a Mourinho a componer una de esas sentencias que circularon por las oficinas del Bernabéu durante aquel invierno:

—Ni yo soy el entrenador que usted pensaba que era, ni usted es el presidente que yo me esperaba.

Pérez se dio cuenta de que su entrenador no solo quería entrenar. «No es feliz solo entrenando», decía, tras la cena. Mourinho, a quien la derrota del Camp Nou había contribuido a quitar la máscara de contención que lució hasta noviembre, exigía la transformación del club apelando a la necesidad de resistir al Barça como razón de fuerza mayor. Argumentó que para ganar un título, fuese la Liga, la Copa o la Liga de Campeones, debía superar a un equipo que le acababa de infligir la peor derrota de su carrera. No había manera de evitar la confrontación. Por primera vez en muchos años se sintió gravemente amenazado por un fracaso capaz de marcar su trayectoria para siempre. Angustiado y esquemático, su reacción fue una sucesión predecible: presionar a sus jugadores, presionar al club y diseñar coartadas para explicar el probable hundimiento.

La necesidad de contrarrestar al Barça infundió un tono dramático en las peticiones. Solicitó potestades para dirigir la estrategia deportiva, coordinar las altas y las bajas y rediseñar el organigrama. Quería ser él quien eligiera qué jugadores contratar y qué jugadores traspasar. Sin interferencias. Sin listas impuestas desde el club. Argumentó que Jorge Valdano era prescindible y se inclinó a sugerir fichajes de futbolistas de la cartera de su representante, Jorge Mendes. No dejó de insistir en Hugo Almeida.

El presidente maniobró según su costumbre. No dijo ni sí ni no, pero se comprometió a conceder algunas cosas de manera condicionada. No descartó a Hugo Almeida y tampoco defendió a Valdano. Por lo demás, ganó tiempo procurando no mostrar sus cartas hasta el final de la partida. Cada vez que necesitó justificar una dilación indicó que el Madrid era de los socios y que había ciertas medidas que necesitaban un proceso. A Mourinho, perspicaz como pocos en el cara a cara para detectar debilidades en sus contrapartes, le costó asimilar este argumento. Ni en el Oporto, ni en el Chelsea, ni en el Inter se había encontrado con este impedimento administrativo. La posibilidad de unas elecciones presidenciales le resultaba una extravagancia inútil.

Pérez consultó a sus asesores mientras fue madurando una decisión. Las personas a las que más escuchó el presidente fueron Valdano; José Ángel Sánchez, el director general corporativo; Enrique Pérez, directivo y hermano de Florentino; Manuel Redondo, el director general de presidencia, y el vicepresidente Fernando Fernández Tapias. A la lista se añadió un amigo que con los años acabó por influir más que el resto: Antonio García Ferreras, el director de La Sexta.

El 5-0, un fracaso desde el punto de vista técnico, fue transformado por Mourinho en un éxito político. Aquello que se originó en un grave error en el planteamiento táctico, acabó reforzando su posición como entrenador hasta el punto de avanzar sobre competencias que hasta entonces nadie más que el presidente había ejercido en 110 años de historia. Intuyó que cualquier gesto que hiciera asumiendo su responsabilidad en la derrota le debilitaría, y obró con una habilidad política inusual para transformar una derrota trascendental en una oportunidad de fortalecimiento personal. A base de amenazas veladas de escarnio público, golpes propagandísticos y grandes dosis de audacia, empleó el 5-0 como palanca para remover todo aquello que le parecía inconveniente dentro del Madrid. El barullo que se inició después del 29 de noviembre se prolongó hasta la primavera. Fue una crisis sostenida. No hubo un solo día de sosiego. Como dijo un futbolista: «Aquí todos los días tenemos una liada.»

En plena refriega por la contratación de otro «nueve», Mourinho prohibió la presencia de Valdano en Valdebebas y le vedó el acceso al avión oficial. La contratación de un «nueve», Emanuel Adebayor, cedido hasta junio, no puso fin a las escaramuzas. Las tensiones se prolongaron en enero, febrero y marzo, y desde el vestuario se filtraron noticias de favoritismos, arbitrariedades y divisiones en grupos, entre privilegiados y aspirantes, según la proximidad de la relación que mantuviera cada uno con Jorge Mendes. Cada vez que el representante de algún jugador llamaba al club para lamentar la influencia de Mendes en las decisiones del entrenador, la respuesta en el séquito de Pérez se repetía: todos sabían que Mourinho acarrearía confrontaciones con la prensa y los árbitros; lo que nadie imaginaba era «lo otro». «Lo otro» era la denominación en clave de todos aquellos asuntos que Mourinho conducía, aparentemente, en beneficio de los intereses del grupo de Mendes al cual él mismo pertenecía.

A comienzos de marzo de 2011, en el círculo del presidente se extendió la noticia: Pérez preparaba un plan alternativo, por si acaso Mourinho no conseguía ningún título y se veía obligado a despedirlo. «Hay un 90 % de posibilidades de que el entrenador no siga la temporada que viene», le confesó Pérez a un amigo. Los factores que inclinaban la balanza contra el técnico eran su mala gestión de las personas, el deterioro que suponía para la imagen del club, el mal juego del equipo y, sobre todo, las escasísimas probabilidades de conseguir un trofeo que justificara la extravagancia del modelo.

«Este juego tampoco garantiza títulos», repetían los dirigentes en los pasillos del estadio. A Valdano le deslizaron que nunca permitirían que el entrenador desempeñase las funciones de mánager y que la política deportiva continuaría siendo competencia exclusiva del club. Valdano y Pérez comenzaron a buscar técnicos para una eventual emergencia. Juan Carlos Garrido, que por entonces hacía una buena campaña con el Villarreal en la Liga Europa, Rafa Benítez, con quien Pérez mantuvo un contacto frecuente, y Alberto Toril, entrenador del Castilla, se estudiaron como alternativas.

La relación entre los futbolistas y el entrenador se deterioraba. Pérez comentó que lo llamaban muchos jugadores diciéndole que Mourinho no era justo en sus decisiones. Y no solo los jugadores se quejaban. El presidente decía que incluso con los médicos y los cocineros el entrenador había tenido problemas graves. Le decían que los había llegado a insultar.

Como cada vez que se sintió amenazado, Mourinho respondió con propaganda y agitación. Utilizó su oratoria como instrumento punzante en la sala de conferencias, aprovechando que el Málaga de Pellegrini visitaba el Bernabéu, el 3 de marzo. Manuel Pellegrini, que había sido su predecesor en el banquillo madridista, le proporcionó material para inflamar. Cuando le preguntaron si su situación no era comparable a la del chileno en el año anterior, Mourinho lanzó su estocada: «No porque si el Madrid me echa yo no voy a entrenar al Málaga. Si el Madrid me echa yo voy para un gran club de Inglaterra o Italia. No tengo ningún problema en volver a entrenar otro gran club.»

Fernando Fernández Tapias fue uno de los directivos más ofendidos por estas palabras. El naviero pidió su destitución fulminante como único modo de restituir la imagen institucional. Más que el desprecio al Málaga, lo que hirió a varios miembros de la junta fue el desprecio al Madrid, la frialdad con que el técnico expresaba que le daba lo mismo que cualquier otro «gran club» lo contratase. Pérez consideró las palabras como algo «inadmisible» y le comentó a un amigo muy próximo que si el Madrid quedaba eliminado de la Champions en octavos contra el Olympique de Lyon iniciaría una campaña de derribo para reemplazar a Mourinho a final de temporada. Al día siguiente, durante la concentración del equipo en el hotel Mirasierra Suites, Pérez le hizo llegar al entrenador el malestar de los dirigentes y le rogaron que se retractara en la conferencia de prensa posterior al partido.

Hay momentos que determinan el estado de ánimo de una época. La concentración del 2 al 3 de marzo fue la primera vez que los jugadores observaron a su entrenador adoptar esa actitud que mezclaba melancolía, resentimiento general, recelos e indolencia. De pronto, no saludaba. Miraba como a extraños a quienes había tratado como amigos. No hacía chistes. No hablaba con aquellos con los que hasta hacía poco alternaba chanzas, esos utileros que antes le parecían simpáticos, ahora se le representaban como posibles chivatos. Mourinho comenzó a desconfiar de cada uno de los miembros de la expedición. Con el tiempo, iría desarrollando una monomanía focalizada en la posible existencia de topos. Pidió al club que investigara las listas de llamadas de los teléfonos móviles de los jugadores, sospechó de la existencia de micrófonos ocultos en el hotel, si los hubiere, y desconfió de los camareros. En el vestuario comenzó a correr un rumor que, con los años, se hizo recurrente, periódico, como una letanía: «Se quiere ir.»

El empate 0-0 en Riazor del 26 de febrero obsesionó a Mourinho con una idea angustiante: que el equipo se dejaba llevar en las primeras partes de los partidos y cuando quería reaccionar no conseguía regresar. Como si los jugadores gestionaran los tiempos para perder puntos y perjudicarle a él. En la charla táctica previa al enfrentamiento con el Málaga hizo hincapié en este punto: «¡No vamos a regalar las primeras partes!»

Esta conferencia, que solía durar unos 45 minutos, sufrió un recorte drástico: se quedó en menos de diez. A varios jugadores les pareció escandaloso que el entrenador les echara en cara jugar a baja intensidad porque era el propio Mourinho quien les encomendaba plantear los partidos esperando atrás, en «bloque medio».

La mayoría del vestuario comenzó a sentir un cansancio agobiante. Los jugadores usaban la palabra «desgaste» para describir su agotamiento mental ante las permanentes quejas de un entrenador que no solo nunca parecía satisfecho, sino que dejaba entrever que no creía en la honestidad del grupo. Ricardo Carvalho, que trabajaba a las órdenes de Mourinho desde hacía una década, tranquilizó a sus compañeros explicándoles que en el Chelsea hacía lo mismo. Provocaba «líos» sin venir a cuento para introducir factores adicionales de presión.

El Madrid le metió un 7-0 al Málaga. Pero en lugar de traslucir alegría, Mourinho ofreció una conferencia cargada de amarga ironía. No dejó de lanzar mensajes cáusticos a los directivos que le habían reprendido por la mañana rogándole una excusa. Comenzó por quejarse de la conspiración de los programadores de televisión que, en su opinión, diseñaban un calendario adverso ante la pasividad del club.

—Me llegó la información —señaló— que muy posiblemente jugaremos contra el Lyon el miércoles y contra el Atlético de Madrid el sábado, lo que me parece fantástico después de que los otros [el Barcelona] jueguen el martes y el domingo. Por eso no vale la pena... Y además, por el señorío del club no deberíamos denunciar este tipo de cosas. ¡Por eso, calladitos y tranquilos que la gente está muy feliz así, y así continuará!

Le preguntaron si pensaba pedir disculpas al Málaga y se disculpó a sí mismo: «Si tú preguntas a los que trabajan en los mejores clubes si irían al Málaga, te contestarían: "¿Por qué no?" Pero no es verdad. ¡No irían! Si tengo que pedir disculpas las pediré, pero la verdad es que respondí sin hipocresía. En un mundo hipócrita no serlo es un defecto... Obviamente no tengo nada contra la ciudad de Málaga, ni el club ni sus profesionales, simplemente que una vez más respondí sin hipocresía. No es un problema para mí. Yo he dicho desde el inicio que el día que la gente no esté contenta conmigo yo me voy. ¡No es un problema! El hecho de que no me quieran no es un factor de presión para mí.»

Florentino Pérez entendió la conferencia como un desafío. Hasta José Ángel Sánchez moderó la defensa que había hecho del técnico. El director general corporativo había sostenido que la sociedad española no estaba suficientemente madura para asimilar la visión vanguardista de Mourinho. Pero ahora, en cambio, admitía que si no ganaba títulos se convertiría en una carga insostenible para el club.

Mourinho nunca se vio tan ahogado como en la primera semana de marzo. Fue entonces cuando comenzó a ganarse el apoyo incondicional de Pérez. Por razones que desde el círculo más próximo al presidente no se han terminado de esclarecer, en esos días el entrenador inició su avance sobre espacios de poder que habían sido prerrogativa exclusiva del hombre al que los socios elegían en las urnas. El presidente se guardó de desvelar lo que hablaron. Las personas que frecuentan el palco advierten que solo los dos interesados conocen la clave del gran cambio. De pronto, Pérez, hasta entonces tan reacio a respaldar al entrenador en sus solicitudes, tan celoso de la imagen institucional, se mostró dócil. Poco a poco, comenzó a permitir que desde el propio club se ventilase todo tipo de acusaciones, formales e informales, contra la integridad de los jugadores del Barcelona, contra los árbitros, contra la UEFA o contra los programadores de televisión. En ese punto, Valdano pasó a vivir en la sombra sin saberlo. Su cabeza ya casi descansaba en la bandeja.

El discurso que selló el convenio fue ofrecido por Pérez durante el acto de entrega de insignias a los socios más veteranos. Allí, formalmente, el presidente refundó el madridismo mediante la recalificación semántica del término que tanto abrumaba a

Mourinho: el «señorío». Hasta entonces, «señorío» significaba un ideal de deportividad entendido como principio de distinción inquebrantable. El viejo himno lo reflejaba en una estrofa: «Si se pierde, da la mano.» Señorío necesariamente implicaba una autolimitación, y el entrenador quería operar sin restricciones. José Ángel Sánchez, el director general corporativo, y Antonio García Ferreras, el director de la cadena de televisión La Sexta, amigo íntimo y consejero de Pérez, aplaudieron la iniciativa, pero fue Pérez quien puso su rostro y leyó el texto:

—Esta institución hace gala de lo que denominamos señorío. Señorío es reconocer los méritos del adversario, pero señorío también es defender lo que creemos justo, y señorío también es denunciar aquellos comportamientos irregulares, bien sean dentro o fuera de la institución. Defender al Real Madrid de lo que creemos injusto, irregular y arbitrario, también es madridismo. Y eso es precisamente lo que hace nuestro entrenador José Mourinho. Lo que dice José Mourinho también es madridismo.

La unión definitiva se escenificó ante la plantilla. Fue el 15 de marzo, cuando Mourinho invitó a cenar a Florentino Pérez a la concentración del equipo, la víspera del partido de vuelta de octavos de final de la Champions frente al Olympique de Lyon en el Bernabéu.

La cuestión era ganar. Ganar un título. Cualquier título. Un trofeo podría sostener casi cualquier programa. Este era el mensaje que le trasladaron a Mourinho para condicionar la entrega de las últimas parcelas de poder que había solicitado. El técnico comprendió inmediatamente que, en última instancia, su destino estaba en manos de los jugadores. Para persuadirlos de que le apoyaran sin fisuras concibió un encuentro sorpresivo. Fue durante la concentración previa al partido contra el Atlético en el Calderón, el 19 de marzo. Cuando los llamó para asistir a lo que todos creyeron que sería una charla táctica, se encontraron con 20 minutos inolvidables. Decía un directivo que Mourinho era «un dialéctico que encerraba a los jugadores con su discurso». Esto es exactamente lo que hizo en un monólogo que un asistente recordó como sigue:

«Os voy a decir una cosa. Creo que lo debéis saber. No me gusta ser hipócrita. Yo soy honesto. No soy mentiroso. Al final de temporada, o se va Valdano o me voy yo. No lo puedo ver. No lo aguanto desde el primer día. Si me quedo, de lo único que no me voy a ocupar será del baloncesto y la parcela económica. Pero si me quedo, en todo lo deportivo tengo que ser el máximo responsable. Y los que tenéis la llave de todo sois vosotros. Si ganamos, yo me quedo y a él [Valdano] lo echan. Si vosotros perdéis, él se queda y yo me voy. De aquí en adelante observaré quién está con el equipo y quién está pensando en otras cosas.»

Los jugadores se quedaron aturdidos. La mayoría lo entendió como una extorsión. Hubo un parlamento improvisado. Según uno de los presentes, Alonso y Lass llevaron la voz cantante. «Nos ha metido en una situación totalmente extraña —decían—. Esto no es profesional.» «¿Qué pasa? ¿Quiere que seamos cómplices? ¿Quiere que seamos los jueces de Valdano? ¡Si lo echamos, lo echamos nosotros, y si no, somos unos hijoputas...!»

Pronto se dieron cuenta de que estaban atrapados en el dilema. El que tuviera un mal día, en un partido cualquiera, se convertiría automáticamente en sospechoso. Si el equipo triunfaba, el entrenador instrumentalizaría el éxito para demostrarle al presidente que el vestuario estaba con él y no con Valdano. No había salida honrosa.

6

Miedo

Si debiera juzgar el valor de los sentimientos por su intensidad, ninguno tan rico como el miedo.

Horacio Quiroga

Morcillo o solomillo, aguja o morrillo, lomo alto o espaldilla. Cada corte exige una preparación propia. El morrillo a la cacerola, el solomillo a la plancha, la espaldilla al horno. Los cocineros debían emplearse con dedicación y oficio. De otro modo, las fibras se endurecían y los dientes encontraban resistencias desagradables. Aparecían cartílagos con la consistencia del caucho y nervios cuya elasticidad suponía una fastidiosa prueba de resistencia para la musculatura masticatoria. Ante una situación de tal gravedad, si el servicio se prolongaba en el tiempo, cabían dos posibilidades. Que los cocineros no supieran elaborar la carne vacuna o que los proveedores estuviesen engañando al club. Así lo vio José Mourinho después de meses de emprender litigios en los fogones de Valdebebas.

Como el invierno de 2011 se agotaba sin que sus reclamos se correspondiesen con soluciones a su gusto, el mánager mandó al Madrid echar a los cocineros y cambiar de carniceros.

Decía que la carne tenía «un porcentaje muy elevado de nervios».

El entrenador vivía días de prolongadas y tortuosas tribulaciones. Cada cosa le anunciaba el destino inexorable. Al final de la temporada esperaba el Barcelona. El equipo que había provocado su contratación por el Madrid. El que, más tarde, con el 5-0, había puesto en cuestión la idoneidad de su proyecto y hasta su reputación de visionario. ¿Quién sabe qué nervio, qué músculo, qué minúsculo acontecimiento, podía alterar para siempre el curso de la historia?

El modo de jugar de un equipo se define por la calidad de la plantilla y por el mensaje de su entrenador. Cuanto menos nivel tiene la plantilla más determinante es el mensaje. El mensaje es un hilo de información cotidiano, un compuesto de miles de notas, imágenes, reacciones, sugerencias, órdenes, chistes, rechazo, desdén, aprobación, premios y castigos. La primera conclusión que sacaron los jugadores del Madrid tras los primeros meses de convivencia con Mourinho fue que debían permanecer en permanente estado de alerta. En tensión constante. Como los cocineros de Valdebebas.

El sistema nervioso de un futbolista de elite es un complejo portentoso. Es capaz de resistir dosis de presión ambiental y social insoportables para la mayoría. Puede lograr niveles de abstracción y coordinación inaccesibles a la media de atletas profesionales. Es capaz de ofrecer una respuesta psicomotriz superior a la de cualquier otro deportista de equipo. La esencia antinatural del fútbol conduce a la excepcionalidad. Adaptar un organismo concebido para emplear herramientas con las manos a hacerlo con los pies implica, de por sí, una selección. Quienes prevalecen después de pasar por la criba del barrio, la escuela, la cantera y el profesionalismo son casos extraordinarios.

Este organismo privilegiado es sensible a una cosa por encima de todas: la amenaza de la inactividad. La ausencia de ofertas de trabajo, una lesión grave o un entrenador que tiene otros planes constituyen la trilogía maldita en la conciencia de cada jugador. La brevedad de la carrera y la ansiedad juvenil magnifican el drama. Mourinho supo actuar con maestría sobre este ángulo psíquico hasta convertirlo en su principal instrumento de gobierno.

¿Hasta qué punto puede ser traumático para un profesional permanecer sin jugar largo tiempo por decisión del entrenador? Patricia Ramírez, psicóloga experta en deportistas profesionales que trabajó con la plantilla del Betis, señala que el verdadero desencadenante de la angustia es la incertidumbre. «No jugar puede generar falta de confianza e inseguridad —observa la psicóloga—, pero si el jugador conoce el motivo por el que no juega, le permitirá dar un cambio o buscar una salida. La mayor inseguridad viene dada por la falta de información, que el jugador se plantee el porqué. Que no sepa por qué no se cuenta con él.»

Si la información proporciona seguridad, la ausencia de información puede causar dudas, miedo o pánico. Sabedor de que los futbolistas se suelen encerrar en un universo pequeño, que tienden a magnificar incluso los peligros más banales que acechan a su oficio, y que son incapaces de expresar su identidad sin sentirse integrados en el equipo, Mourinho también conocía perfectamente que el miedo a la marginación es el combustible más inflamable en su motor psíquico. Para manejar a sus hombres, hizo de la gestión de la información un fino arte. No solo dentro del vestuario. Le exigió al club el control exclusivo de la política de comunicación, el diseño de los discursos que debía pronunciar cada miembro de la plantilla ante la prensa y la selección de los portavoces institucionales. Dentro del vestuario su comportamiento osciló entre dos extremos: la amistad y la indiferencia. Con algunos jugadores se comportó como un amigo de conversación diaria. A otros los trató con distancia e incluso con desdén. Hubo futbolistas, como Kaká, a los que reservó una cordialidad exquisita durante algunos meses y de pronto, de un día para otro, les retiró el saludo. Se acabaron los buenos días. Sin preámbulos. Kaká nunca entendió el motivo. Sus compañeros comprendieron que si le podía pasar a Kaká, podía sucederle a cualquiera.

Las penitencias comenzaron en el otoño de 2010. Cuando los medios de comunicación exaltaban con optimismo las cualidades maravillosas del nuevo cuadro técnico, los jugadores comenzaron a recibir señales amenazantes. Sin que hubiera una causa aparente, ni un acto de indisciplina que lo justificara, ni nada en el código de costumbres que hiciera pensar a los señalados que debían humillarse. La sorpresa formó parte del protocolo. El procedimiento podía culminar en una invitación a subir al despacho del entrenador. Allí, el no iniciado tomaba asiento frente a una mesa donde descansaba el trofeo FIFA al Mejor Entrenador de la temporada 2009-2010. Detrás de la mesa había una pizarra magnética y algo parecido a un santuario. Una foto levantando la Copa de Europa con el Inter, y un retrato en blanco y negro, en actitud heroica, destacaba entre una panoplia de títulos, *memorabilia* y *souvenirs* de sí mismo.

A los jugadores les llamaba la atención el retrato. Solían comentarlo. Esa mirada ardiente, esa barbilla levantada, como el Che en la famosa foto de Alberto Korda, les propició un tema de conversación.

—¡Lleva una pose de máquina total! —decían.

El testimonio de un joven que subió para encontrarse con el entrenador destacó el hecho anormal de su gestualidad. Sentado detrás del escritorio, el hombre permaneció completamente inmóvil. Como una esfinge. Como un yogui. Alardeando de su portentosa habilidad para desactivar la musculatura. Clavó la mirada en su huésped, sin pestañear, y solo movió los labios y, aparentemente, la lengua, para emitir el dictamen con voz metálica. Amenazas de marginación total, admoniciones o inquietantes confesiones de decepción fueron pronunciadas con el tono recto y monocorde del robot. Fuesen cuales fuesen, sus revelaciones solían ir precedidas de una fórmula de poderosa resonancia.

—Yo soy José Mourinho...

Cuenta Jenofonte de Atenas que cuando el rey Creso fue a consultar el oráculo de Delfos, la respuesta del dios fue inapelable:

—Si eres humano, procura pensar en cosas humanas.

Ubaldo Martínez es profesor de antropología social en la UNED. A lo largo de su prolongada carrera ha impartido clases en la Universidad Autónoma de Madrid, en Columbia, en Baltimore y en la London School of Economics. Vive a 200 metros del Bernabéu, en una de esas calles que conducen al campo y que se llenan de hinchas en días de partido. El comportamiento de Mourinho, como sustrato de formas primitivísimas de influir en la comunidad, le llamó la atención inmediatamente.

«Estamos convencidos de que nos hemos hecho racionales pero nuestro pensamiento sigue creyendo más en la magia que en la razón —observa—. Todo lo que va diciendo Mourinho, esa especie de ascetismo que impone a los jugadores, esa cosa del castigo continuo, que te va llevando por un camino, es lo que hacen los chamanes. Aquí el miedo juega un papel tremendo. El miedo es todo. En este caso, miedo a que te eche del club, a que no te ponga a jugar... ¡Todo! El miedo es una manera de disciplinar a la gente. El problema teórico que afronta es que estos tíos, estos jugadores, son gente indomesticable. Son unos chulos. ¿Cómo los domino?»

Los entrenadores de fútbol procuran cohesionar al individuo en el colectivo. La necesidad lógica de generar una entidad nueva a partir de muchas voluntades induce al desarrollo de los más arcaicos deseos de omnipotencia. Mourinho emprendió un camino extremo. El 23 de enero de 2011, después de un partido con el Mallorca en el Bernabéu, proclamó su absolutismo:

—Yo soy el equipo.

Mourinho diseñó un programa de tres niveles de adoctrinamiento: el futbolístico, el psicológico y el propagandístico.

Cada dimensión le exigió un lenguaje y un rol diferente. Su principal audiencia, pero no la única, fueron los futbolistas. Para comprender el trabajo del portugués se hizo imposible disociar el hecho táctico y técnico, puramente futbolístico, de la abnegada acción de sugestión y propaganda con que permanentemente procuró implicar a las personas. La multitud de terrenos en los que se propuso influir obraron en él un desdoblamiento dramático que sobrellevó con rigor. Gradualmente fue construyendo personajes, cada uno con su guion y su registro. Se inspiró en el trabajo de Anthony Hopkins en *El silencio de los corderos*, el actor y la interpretación que, según las personas de su entorno, más admiraba.

El estilo de juego que practicó el Madrid entre 2010 y 2013 dejará menos huellas reconocibles en el tiempo que el personaje polimorfo que construyó su entrenador para extender su poder sobre la plantilla, la directiva y los aficionados. La prédica táctica de Mourinho no es ni la mitad de original que su modo teatral de gestión del poder, tan deudor de los hechiceros del neolítico como del doctor Hannibal Lecter o los programas de telerrealidad.

«Mourinho se convirtió en el maestro de un espectáculo —advierte el semiólogo Jorge Lozano, catedrático de Teoría General de la Información en la Universidad Complutense—. Él es un excepcional experto en estrategias de espacios. Lo tiene perfectamente organizado. Es muy disciplinado. Mantener siempre la misma antipatía es difícil. Es una sobrerrepresentación. Es un buen discípulo de Stanislavski. Rompe la cuarta pared. Él se pone allí... y actúa para distintas audiencias. Los registros no los da la variabilidad actoral sino el espacio. Primero, ante los periodistas se pone una máscara detrás de la cual siempre hay misterio. Siempre la misma. La máscara acentúa un hieratismo exagerado. No hace ninguna concesión a la comunicabilidad. Él está ahí porque no le queda más remedio, y si pudiera se iría. Se presenta abatido. Aburrido. Cargado de desdén y sin reconocer al otro. Ante el público se pone de corifeo, como en la teatro clásico griego, es un animador de los hinchas radicales, muy enfático, festeja los goles desviviéndose, corre, atraviesa todo. Actúa para el árbitro: el villano es siempre el árbitro. Haga lo que haga está con los demás, está comprado, es malo, no vio, es un necio maligno. Mourinho se muestra encantado de que el árbitro le eche del banquillo. Esa es su prueba glorificante.

»Él —prosigue Lozano— representa presentándose: ahora toca sentimiento, pone sentimiento, ahora toca el grado cero de sentimiento... Él establece todo tipo de espacios. Ahora voy a demostrar que quiero mucho a este chico que viene de la cantera, o a este portugués, o ahora no quiero nada a este tipo que me da igual y me ofende... Y le ofende como a quien controla todo. Como al director de orquesta que dice: "Usted está desafinando y me está hundiendo todo." Y a veces yo le aplaudo y yo me emociono y lloro con usted y nadie ha tocado mejor el clarinete. Él es capaz de simular que tiene sentimientos. Eso, como representación, lo hace admirablemente. Si esos sentimientos son o no sinceros, no tengo la más mínima idea. Pero es verosímil. Podría estar en los grandes escenarios con registros muy pequeños. Como Humphrey Bogart. ¡Es admirable!»

La vena histriónica de líder tribal también llama la atención de Ubaldo Martínez. «El Madrid —dice el antropólogo— es un hecho que accede a mucha gente. Es influyente. Divierte, distrae y encandila. Y aparece un tío con todas estas cualidades, que tiene una cierta dimensión de misterio. Porque Mourinho en su manera de hablar siempre dice unas cosas crípticas. No se sabe muy bien lo que quiere decir. Eso es evidente. Él siempre emplea ese sistema de lenguaje que es el del arcano, el del misterio religioso, chamánico. No dice: "Este tío no sabe tirar los córners." No. Él se tira un rollo enigmático e induce a pensar que sabe más. Planteaba enigmas. La gente decía: "¿Qué cojones querrá decir?" Desliza: "Algo ha pasado aquí..." Y lo dejaba en el aire. Para que la gente pensase. Esto es típico de los lenguajes pseudorreligiosos, pseudomíticos. Me parece fascinante.»

Mourinho representó con rigor la figura ambivalente del legislador-rebelde. Él no obedecía a nadie. Él creaba las normas. Él las rompía. Solo él sabía por qué, y de la confusión y el desconcierto siempre extrajo beneficios. Era frecuente que las figuras religiosas primitivas hablaran por medio de intermediarios. El dios permanecía escondido. Se manifestaba por su sacerdote. Una manera vulgar de interpretar las repentinas ausencias del entrenador de actos públicos que le correspondía presidir fue que estaba molesto y quería que hablara su ayudante. Pero el proceso estaba calculado para producir un impacto. Mourinho se reservaba como la figura mítica fundamental y el que reproducía sus palabras era Karanka, igual que un sacerdote. Difundió la ideología de que lo importante era el equipo y no los individuos, como si el equipo fuera una entelequia vaporosa que estaba por encima de todos ellos. Como si él mismo no expresase sus propios deseos e inquietudes y hablara en nombre de un ininteligible espíritu rector.

Mourinho asignó funciones entre sus ayudantes con el mismo sentido multidisciplinar que él se impuso a sí mismo. Silvino Louro era el entrenador de porteros y el vigilante de Casillas, Rui Faria el preparador físico y el confesor de Cristiano, José Morais, además de analizar a los rivales, debía establecer vínculos de amistad con el sector portugués. La misión de Aitor Karanka no se limitaba a fiscalizar los entrenamientos que programaba el primer entrenador, también consistía en ganarse la confianza de los jugadores españoles y los empleados veteranos del club. Entre todos los auxiliares formaron una ordenada red de recolección de datos que fueron entregando puntualmente a su jefe para que tomara decisiones. Varios de ellos se encargaron, por explícito deseo de Mourinho, de mantener contactos con determinados periodistas para proporcionarles información preparada. Karanka, además, asumió la tarea de representar al entrenador en las salas de prensa. Su primera aparición fue el 18 de diciembre de 2010, la víspera de jugar contra el Sevilla. Las conferencias de Karanka estuvieron tan vacías de contenido que se podrían resumir en una sola frase:

—Ya lo dijo el míster.

Hasta que se ordenó en su particular sacerdocio, en las Navidades de 2010, los jugadores vieron en Karanka a alguien de confianza. Por entonces tenía 37 años, hacía poco que había terminado su carrera como jugador, y su condición de veterano madridista y de ex entrenador de las categorías inferiores de la federación le confería un aire familiar y digno. Con el tiempo, sin embargo, le empezaron a evitar. Las charlas en el comedor, a la hora del desayuno, frecuentes entre los españoles y Karanka, se espaciaron. Le veían coger su bandeja en el bufet libre y esperaban a que se sentara a una mesa para buscar otro sitio en un lugar alejado. La relación, en la mayoría de los casos, acabó por convertirse en un intercambio banal de indicaciones y respuestas. Cada vez se hizo más difícil encontrar un lugar en Valdebebas suficientemente alejado de los oídos de potenciales delatores. La desconfianza se esparció como la neblina. Primero los jugadores recelaron de Mourinho, después sospecharon que sus ayudantes fingían o respondían a intereses espurios; luego sintieron que los empleados del club les acechaban en busca de información reveladora, como a virtuales traidores. Finalmente, los jugadores desconfiaron de otros jugadores.

Durante la temporada 2010-2011 los grupos se definieron rápido. La fracción más próxima al entrenador se compuso de Pepe, Khedira, Marcelo, Cristiano, Özil y Di María. Del otro lado, sin gozar del mismo acceso, pero con ocasionales contactos con el presidente, Florentino Pérez, se agruparon Casillas, Ramos, Higuaín, Benzema, Pedro León, Lass y Canales. En medio, se formó una célula de indecisos: Arbeloa, Granero y Xabi Alonso. En un planeta aparte vivió Carvalho, muy ligado a Jorge Mendes, el gran patriarca del clan portugués, pero incapaz de tomarse en serio al entrenador. Con el tiempo, según los intereses y las políticas dominantes, las cuadrillas intercambiaron integrantes o se atomizaron. Mourinho consiguió imprimir la sensación de que para gozar de su aprecio profesional (de toda la información) era preciso cumplir con cada uno de sus preceptos. Y sus preceptos determinaron la forma de jugar del equipo.

Considerando al Barça como el sujeto activo, Mourinho dirigió su mensaje a conformar un equipo reactivo. Si el Barça hizo del balón la columna vertebral de su organización, el Madrid se identificó con el cazador apostado, con la espera, con la renuncia a la posesión la mayor parte del tiempo y los ataques en momentos seleccionados. Los jugadores observaron esta tendencia desde la pretemporada en Los Ángeles. No había más que escuchar sus pontificaciones.

—Nadie en la historia del fútbol hizo unas basculaciones y unas coberturas tan perfectas como el Inter.

Los entrenamientos se iniciaban con rondos y simulaciones de partidos en terrenos de varias amplitudes. Cuatro contra cuatro, seis contra seis, ocho contra ocho, tres contra dos, cuatro contra tres, etc. Ejercicios más o menos estandarizados para desentumecer los músculos con la pelota, a un ritmo muy elevado, casi constante. Luego se procedía a la puesta a punto, durante la segunda mitad de las sesiones. Cíclicamente, trabajaban la presión, las basculaciones y los movimientos defensivos coordinados de todas las líneas para que cada uno de los jugadores supiera cuándo entrar y cuándo salir a presionar. Se hicieron continuas las prácticas con el llamado «quinto defensa». Así denominaba el entrenador a los centrocampistas y atacantes que adiestraba específicamente, de forma particular, en técnicas de cobertura. En esta faceta, Di María, por su voluntarismo, obediencia y recorrido, era la unidad de medida. Sobre esta base de mecanismos, cuando llegaban los partidos, Mourinho se servía de la pizarra para adaptar el equipo a los puntos fuertes del rival con el objeto de neutralizarlo. Todo esto, según la plantilla, constituía el pan y la sal de la metodología del portugués.

En muchos entrenamientos el técnico agrupaba al equipo atrás, «metido en caja», como decían los jugadores, y a partir de ahí ensayaba basculaciones y salidas al contragolpe. Repetía progresiones con el fin de automatizar vías de ataque: dos toques en el medio campo, apertura a banda, centro y remate; balón al delantero, apoyo a la llegada de los volantes, apertura a banda, centro y remate... Las rutinas sistematizaban el paso rápido por el centro del campo empleando varios carriles: por la derecha, Di María; por la izquierda, Marcelo y Cristiano; por el centro, Higuaín y Özil. Los jugadores advirtieron que Mourinho tendía a reproducir siempre la misma situación. Entrenaba al equipo con simulaciones para contrarrestar adversarios imaginarios que sí querían el balón y que estaban dispuestos a llevar muchos hombres a campo contrario. No concibió en todo el verano una simulación para trabajar el ataque estático, y algunos futbolistas advirtieron que este adiestramiento presentaba un inconveniente: la mayoría de los equipos a los que se enfrentarían en la Liga y en la Copa los esperarían atrás, obligándoles a administrar la pelota durante más tiempo en el medio campo para evitar ser predecibles y encontrar espacios. Muy pocos competirían contra ellos con las armas del Barça y, sin embargo, solo parecían prepararse para jugar contra el Barça.

Una parte de la plantilla empezó a pensar que Mourinho realmente no transmitía ciertos conceptos porque no los comprendía. Pero el técnico no parecía preocupado por la simplicidad de su trabajo en ataque. Consideraba que su fuerte, la clave de su éxito, residía en la sencillez de su modelo. Pensaba que añadir ideas de juego posicional y ataque estático dificultaría el adiestramiento. Eso, además, no era lo que le había convertido en un entrenador célebre. Él debía su fama, y su fortuna, a su capacidad de obtener grandes resultados rápidamente en distintos países. Hasta entonces, le había bastado con su cóctel de virtudes: el olfato para percibir la vulnerabilidad del contrario, el don de explicar a sus jugadores cómo organizarse defensivamente para contragolpear y un agudísimo poder de persuasión, valor intangible que hacían posible su oratoria y su penetración psicológica. El método adolecía de importantes limitaciones futbolísticas, pero a cambio le brindaba más posibilidades de adaptación rápida y eficaz a medios y hombres.

A estas consideraciones de reafirmación en su modelo, Mourinho añadía una decisiva: el Madrid no le había contratado para entretener al público con un fútbol evolucionado. Le había contratado para frenar el avance del Barça. Para alcanzar esa meta, en el entorno del técnico entendían que bastaría con aplicar su receta. Su representante, Jorge Mendes, se lo repetía a Florentino Pérez, a José Ángel Sánchez, a su amigo Peter Kenyon y a los periodistas: «José siempre gana títulos. Siempre. Y él nunca ha tenido una plantilla con tanta calidad como en el Madrid, así es que... lo normal sería que aquí gane más.»

Durante el verano y el otoño de 2010 Mourinho creyó que debía concentrarse en crear un orden defensivo. El resto lo resolvería el abundantísimo talento de su plantilla. Sería suficiente con que los futbolistas se conocieran en el campo. Los chicos le recuerdan emocionado ante tanta riqueza técnica, monitorizando los partidillos sin aportar conceptos para crear espacios ni para tirar desmarques. Solo daba gritos de ánimo: «¡Espectáculo...! ¡Toquen...! ¡Calidad...!»

Ordenaba al equipo para defender de un cierto modo, pero luego, una vez recuperado el balón, creía que los jugadores se distribuirían armoniosamente por la vía intuitiva. Quiso experimentar con esta idea en el amistoso que jugó el Madrid en Alicante el 22 de agosto. Allí dispuso una formación de 4-2-3-1, con Gago y Khedira en el medio centro, Di María, Canales y Özil en la media punta, e Higuaín arriba. Para sorpresa de todos, en el vestuario lanzó una consigna nueva:

—Ocupad los espacios como queráis.

El Madrid regresó al descanso con un 1-0 en contra. El desorden fue descomunal. Mourinho volvió a asombrar a los jugadores con otro mensaje:

—¡Esto es una anarquía! ¡No podéis hacer lo que os dé la gana!

La sencillez de los discursos con que organizó la defensa se tornó en vaguedad y confusión en las escasas ocasiones que dedicó a practicar los ataques elaborados. Con el tiempo, Mourinho evitó insistir en una vía que ni entendía ni le convencía.

El 20 de noviembre de 2010, Valdebebas recibió la visita de Diego Maradona. A Mourinho, que es mitómano, la ocasión le pareció oportuna para retirarse del campo de entrenamiento, dejar a los jugadores seguir con los ejercicios y sentarse junto a la leyenda. Quizá dejándose llevar por el sentido publicitario, permitió que una cámara de Real Madrid TV le rondara y grabara su charla. La secuencia captó al héroe argentino repantigado en el banquillo, con las manos bien metidas en los bolsillos de su chaqueta de cuero, regocijándose ante las afirmaciones del entrenador. Envanecido por la compañía, Mourinho le confesó sus principios salpicando baladronadas:

—Yo marco y gano.

—¡Claro! —celebró Maradona.

—Y otra cosa: ¡tú marcas y no sabes si ganas!

Si la filosofía futbolística de Mourinho pudiera resumirse en un aforismo, se construiría con las 11 palabras con que se jactó ante Maradona: «Yo marco y gano; tú marcas y no sabes si ganas.» Yo marco y te espero atrás concentrado en proteger mi portería para cerrar el partido. Yo marco y se acaban tus esperanzas porque me olvido de atacarte, a menos que tú cometas un error. ¿Y si no marco? Solo entonces me veo obligado a atacarte, progresivamente, empleando cada vez más recursos, dosificando cada avance. ¿Y si sigo sin marcar? Entonces se anuncian los límites de un modelo que cabe en un eslogan. El lado oscuro de la teoría no fue revelado a Maradona, pero los jugadores lo descubrieron con el tiempo según se agotaba el invierno y comenzaba la primavera de 2011. En las visitas a Riazor, el Sardinero y el Calderón.

La alineación que presentó el Madrid en Riazor, el 26 de febrero, invitó a los hinchas a soñar con un gran despliegue ofensivo: Casillas; Ramos, Carvalho, Pepe, Marcelo; Lass, Alonso; Kaká, Özil, Cristiano y Benzema. Si esos mismos hinchas hubieran escuchado lo que les decía el entrenador a los jugadores en la charla táctica antes del partido se habrían sentido confundidos. El Madrid necesitaba afrontar las jornadas con coraje para recuperar el terreno perdido frente al Barça en la clasificación: 65 puntos frente a 60. Pero en A Coruña, Mourinho hizo una alocución que fue una llamada a la prudencia. Las frases salpicaron a los jugadores como una llovizna. «No hay que asumir ningún riesgo en defensa...»; «hay que salir con mucho cuidado atrás...»; «no seáis agresivos en ataque...». La palabra «agresivos» resonó en la mente de más de uno con connotaciones negativas. Los laterales pusieron el freno de mano, el balón apenas tocó el centro del campo y las transiciones se hicieron, más que rápidas, intempestivas. Faltaban 25 minutos para el final cuando Mourinho hizo cambios (Di María por Lass y Granero por Marcelo) y ordenó la carga. Pero ya era tarde. La velada acabó con un 0-0 sin que los jugadores se explicaran qué era lo que tanto había temido su entrenador de Guardado, Adrián o Riki.

Mourinho esperó a los jugadores en el vestuario para rogarles que dijeran a la prensa que el calendario, impuesto por los programadores televisivos, los había desgastado físicamente. Pero después de ducharse, Casillas se encaminó hacia los micrófonos con otra idea. El capitán expresó su malestar a conciencia:

—Hemos dejado escapar la primera parte. Hemos tirado 45 minutos a la basura. El equipo tiene que dar mucho más. Hay que estar más concentrados desde el inicio y apretar mucho más porque se nos está escapando la Liga.

A Mourinho le disgustó profundamente el escaso seguimiento que tuvieron sus consignas propagandísticas. Como vio que nadie reproducía el relato, en su siguiente aparición pública lanzó un aviso soterrado a la plantilla y a Florentino Pérez:

—Hay clubes que tienen una estrategia de comunicación diferente de la nuestra. Aquí soy yo el que vengo y no pido jamás a un jugador mío que forme parte de una estrategia de comunicación. Hay otros clubes en los que los jugadores participan muy bien en una estrategia de comunicación, en donde el entrenador está protegido, tranquilo, haciendo un papel diferente. Aquí no. Aquí soy yo el que viene a dar la cara. No hay más.

El 4 de marzo el Madrid viajó a Santander. La ausencia de Cristiano alborotó el ánimo de los expedicionarios. Mourinho había diseñado al equipo para que canalizara los ataques hacia Cristiano y una parte de la plantilla sintió que en El Sardinero se presentaría la ocasión de demostrar que también podían jugar a lo grande sin la estrella principal.

Entre viajes y concentraciones, obligados a descansar, a permanecer en sus habitaciones, a dormir la siesta y a no trasnochar, los futbolistas de primer nivel son uno de los gremios con más tiempo muerto que existen. La inercia los empuja hacia un patrón de actividad mental que incluye mirar los *reality-shows* de Telecinco, jugar a la Play Station, colocarse apodos e imaginar posibles conspiraciones. Las actividades de Jorge Mendes en Valdebebas, el hecho de que Mourinho tratara a su agente como a un director deportivo «de facto», y la condición de Cristiano de abanderado de la cartera de Gestifute, resultaron un cóctel demasiado evidente como para no despertar suspicacias.

Era indudable que Cristiano gozaba de un nivel de protección exclusivo que incluía privilegios tácticos. Era el único miembro del equipo a quien Mourinho liberaba de deberes defensivos y eso le permitía destacar en ataque. La mayoría de los jugadores llegaron a la conclusión de que estos planteamientos para exacerbar la condición goleadora del portugués tenían mucho que ver con los intereses comunes que unían a Mendes con el entrenador. Quizás inmerecidamente, Cristiano se convirtió en estos meses en blanco de la antipatía de los compañeros que se sentían orillados por el clan portugués. Inspirados en esa especie de frenesí constante que le animaba, los españoles le pusieron un apodo satírico: «Ansias.»

Recelosos del estatuto de la figura, sus compañeros se conjuraron en Santander para hacer una demostración de fuerza. El conciliábulo se citó en el hotel de concentración, la noche previa al partido. Los hombres más próximos a Mendes, gente como Pepe, Di María, Carvalho, no asistieron. Hablaron jugadores de peso y la gran mayoría asintieron entre exhortaciones a la necesidad de hacerse respetar por un técnico que los discriminaba.

—Mañana hay que tenerlo claro. Hay que ir a por todas, si no, Mou dirá en la conferencia de prensa que sin el «Ansias» no podemos ganar —dijo uno de los jugadores.

—¿Qué dirá su «papá» si ganamos jugando bien sin el «Ansias»?

En la noche del 4 al 5 de marzo, ocho meses después de la llegada de Mourinho a Madrid, el germen de la descomposición arraigaba en el equipo. Los jugadores estaban agotados por un entrenador obsesionado con manejos políticos, un hombre atento a dividir a la plantilla en escalafones según lealtades y lazos de afinidad con su representante, menos preocupado por el fútbol que por hacer propaganda. La prohibición de hablar en público si no era para reproducir ideas ajenas, en su mayoría alabanzas al liderazgo del entrenador, o denuncias contra los árbitros y las televisiones que diseñaban el calendario, habían colmado la paciencia de unos cuantos.

Hubo jugadores que se preguntaron en voz alta si era posible un boicot para provocar su destitución. Dejarse perder, o, lo que vulgarmente se conoce como «hacer la cama». La conclusión a la que llegaron los capitanes era que eso, en el Madrid, era imposible. No solo por el escrutinio permanente de los medios y los aficionados. Fundamentalmente, porque cuando la exigencia es conseguir trofeos, el fracaso acecha a todos aquellos futbolistas que acaban la temporada de vacío. La única manera de defender sus contratos, la posición profesional privilegiada que disfrutaban en una de las plantillas mejor pagadas del mundo, era ganar. Ganar siempre y sin titubeos. Por ellos. Por sus familias. Por unos seguidores insaciables. Nunca por el jefe. Como dijo un jugador español aquella noche:

—Si Mourinho dirigiera al Sevilla o al Valencia ya le habrían hecho la cama.

Mourinho daba entre dos y cuatro charlas tácticas antes de cada partido, de entre diez minutos y una hora. La primera conferencia que ofreció en el hotel de Santander se convirtió en un monólogo sobre sus desvelos por controlar a la prensa. Habló con voz inflamada. Siempre en primera persona. Sin mirar a los jugadores. Los asistentes nunca habían visto este tipo de discursos en un técnico:

—Estoy harto de que la prensa me diga que no ganamos puntos fuera de casa... Tenemos que ganar... Tenemos que meter más goles... Nos tenemos que resarcir de los palos que me da la prensa... Estoy harto de que me critiquen por no meter goles... ¡Estoy seguro de que vamos a ganar por la prensa...!

No hubo referencias al Racing, el rival, hasta la mañana siguiente. Por ausencia de Khedira, Mourinho dio la alineación con una novedad: Xabi Alonso jugaría por delante de la defensa, con Granero, Özil y Di María en los tres cuartos, y Adebayor con Benzema en punta. El esquema de 4-1-3-2 era una innovación. Nunca lo habían ensayado en los entrenamientos pero el técnico se mostró convencido de que se organizarían espontáneamente. A Mourinho solo le preocupaba que los jugadores tuvieran las nociones defensivas que él quería inculcarles porque lo demás vendría solo. Siguiendo esta orientación, en aquellos meses dedicó muchas horas a instruir defensivamente a sus futbolistas más ofensivos. Antes de jugar en El Sardinero hizo charlas individuales con Özil, Granero, Di María, Benzema y Adebayor. Las asignaturas fueron recurrentes: cerrar espacios, presionar y ayudar.

Mourinho ofreció tres charlas grupales hasta el partido. En una de ellas se mostró condescendiente con el rival:

—El Racing es el equipo más simple que he visto en la Liga. Solo abren balones a banda y tiran centros... Además, yo sé que aquí vamos a ganar porque no está «Cris». Vamos a sorprenderlos sin «Cris».

«Cris», para sus amigos, era Cristiano. Cuando el goleador portugués estaba en el terreno de juego, Mourinho paraba al equipo un poco más atrás, permitiendo que el rival avanzara para generar huecos entre su defensa y la portería. En ausencia de Cristiano, y puesto que ni Benzema ni Adebayor eran lo bastante veloces para correr a cubrir los espacios, el técnico mandó adelantar las líneas para hacer una presión alta. El efecto resultó espectacular. La primera parte del partido fue, probablemente, la exhibición futbolística más completa del Madrid en la temporada 2010-2011.

El equipo pudo irse al descanso con un 5-0. Durante 45 minutos no hubo atropello sino pases hilados con sentido desde el medio campo hasta el área contraria, con pausa, precisión y clase. Adebayor y Benzema hicieron dos golazos pero Mourinho, contra su costumbre, no celebró los tantos. En el banquillo los suplentes lo observaron con curiosidad. Con el 0-1 se limitó a beber agua. Con el 0-2 siguió inmóvil. De pronto, ante lo que parecía ser un espectáculo digno de festejo, el entrenador se mostró taciturno. Le disgustó muchísimo una jugada en la que Marcelo, Ramos, Benzema, Adebayor, Özil y Granero se internaron en campo contrario. Al entrar al vestuario en el intermedio emitió una invectiva que con los años se haría rutinaria. Ante unos futbolistas orgullosos de lo que estaban logrando, pidió retrasar la presión alegando que no había que dar posibilidades de contragolpe al rival. Insistió en no hacer alardes de virtuosismo. Para rematar su exposición, clavó un estoque:

—Es imposible que el Racing juegue tan mal en todos los sentidos como lo ha hecho en la primera parte. Ahora nos van a atacar. No nos llevemos sorpresas porque es imposible que un equipo de fútbol juegue tan mal como el Racing en la primera parte.

Los jugadores entendieron que les estaba restando méritos. Algunos se quejaron amargamente antes de volver al campo.

—¿Qué pasa? ¿Que si no está Cristiano nosotros no sabemos hacer nada? ¡Nosotros también habremos hecho algo bien!

Los futbolistas grandes suelen entusiasmarse con la idea de imponerse al adversario. El Madrid salió desanimado a jugar la segunda parte bajo la bandera de un entrenador que les sugería que Munitis y Giovani suponían un peligro en potencia. Granero y Alonso formaron un doble pivote, hubo un repliegue general, y el Racing estuvo a punto de empatar el partido después de que Kennedy metiera el 1-2.

Dicen quienes se sentaron en el banquillo madridista que nunca antes vieron reflejarse el terror en un entrenador con tanta nitidez como en Mourinho. El lenguaje gestual del técnico durante los partidos era significativo de su modo de entender el juego como una lucha atroz. Pocas veces parecía satisfecho. Era incapaz de trasparentar felicidad sin añadir una dosis de rabia. Para él, lo esencial no era arbitrar soluciones para ofrecer un producto agradable. Para él lo decisivo era no perder. Perder, en Mourinho, era el equivalente a sufrir una desgracia insoportable. Algo así como un accidente aéreo. Así lo describió un futbolista que asistió en el banquillo al contragolpe de Giovani en El Sardinero. La jugada que pudo transformarse en el 2-2:

—Viendo a Giovani, Mourinho parecía un pasajero con miedo a volar metido en un avión pequeño cuando hay turbulencias.

Por un instante, en sus ojos se asomó el vértigo y su cuerpo, súbitamente de pie, osciló en un intento esforzado por mantener la verticalidad. Lívido, haciendo aspavientos, moviendo los brazos y las manos para pedir concentración, repliegues, ayudas, líneas compactas e intensidad defensiva, daba la impresión de reclamar protección desde el fondo de su alma. La cuestión no era el equipo. No era fútbol. Era él mismo quien se sentía expuesto.

Un gol de Benzema en el minuto 76, el definitivo 1-3, puso fin al tormento.

Dueño de un agudo sentido para captar el peligro, Mourinho sintió que varios jugadores desconfiaban de él. Alarmado ante la proximidad de los duelos decisivos de la temporada, pidió ayuda a Florentino Pérez y puso a trabajar a Jorge Mendes y a José Ángel Sánchez para alinear a todas las fuerzas disponibles en la tarea de construir un relato mediático adecuado. No fueron pocos los periodistas y los medios de comunicación que reprodujeron frases prefabricadas: el equipo está unido, todos están contentos con «Mou», «Mou» es el mejor entrenador que existe, el equipo está jugando muy bien, etc. Como si las palabras «blindado» y «piña» fueran de uso prescriptivo, el vocablo se repitió una y otra vez en distintos foros. La frase retumbaba como el tableteo en una caja de percusión: «El vestuario está blindado». ¿Blindado contra qué? Nunca se precisó. Pero se crearon enemigos con la misma lógica totalitaria. En la mitología de aquella época hubo tres demonios fundamentales: las televisiones que conspiraban para perjudicar al Madrid con un calendario de competición tan adverso como favorable al Barcelona; los árbitros, que favorecían al Barcelona; y el propio Barcelona, objeto de diversas difamaciones e insinuaciones de conductas turbias por parte de periodistas con base en Madrid.

Mourinho creyó que si los futbolistas advertían públicamente sobre la existencia de una trama oculta dotarían a la publicidad de un sello de legitimidad. Para ello, insistía que había que «coordinar» la «estrategia de comunicación». El discurso que les infundió fue simple: subyacía la noción de un equipo maldecido por el poder de las instituciones y profundamente unido a la figura del entrenador. Con el pretexto de salvaguardarlos de la presión, prohibió a los integrantes de la plantilla ofrecer entrevistas y conferencias de prensa individuales, a menos que se dejaran sugerir el contenido. Al mismo tiempo, les exigió que le ayudaran después de cada partido en las zonas mixtas, denunciando a los árbitros y al calendario, o diciendo que compartían todo lo que pensaba el entrenador respecto a estos temas.

Los españoles se sintieron especialmente ridiculizados quejándose de cosas que creían irrelevantes. Cada vez que pudieron, lo evitaron. Un día, reunidos en el gimnasio, hablaron de resistirse a participar en la empresa propagandística. Estaban hablando cuando pasó Silvino Louro, el preparador de porteros, haciéndose el distraído, y, casualmente, expresando su aflicción por las facilidades que daban los operadores de televisión al Barcelona. Cuando el preparador de porteros se hubo marchado, Albiol dijo lo que pensaban todos:

—¡Esto es una vergüenza! ¡Hasta ellos mismos se lo creen!

Alertado sobre el escaso predicamento que tenían dentro de la plantilla los métodos de guerra psicológica del entrenador, en marzo Florentino Pérez llamó a Casillas y a Ramos para pedirles que se plegaran. «Debéis estar con el entrenador», les suplicó. El presidente admitió que los procedimientos eran extravagantes y difíciles de seguir pero les pidió que se encolumnaran con el técnico, fuesen cuales fuesen sus instrucciones, y que lo hicieran por el bien supremo del madridismo. Pérez recordó que la afición, esos socios anhelantes, angustiados ante la falta de títulos, merecían un sacrificio excepcional. Y que, si ganaban la Champions, la Liga o la Copa, todos los esfuerzos valdrían la pena. Pérez nunca prometió a los jugadores que al acabar la temporada Mourinho no seguiría, pero en cierto modo les dio a entender que el técnico no pasaba de constituir una solución provisional. Solo alguna vez, a través de terceros, hizo llegar al vestuario que el portugués no seguiría otro año más. No se sabe si aquellos mensajes fueron calculados o no, pero la plantilla albergó la convicción de que, para el presidente, Mourinho no era tan importante.

Para terminar de tranquilizar al entrenador, Pérez sugirió a

Casillas que le respaldara públicamente. Esto hizo el capitán en una entrevista en Onda Cero:

—Mourinho es un grandísimo entrenador. A día de hoy, probablemente sea el mejor del mundo. Lo que ves por la tele te puede gustar o no. Era raro verle por la tele; pero claro, ahora le veo, le conozco, estoy con él todos los días y te puedo decir que le defenderé, daré la cara por él porque creo que como persona es un diez, y como técnico ahí están las pruebas.

Gracias a la intervención presidencial, el espíritu y los hábitos del equipo se fueron moldeando al antojo del entrenador. Mourinho no se quitaba de la cabeza al Barcelona. Lo tenía presente cuando analizaba cada partido, contra cualquier rival. El derbi de Liga contra el Atlético, el sábado 19 de marzo de 2011, le sirvió de campo de pruebas. De gran simulacro. El viernes reunió a los jugadores en la sala de conferencias de Valdebebas para una charla de adoctrinamiento. Como siempre que su instrucción trascendía al juego, Mourinho habló de sí mismo. Según los asistentes, discurrió más o menos como sigue. Primero, abordó el asunto de los horarios televisivos:

—Voy a ser sincero con vosotros. Todo este debate de las televisiones me lo he inventado. Es mentira. Es una mentira que he contado para distraer a la prensa. Porque, ¿qué más da descansar dos o tres días? Entre nosotros: ¡da igual!

La audiencia permaneció muda, pero se oyeron bufidos. El ponente prosiguió absolutamente convencido de sus palabras:

—Quedaos tranquilos porque el año que viene Florentino va a rescindir el contrato con Mediapro y va a firmar con otro operador. A partir de ahí el calendario lo voy a decidir yo mismo... Ahora voy a salir a la sala de prensa y voy a volver a decirles a los periodistas que nos están perjudicando con los horarios de los partidos...

Para concluir la sesión, Mourinho incurrió en el tema más personal imaginable: confesó que había experimentado un trance onírico. Los jugadores recibieron la confidencia en completo silencio. No hubo una risa. No hubo un solo rumor mientras el entrenador refería su vivencia nocturna:

—Quiero deciros una cosa. Anoche tuve un *feeling*. Cuando tengo esos *feelings* tan fuertes, se cumplen. Soñé que, si le ganábamos al Atlético, ganaríamos la Liga. Lo digo porque lo siento. Si no, no lo diría. Tengo un *feeling*... Y a mí estas cosas... Cuando lo veo tan claro, siempre se cumple.

El mensaje fue impregnando a los jugadores. Como la humedad. La letanía encadenaba discursos técnicos con intrigas de tipo más espiritual, largos monólogos cargados de claves esotéricas que fueron unificando emociones y pensamientos alrededor de la figura carismática. En la plantilla fue predominando una conciencia de la coartada, o de la excusa, como protección frente al fracaso. Las cuestiones puramente futbolísticas no acababan de desprenderse de un sustrato psicológico sombrío. Todo se fundía en una vaporosa sensación de alarma, de persecución, de amenaza que había que conjurar dentro y fuera del terreno de juego. Las consignas que Mourinho dio en aquella época a los volantes interiores y exteriores, a los laterales y a los medias puntas resultan reveladoras de su modo de ver el juego. Los testigos reprodujeron los discursos con estas palabras:

—Tenéis que aprender a racionalizar las subidas. Si veis que si subís no vais a poder regresar a la posición rápido, quedaos atrás. Si no tenéis la seguridad, independientemente del producto que vais a obtener, quedaos... Yo lo voy a comprobar en el campo.

El vocablo «racionalizar» se inscribió en la mente de los chicos. Durante el partido, si el entrenador veía que un centrocampista, como Khedira, o un extremo, como Di María, subía pero, fatigado por el esfuerzo, luego no volvía, salía de la bóveda del banquillo como un tiro y gritaba:

—¿Qué te he dicho?

Mourinho daba libertad de acción para atacar siempre y cuando las jugadas acabaran con éxito. Si fracasaban, lanzaba maldiciones sobre los atrevidos. Esta actitud fue condicionando a muchos jugadores a evitarse problemas. Con los años, se generaron reflejos y conductas automáticas. Ante la duda, los futbolistas no regateaban, no daban un pase, reprimían su intención de elaborar. Daban un pelotazo.

Ni las goleadas a favor sosegaban al técnico. Encontraba grandes dificultades para ser feliz durante los partidos, y a menudo transitaba de la tensión extrema a lo que parecía simple y llanamente espanto. En la escala gradual de situaciones temibles se destacaban la pérdida del balón en la salida del juego por el eje del campo, una situación de uno contra uno de atacantes rivales contra defensas propios, y, por fin, el mano a mano con el portero propio. El cuidado que ponía en advertir a todos que jamás debían descuidar la vigilancia de los adversarios en el campo se resumía en una de sus consignas más repetidas. Tres palabras que crearon en el equipo lo más parecido a un reflejo condicionado:

—¡Guardad la espalda!

El regreso del «trivote» anunció el porvenir: Casillas; Ramos, Pepe, Carvalho, Marcelo; Lass, Alonso, Khedira; Özil, Benzema y Cristiano. Antes del partido, en el vestuario del Calderón, los auxiliares desplegaron el protocolo de las grandes ocasiones. Instalaron el proyector de última generación, lo conectaron a un ordenador portátil, apagaron las luces, y sobre la pantalla se reprodujeron gráficos con los movimientos más comunes del Atlético y las correspondientes simulaciones animadas que explicaban cómo contrarrestarlos. Armado de un mando a distancia y un puntero láser, Mourinho señaló un signo en el medio de la proyección: era un Xabi virtual, al que ordenó moverse entre los centrales si era preciso, y conservar la posición atrás como un quinto defensa. Pidió al equipo que hiciera la presión media y que Lass y Khedira apretaran a Tiago y a Mario Suárez. Atrás, Xabi debía vigilar a Forlán para cerrarle el paso si entraba en su zona. Advirtió que si Reyes se iba al medio a recibir, ahí le debían marcar Khedira o Lass, según se moviera por la derecha o la izquierda.

—¡Hay que tener mucho cuidado, porque si nos meten el primer gol nos ganan el partido! —insistía.

Detalladas las consignas defensivas, Mourinho pasó al ataque. Volvió a poner su puntero en el icono de Xabi y explicó que el vasco debía sacar el balón abriéndolo a los laterales o buscando a Benzema o Cristiano. Luego el programa reprodujo una situación en la que a Xabi lo tapaban los jugadores virtuales del Atlético. Explicó que en ese caso los centrales tenían que iniciar el juego por afuera con los laterales, para que buscaran en largo a Benzema. Benzema debía recibir de espaldas a la portería para apoyarse en Özil o Cristiano. Si los laterales también estaban tapados, los defensas debían darle el balón a Casillas para que pegara pelotazos en dirección a Benzema. El técnico subrayó que solo Khedira, Özil y Cristiano debían acudir a la segunda jugada. Respecto a hombres como Ramos o Marcelo, advirtió que había que «racionalizar las subidas».

Benzema abrió el marcador en el minuto 11 y, desde el banquillo, Mourinho hizo indicaciones para que el Madrid se replegara. Ordenó a Khedira que dejara de incorporarse cuando el equipo buscara en largo a Benzema y Cristiano. Se formaron dos bloques: el portero y siete hombres atrás, y tres atacantes aventureros por delante. Una subida de Marcelo, que, por su cuenta y riesgo, llegó hasta la línea de fondo y centró, permitió el gol de Özil en el minuto 33.

En el descanso, el técnico pidió conservar el orden defensivo, mantener las líneas de cobertura en campo propio y presionar en bloque medio o bajo. Para simplificar aún más el ataque, en el minuto 70 cambió a Benzema por Adebayor, con el propósito de que el togolés, más especializado en jugar por arriba, pudiera recibir los envíos largos provenientes de la retaguardia. La reacción natural del Atlético fue avanzar sobre el terreno cedido. Agüero marcó en el minuto 84 y el Madrid acabó la noche con problemas para conservar los tres puntos. Cuando los jugadores se iban a la ducha, Mourinho los frenó dando voces. Parecía muy nervioso:

—¡Parad! ¡Callaos! ¡Parad! ¡Parad...! Cuando salgáis tenéis que decirle a la prensa que nos hemos metido atrás porque estábamos muertos. Estábamos muy cansados por el calendario. ¡Así los periodistas hablan del calendario...!

Consciente de que una parte de la prensa le podría criticar por emplear un «trivote», o por encerrarse atrás, el técnico lanzó una cortina de humo y pidió colaboración para extenderla. A regañadientes, muchos lo hicieron. Pero en la intimidad del vestuario, la gran mayoría estaban convencidos de que la farfolla no tenía más objeto que soslayar la vergüenza que sentía el entrenador por jugar de un modo tan rudimentario. Los futbolistas más experimentados indicaban que la sofisticación que Mourinho exhibía en su planificación para anular al rival se desvanecía cuando tenía que organizar al equipo para tener la pelota. Sin la pelota era difícil atacar.

El 5 de abril, el Madrid recibió al Tottenham en el Bernabéu para disputar la ida de los cuartos de final de la Liga de Campeones. La concentración se hizo larga y tensa. Lo que más sorprendió a la plantilla fue la aparición de un nuevo enemigo en el catálogo: la UEFA. Antes del partido, en la charla de adoctrinamiento, Mourinho lanzó un aviso alarmante. Vino a decir que la UEFA los perseguiría para represaliarlos y les previno para que se manejaran con extremo cuidado en aquellas jugadas en las que entraran fuerte, porque los árbitros los iban a sancionar con una severidad desmedida.

La eliminación del Tottenham determinó el drama inevitable con números rojos en el calendario. El Madrid se mediría al Barcelona cuatro veces en tres competiciones. En Liga el 16 de abril, en la final de Copa el 20 de abril, y en las semifinales de Champions el 27 de abril y el 3 de mayo.

7

Prepárense para perder

El fuego, cualquiera que sea su naturaleza, transforma al hombre en espíritu; por eso los chamanes están considerados como amos del fuego y se hacen insensibles al contacto con las brazas. El dominio del fuego o la incineración equivalen a la iniciación.

MIRCEA ELIADE, *El chamanismo y las técnicas arcaicas del éxtasis*

El control de la información preocupaba tanto a Mourinho que asignó a un grupo de gente a sueldo de Gestifute el análisis diario de todo aquello que los medios de comunicación decían de él. Cada mañana, el técnico recibía un paquete con el resumen. Su jornada comenzaba a las ocho en su despacho de Valdebebas, examinando vídeos, textos y sonidos. Así advirtió que él y sus colaboradores no eran la fuente única de contenidos, y que se estaban publicando cuestiones que no proyectaban una imagen suya exactamente infalible. Comenzó a sospechar que en su organización había brechas. La ansiedad por filtrar cada cosa que se difundía al exterior, y la comprobación de que no lo lograba, le llevó a pensar que tenía un topo, o varios topos, o incluso que había micrófonos ocultos registrando sus conversaciones. Hasta en dos oportunidades mandó hacer barridos en el hotel Mirasierra Suites, lugar de concentración del equipo, en busca de dispositivos clandestinos. Sin resultados.

La proximidad de los clásicos redobló el sigilo. Según fuentes del club, el creciente temor a que se produjeran filtraciones empujó al entrenador a pedir a los dirigentes que mandaran hacer un estudio de los registros de llamadas telefónicas de los empleados y los futbolistas. Algunos jugadores fueron prevenidos informalmente. Convenía que cuidaran con quién conversaban por sus móviles. El hermetismo, sin embargo, no evitó que vislumbraran las intenciones del jefe. Se palpaban en cada entrenamiento. La plantilla sospechaba que contra el Barça el técnico quitaría a Özil, formaría un «trivote» y jugaría con un solo punta. Restaba la duda sobre el tipo de presión que ordenaría. Alonso llevó la voz cantante en las reuniones que celebraron los jugadores al margen del cuerpo técnico. El medio centro dijo que si se metían atrás el Barcelona los iba a fulminar, y que si jugaban con el «trivote», por más que presionaran arriba, les iba a costar mover el balón. Alonso creía que había que armar más las jugadas para tener opciones de ganar.

A las 17 horas de la tarde del 16 de abril de 2011, poco antes del partido de Liga que enfrentó al Madrid y al Barça en el Bernabéu, el diario *Marca* en su edición digital informó que Pepe jugaría en el medio centro junto con Khedira y Alonso. La alineación era inédita: Casillas; Ramos, Albiol, Carvalho, Marcelo; Pepe, Khedira, Alonso; Di María, Cristiano y Benzema.

Al salir al campo a calentar, los dos equipos notaron algo inusual bajo sus pies. El césped estaba largo y seco. Los jardineros cumplieron órdenes de Mourinho, que creyó que de este modo frenaría la circulación rápida del balón que necesitaba el Barcelona para desarrollar su juego. El Madrid esperó atrás, defendió con orden y energía, y el Barça jugó a controlar más que a agredir. El partido acabó en empate: 1-1. Se pitaron dos penaltis: un gol fue de Cristiano y el otro de Messi. Los jugadores del Madrid advirtieron que si el césped hubiera estado corto y mojado Albiol no habría tenido necesidad de derribar a Villa en el área. Explican que el pase de Busquets desde 50 metros debió irse por la línea de fondo pero que el pastizal retuvo el balón de tal modo que le quedó franco al delantero.

El 1-1 no le sirvió al equipo local para pelear por el campeonato, pero la multitud apiñada en el estadio despidió a los suyos con un aplauso de alivio. Las últimas visitas del Barça habían acabado en 0-2 y en 2-6, y la gente se fue satisfecha. No así Mourinho, que esperó al equipo en el vestuario antes de prorrumpir en una catarata de acusaciones, insultos y gritos que le fueron desencajando el rostro hasta que rompió a sollozar ruidosamente:

—¡Sois unos traidores! ¡Os pedí que no hablaseis con nadie de la alineación y me habéis traicionado! ¡Se nota que no estáis conmigo! ¡Sois unos hijos de puta...! El único amigo que tengo en este vestuario es Granero... ¡Pero ya ni me puedo fiar de él! ¡Me habéis dejado solo! ¡Sois la plantilla más traidora que he tenido en mi vida! ¡Aquí no hay más que hijos de puta!

Casillas no esperó el desenlace. Hizo como que no pasaba nada, se dio media vuelta y se fue a la ducha. No fue el único que ignoró el estrépito. Presa de una emoción intensísima, el entrenador continuó desatándose hasta el paroxismo, agarró una lata de Red Bull y la lanzó contra la pared. El impacto abrió el recipiente, que estalló liberando el líquido gaseoso con un efecto de lluvia. Las gotas de la solución energética azucarada corrieron por la cara de algunos de los muchachos apelotonados alrededor de Mourinho, que profirió juramentos mientras se ponía en cuclillas, según uno de los presentes, o se arrodillaba, según otros. Cuando se levantó se enjugó las lágrimas y anunció entre gimoteos que hablaría con Florentino Pérez y José Ángel Sánchez porque ellos tenían medios para localizar al topo. Prometió represalias y también hizo una analogía entre la ley marcial y los códigos del fútbol:

—Si yo estoy en Vietnam y veo que se ríen de un compañero, yo con mis propias manos cojo una pistola y mato al culpable. Ahora sois vosotros mismos los que tenéis que buscar al que ha filtrado la alineación.

La mayoría de los jugadores asistieron a la exhibición con incredulidad. Entre la vergüenza ajena y el temor a perder el puesto, el contrato o el respeto. A todos les resultó difícil discernir si lo que habían presenciado era un genuino caso de descontrol emocional o una actuación más o menos espontánea. Pero entendieron que, teatrales o no, las amenazas iban en serio. El peligro era real. Entre la improvisación y el cálculo, Mourinho logró que el clásico de Liga alarmara a todos los que le rodeaban. En unos días alborotó anímicamente al equipo y ajustó los últimos detalles de su ingenio táctico. Todo su trabajo, toda su energía, la planificación de más de nueve meses, se concentraron en un objetivo: alcanzar el éxtasis en la final de Copa en Valencia, el 20 de abril.

En esos días le preguntaron a Xabi Alonso por el trabajo de Mourinho en la fase decisiva de la temporada. Su respuesta en la televisión oficial del Madrid fue la siguiente:

—Para momentos clave, y para eliminatorias o finales, hay que saber preparar muy bien los partidos. Trabajar mucho el lado psicológico, el lado emotivo, emocional. Él en ese aspecto sabe conectar con nosotros.

Al día siguiente del clásico de Liga, Valdebebas amaneció alegremente agitada por los ayudantes del entrenador. Karanka, Louro y Faria se lanzaron sobre los jugadores como una bandada de loros en el sembradío. Cada uno a un grupo, cada uno con un mensaje análogo. Los empleados del club sospecharon que este tipo de coreografías sincronizadas eran el producto de un concienzudo adiestramiento por parte de Mourinho. El preparador físico, Rui Faria, se acercó a uno de los corrillos y, completamente ufano, dijo lo que, según un testigo, sonó así:

—El Barcelona pasa por muchos problemas... Están acojonados con lo que vieron ayer... Su debilidad mental se nota cuando se enfrentan a nosotros... Hoy no han dormido... El miedo no los dejará vivir... Vamos a esperarlos atrás y vamos a situar un jugador arriba que aguante el balón... Las transiciones ofensivas de ellos no son tan rápidas como las nuestras...

Los jugadores miraron a Rui Faria con distancia, salvo Granero, que procuró mostrarle su aprobación diciéndole que él sí había visto «el miedo en los ojos» de los otros. Por lo demás, los internacionales sintieron que el preparador físico les trataba con la condescendencia de unos párvulos. Estaban seguros de que sus rivales habían jugado sin esforzarse al máximo y creyeron entender que cuando Faria hablaba del punta que aguantaría los pelotazos se refería a un plan para disputar la final de Copa con Adebayor. Desde hacía semanas, el Madrid realizaba prácticas enfocadas en saltar las líneas del medio campo con pelotazos a los atacantes. Pero en Mestalla no sería Adebayor, sino el propio Cristiano, quien desempeñaría la función de punta-diana.

Los días se caldearon con discursos febriles hasta que se cumplió el 20 de abril de 2011. La charla previa a la final de Mestalla caló tan hondo que Mourinho ya no podría profundizar más en la conciencia de sus futbolistas sin resultar repetitivo. Les habló de política, de nacionalismo, de la división inexorable entre los pueblos castellano y catalán, de la ilusión de la coincidencia. Les advirtió que no tenían nada en común. Lo sabía porque, refirió, él había vivido en Barcelona muchos años y conocía perfectamente la cultura local y la educación que reciben los niños catalanes. Explicó que gente como Puyol, Busquets, Xavi o Piqué habían sido adiestrados desde pequeños para repudiar a los españoles como Casillas, Ramos o Arbeloa. Les insistió en que se equivocaban si pensaban que tenían una amistad labrada a lo largo de años de relación en la selección española. No eran sus amigos. No lo eran porque los jugadores del Barcelona se aprovechaban de esa supuesta amistad para traicionarlos arrebatándoles el prestigio mediante la manipulación que hacían de la prensa. La propaganda, dijo, favorecía al Barcelona y estigmatizaba al Madrid. Pero ellos, los jugadores madridistas, no debían participar de la farsa nunca más. Debían asumir su condición de malditos y plantarles cara. Debían retirarles el saludo. Mourinho advirtió a sus jugadores que si veía a uno solo dándole la mano a alguien del Barça fuera de los actos protocolarios, consideraría que le daba la espalda a él y a sus propios compañeros. Quien tuviera un gesto de complicidad hacia su rival corría el riesgo de convertirse en algo muy parecido a un tránsfuga.

Mourinho celebró una reunión específica con la plantilla para hablar del árbitro, Undiano Mallenco. Dijo que tenían que entrar siempre muy fuerte; que pegaran sin cuidado. Añadió que no tenían que temer sanciones porque los árbitros españoles, y Undiano no era una excepción, «se cagan» con el Madrid. En caso de que les pitara faltas en contra programó que los jugadores que estuvieran cerca, y Alonso en particular, debían presionarlo sistemáticamente para quejarse. Los sentimientos en el hotel de concentración eran contradictorios. Casillas iba diciendo a sus compañeros que estaba harto de «politiqueos». «No podemos jugar al fútbol como lo hicimos en el Bernabéu —decía—. Me da igual Mourinho, Pellegrini o Capello... ¡Yo lo único que quiero es ganar la Copa del Rey y que les den por culo a todos!»

Antes del partido, Emilio Butragueño, responsable de las relaciones institucionales del Madrid, obedeció a una petición del entrenador y llamó a sus contactos en la federación para pedir que por favor los jardineros no regaran el césped de Mestalla. La gestión fue en vano.

Pinto; Alves, Piqué, Mascherano, Adriano; Xavi, Iniesta, Busquets, Pedro; Messi y Villa, integraron la alineación del Barça. El Madrid se formó con Casillas; Arbeloa, Ramos, Carvalho, Marcelo; Pepe, Alonso, Khedira; Özil, Cristiano y Di María. Probablemente, de todas las decisiones que tomó Mourinho en esa semana, la más relevante fue situar a Ramos de central. Ramos, que venía jugando en el lateral derecho, se sentía más cómodo que nadie moviendo la línea de zagueros, tal vez porque además de leer bien los partidos era un pasador seguro. Esto permitió al Madrid defender 20 metros más lejos de su área y estrechar los espacios que debían cubrir Pepe, Khedira y Alonso para bloquear las líneas de pase del Barcelona. El equipo de Guardiola sufrió los efectos inmediatamente y el partido derivó hacia la guerra de trincheras. El Madrid disputó cada centímetro, cada balón, con una agresividad desconocida. El Barça no encontró espacios, y cuando lo hizo se interpuso Casillas. El portero salvó a su equipo con tres paradas inolvidables: una a Messi en el minuto 74, otra a Pedro en el minuto siguiente y una a Iniesta en el minuto 80. El partido se prolongó hasta la prórroga. Un cabezazo de Cristiano, que remató una jugada de Marcelo y Di María, culminó la contienda: 0-1.

La celebración fue curiosa. Cristiano lanzó miradas desafiantes a sus compañeros, como reivindicándose, menos feliz que orgulloso. Casillas se envolvió en una bandera española y levantó el trofeo eufórico por lograr su primer título como primer capitán madridista. Los jugadores del Barça observaron con asombro que varios de sus colegas del Madrid les negaban el saludo. Mascherano y Guardiola se sintieron especialmente defraudados por la actitud huidiza de Alonso. El jugador argentino del Barça, que había compartido amistad con el vasco cuando ambos militaban en el Liverpool, no comprendió el desplante. Algo similar sucedió entre Villa y Arbeloa, cuya incipiente amistad quedó comprometida.

Iniesta comentó a un amigo que durante los clásicos de abril hubo momentos en que sus compañeros de selección que jugaban en el Madrid se comportaron como si no lo conociesen. Como si fuesen otras personas. Evitaban mirarle a los ojos para no saludarlo.

Alguien dijo que durante la final Özil se pareció a una bailarina en la selva. Recostado sobre la banda derecha durante toda la noche, cargado de deberes defensivos, más pendiente de tapar a Adriano que de atacar y por la disposición del «trivote», Özil acabó perdido entre los matorrales. Sustituido por Adebayor en el minuto 71, y sin contribuir en nada importante. Dicen sus compañeros que estaba tan decepcionado consigo mismo que apenas se unió a la fiesta. En su interior, el alemán sospechaba que Mourinho no terminaba de confiar en él porque no pertenecía a la cuadra de Mendes, núcleo duro del grupo al que la plantilla llamaba «los suyos». Como dijo un jugador español empleando el lenguaje en boga en el vestuario en esos días:

—Siendo de los suyos, Özil es el menos suyo de los suyos.

Mourinho entró muy arisco al vestuario, tras la ceremonia de entrega de medallas, como intentando transmitir insatisfacción. Al llegar al avión se mostró más relajado. Iba inflando el pecho por los pasillos del aeropuerto de Manises, diciendo: «¡Esto es fútbol! ¡Esto es fútbol...!» La final lo reafirmó en su idea de que al fútbol también se puede jugar muy bien renunciando al balón para darle la iniciativa al contrario. La resistencia del público y los jugadores españoles a comprender el juego de esta manera, sobre todo cuando se defiende el escudo del Madrid, había supuesto uno de los grandes desafíos retóricos del entrenador, que instrumentalizó la final para ganar credibilidad. Karanka le secundó con un discurso que la mayoría de sus oyentes juzgaron grotesco. El auxiliar se pasó el viaje de regreso afirmando que el Barcelona realmente no era un equipo tan competitivo, y que, como decía el jefe, su prestigio derivaba de «un invento de la prensa».

El 23 de abril, cuatro días antes de la ida de las semifinales de la Champions, el Madrid regresó a Valencia para disputar la jornada 33 de Liga. Mourinho estaba de una excelente disposición de ánimo y se paseaba por el comedor estimulando a la tropa con monólogos humorísticos. Insistía en que el Barça era una ficción construida por los medios de comunicación. Que todo lo que era se lo debía a la semifinal que le había ganado injustamente al Chelsea en 2009. Durante la comida en el hotel se acercó a la mesa de los españoles, donde le oyeron reírse ruidosamente de su propia ocurrencia:

—¿Sabéis lo que le voy a hacer al Barcelona? Les voy a dejar el césped alto y no lo voy a regar. ¡Ya veréis cuando lleguen al calentamiento la cara que ponen...!

—¡Qué cabrón eres! —le admiró Granero.

Solo Granero y Adán forzaron la carcajada. El portero y el centrocampista eran los únicos españoles que daban muestras de admiración por el técnico, incluso cuando no estaban en su presencia. Granero resultaba tan exagerado que sus compañeros le cambiaron el mote. Deformaron su apodo, «Pirata», para fusionarlo con «pelota», definición informal de adulador. El resultado fue un sonoro «Perota».

La obtención de la Copa y el pase a las semifinales de la Champions consolidó el poder de Mourinho. Florentino Pérez comenzó a deslizar entre sus colaboradores que el técnico seguiría un año más, e incluso que Valdano tenía los días contados. La nueva ola inundó el vestuario. Cada vez fueron más numerosos los jugadores que, conscientes de lo que se dirimía, hicieron alardes de lealtad al entrenador, aunque íntimamente no creyeran en sus teorías. Xabi Alonso experimentó el giro más sorprendente. El tolosarra pasó de ser el crítico más agudo a mostrarse solícito en presencia del jefe. Solo unos pocos permanecieron impasibles. Pedro León, Casillas y Lass Diarra destacaron entre quienes guardaron las distancias. El medio centro francés hizo un comentario premonitorio a sus compañeros después de la final de Mestalla:

—Lo conozco desde hace años y les puedo asegurar que para Mourinho ganarle al Barça no es lo principal. Lo que él no quiere es perder por muchos goles. Así luego puede echar la culpa a los árbitros.

La tensión se trasladó a la comida oficial de directivas. Los dirigentes del Barcelona le pidieron a Florentino Pérez que le parara los pies a Mourinho para evitar que la crispación se trasladase a las aficiones. Los directivos del Madrid respondieron que con Mourinho no se podía hacer nada. Que era incontrolable. «¡Vosotros no conocéis a Mourinho!», exclamó un dirigente madridista. Pérez no dijo nada, pero se mostró irónico. La comida se fue enfriando hasta que todos quedaron en silencio y se levantaron sin hacer sobremesa. El enfado de los representantes culés se hizo patente cuando uno de ellos lanzó una amenaza que el presidente del Madrid se tomó muy en serio:

—¿Sabéis cuál es el sueño de todo el barcelonismo? ¡Devolveros la de Figo! Porque el daño que le hicisteis al club fue irreparable...

La charla técnica previa a la ida de la semifinal, el 27 de abril, se pareció mucho a la de Mestalla. En el apartado arbitral, la exposición incluyó instrucciones que los jugadores juzgaron contradictorias. Después de pedirles que entraran con fuerza al balón, procurando abrumar al Barça en el plano físico, Mourinho les subrayó que tuvieran muy en cuenta que los árbitros de la UEFA no serían tan benévolos como los españoles. A Pepe, según contó el central a sus amigos, Mourinho le dedicó una serie de arengas particulares. En ellas, el técnico mencionó repetidamente la palabra «intimidar». Cara a cara con Pepe, le insistió en que debía cultivar una imagen aterradora a ojos de los jugadores del Barça y que para conseguirlo, si era preciso, tenía que ser violento. Le avisó que parte del público le criticaría y le prometió protección. Hiciera lo que hiciera, jugara mal o bien, si cumplía con lo que le mandaba, con él siempre sería titular.

El 5-0 de 2010 provocó tal ansiedad en Mourinho que concibió la teoría de que para frenar al Barça era preciso hacer más faltas. Pidió tantas faltas como fuera posible e incluso más:

—El árbitro no podrá pitar todas las faltas a menos que decida suspender el partido.

El número de faltas que el Madrid hizo contra el Barcelona en los 17 clásicos de Liga, Copa, Champions y Supercopa de España, entre las temporadas 2010-2011 y 2012-2013, y en orden cronológico, fue el siguiente: 16, 22, 27, 18, 30, 26, 17, 22, 20, 29, 20, 13, 17, 16, 19, 13 y 21. En total: 346 faltas del Madrid por 220 del Barça en el mismo periodo.

Los eslabones más calientes de la cadena del Madrid fueron las 27 faltas de la final de Mestalla, las 30 de la vuelta de semifinales de Champions de 2011 y las 29 de la ida de semifinales de Copa del Rey de enero de 2011. El clásico de la ida de las semifinales de Champions fue, sin embargo, una excepción: registró valores inusualmente bajos para el Madrid e inusualmente altos para el Barça. Fue el único clásico de la serie de tres años en que el Madrid hizo menos faltas que su rival: 18/20. El planteamiento conservador de ambos equipos desembocó en una situación extraña. El Madrid aspiró al empate sin goles y el Barcelona entretuvo la pelota sin decidirse a ir al ataque.

Pep Guardiola, técnico del Barcelona, confesó luego que no creyó posible que su equipo ganara la Copa y la Champions. El agotamiento físico y mental de sus jugadores en ese punto de la temporada fue tan extremo que el técnico del Barça considera que solo la rabia por la derrota en Mestalla les proporcionó la gota de energía imprescindible para seguir adelante.

La ida de la semifinal de la Champions, disputada el 27 de abril de 2011, fue el clásico más penoso. Guardiola dispuso la misma alineación que en la Copa con la salvedad de Puyol, que se recuperó precipitadamente de una lesión para ocupar el lateral izquierdo en reemplazo de Adriano. Mourinho conservó el esquema y se limitó a cubrir bajas con refuerzos: Albiol por Carvalho y Lass por Khedira. El público asistió confuso al espectáculo. Medio paralizado por el desgaste de la Copa, al Barcelona apenas le quedaban fuerzas para intentar controlar el juego mediante la posesión de la pelota. Los jugadores salieron a esperar al Madrid en su campo, exhibiendo un evidente déficit para progresar en el flanco que defendía Puyol, contra su perfil natural. Lejos de aprovechar la situación, el Madrid se mostró reticente a presionar y lo libró todo a lanzar balones a 50 metros, para que Cristiano embistiera en solitario. Ninguno de los equipos se atrevió a incursionar en el terreno ajeno sin adoptar importantes precauciones, pero la reticencia del Madrid resultó más llamativa. En la primera parte, el equipo local no provocó ni una sola parada de Valdés. El Barcelona obligó a Casillas con dos remates de Xavi.

En el descanso, Mourinho acentuó la simpleza de su plan introduciendo a Adebayor por Özil. El alemán se había fundido intentando recibir de espaldas a Puyol, recostado sobre la derecha, los pases largos que ocasionalmente le enviaban sus compañeros. Con excepción de Cristiano, que se pasó el encuentro haciendo aspavientos para pedir a los volantes que avanzaran unos metros, los jugadores madridistas se mostraron resignados a esta especie de tregua. Tregua ilusoria. Porque de pronto, la eliminatoria giró hacia el caos. Fatigado como estaba tras los dos clásicos que venía de disputar en una posición que le exigía ocupar mucho campo, Pepe empezó a llegar tarde a los cruces. Transcurrida la hora de acción, una entrada sobre Alves con los tacos por delante, volando aparatosamente hacia la espinilla del brasileño, sin ninguna posibilidad de tocar la pelota, desencadenó el juicio sumario. El árbitro, Wolfgang Stark, interpretó juego peligroso y expulsó a Pepe con roja directa.

La decisión excitó a Mourinho. El técnico, que se había pasado el partido en el banquillo, salió a protestar con tanto afán que Stark también lo expulsó. Messi aprovechó la confusión para reanudar las hostilidades, e hizo dos goles en el último cuarto de hora. El partido acabó 0-2. Rui Faria, la mano derecha de Mourinho, se metió al túnel de vestuarios. Allí, los empleados del Bernabéu vieron cómo gritaba a los jugadores del Barça a través de la reja de separación:

—¿Por qué no vais a cambiaros al vestuario de los árbitros? ¡Lo ganáis todo por los árbitros...!

Pinto, Puyol y Piqué invitaron a Faria a conversar del otro lado de la reja. La mayoría de los jugadores del Madrid comenzaron a increpar a sus rivales. Los jugadores del Barça les respondieron que les habían dado otra lección:

—¡Así se juega al fútbol!

Del lado azulgrana había fiesta. La gente cantaba. Algunos se mofaban. Del lado madridista la voz de Rui Faria se elevaba sin pausa:

—¡Vosotros creéis que jugáis al fútbol pero lo que hacéis es comprar árbitros!

Faltaba muy poco para el punto de ebullición. El fuego lo disparó Rui Faria, alentando a Pepe a pasar al vestuario azulgrana y tapar la boca a los insolentes. Pepe se lanzó como un autómata, entró en la zona del vestidor visitante, y, al verle, Puyol le propinó un puñetazo en la cabeza, derribándolo. Fue el estallido de la batahola. Varios internacionales españoles de ambos equipos se trabaron en una pelea vergonzosa. Los jugadores del Barcelona, que a lo largo de la temporada habían escuchado acusaciones veladas de soborno, simulación e incluso dopaje, comprobaron que sus compañeros de selección madridistas eran más leales a Mourinho de lo que el propio Mourinho pensaba, o decía que pensaba.

Otros entrenadores, con iguales o parecidos recursos, habrían tomado medidas para intentar remontar en el Camp Nou. No fue el caso de Mourinho, cuya convicción en el carácter decisivo del primer gol alcanzaba niveles de superstición. Hubo empleados y futbolistas del Madrid que conjeturaron que la expulsión del entrenador fue un acto premeditado, prólogo de su particular empeño por construir una coartada sin precedentes. La teoría provenía del propio vestuario: puesto a elegir entre la épica deportiva y la heroicidad propagandística, el entrenador se inclinó por considerar que el victimismo le proporcionaría más ventajas.

Mourinho dio muestras de una indignación sin límites cuando en el vestuario proclamó que habían sido robados. Les recordó que se verificaba el complot de la UEFA y les animó a salir a la zona mixta a denunciarlo empleando sus propios términos.

Si el chamanismo es un intento desesperado por controlar

el terror del mundo imitándolo, lo que Mourinho emprendió tras la derrota fue la práctica de un exorcismo al revés. Quizás en la intimidad de su aturdimiento resolviera ajustarse una máscara de demonio y celebrar una parodia de misa negra cuando salió a la conferencia de prensa más escandalosa de la historia de la Liga de Campeones. Su pelo entrecano, medio revuelto por el estado febril, su chaqueta gris, su luctuosa camisa negra, le confirieron un oscuro aspecto de cura en apuros mientras pronunció su ya célebre denuncia de conspiración institucional de la UEFA y la RFEF para favorecer al Barcelona:

—Si le digo al árbitro y a la UEFA lo que pienso y lo que siento, termina mi carrera hoy. Y como no puedo decir lo que siento, dejo una pregunta que espero que algún día tenga respuesta. ¿Por qué? ¿Por qué Obrevo? ¿Por qué Busaca? ¿Por qué De Bleeckere? ¿Por qué Stark? ¿Por qué? ¿Por qué cada semifinal pasa siempre lo mismo? Estamos hablando de un equipo de fútbol absolutamente fantástico. Lo he dicho muchas veces. ¿Por qué Obrevo hace tres años? ¿Por qué el Chelsea no pudo ir a la final? ¿Por qué el Inter tuvo que jugar tanto tiempo con diez hombres? ¿Por qué este año han intentado acabar con la eliminatoria en este partido, en el que podíamos estar aquí tres horas e iba a terminar 0-0... Después íbamos a cambiar a Lass por Kaká e íbamos a intentar llegar un poquito más lejos, pero como estrategia de partido no íbamos a perder... ¿Por qué? No entiendo. No sé si es la publicidad de Unicef, no sé si es el poder del señor [Ángel María] Villar en UEFA, no sé si son muy simpáticos, no sé. No entiendo. Enhorabuena por un fantástico equipo de fútbol. Pero enhorabuena por todo lo que tienen también, que debe de ser muy difícil de conseguir. Ellos han conseguido este poder. Los otros no tienen ninguna posibilidad. Contra el Chelsea, Drogba y Bosingwa fueron sancionados. Contra el Inter, Motta no jugó la final. Contra el Arsenal, Wenger y Nasri fueron sancionados. Hoy yo soy sancionado. No sé por qué. Yo estoy aquí solo para dejar esta pregunta que espero que un día tenga respuesta. Me mandaron fuera con tarjeta roja y no debería ni estar aquí. Marcó falta al revés. Falta contra el Barça y de repente, por milagro, Pepe expulsado, el equipo con diez y vía libre para solucionar los problemas que deportivamente no habían podido solucionar. El segundo partido es en Barcelona: obviamente, si deportivamente ya estamos hablando de una misión muy difícil, hoy se ha visto que es misión imposible. Ellos tienen que llegar a la final y llegarán a la final. Y punto. Puedo vivir toda mi vida con esta cuestión, pero espero tener la respuesta algún día. ¿Por qué? ¿Por qué un equipo de esta dimensión, un fantástico equipo de fútbol, necesita de una cosa que es obvia y que todos vieron? Obrevo, De Bleeckere, Busaca, Frisk, Stark... Yo no lo entiendo. El fútbol debe jugarse con reglas iguales para todos. ¡Iguales para todos! Después, que gane el mejor. A lo mejor hoy empatamos 0-0 y en el segundo partido el Barcelona gana con mérito y nosotros lo aceptamos con *fair play*. Pero ¿por qué hoy...? En un partido equilibrado, que está para 0-0... ¿Por qué hacer lo que ha hecho? Solo el árbitro puede responder pero no lo hará porque se irá a su casa y no tiene que responder nada a nadie. Y yo, nada... Hemos hecho un milagro el año pasado y este año no ha sido posible otro milagro con diez... El Madrid está eliminado de la final de la Champions... Iremos a Barcelona con todo el orgullo y el respeto que sentimos por nuestro mundo, que es el fútbol, pero que a veces me da un poco de asco. Me da un poco de asco vivir en este mundo y ganarme la vida en este mundo, pero es nuestro mundo... Si por casualidad hacemos un gol y dejamos la eliminatoria un poco abierta nos matan otra vez. Hoy se ha demostrado que no tenemos ninguna posibilidad. Y mi cuestión es: ¿por qué? ¿Por qué no dejan a los otros equipos jugar contra ellos? Si son mejores, acabarán ganando. ¿Para qué esto? ¡No lo entiendo...!

Mourinho interrumpió su soliloquio y un periodista le preguntó por el conservadurismo de su planteamiento, cuestión que necesariamente le alejaba de la victoria. Resultó extraordinaria la desinhibición con que Mourinho explicó que lo que él pretendió era que el partido acabara con empate a cero:

—Mi planteamiento tiene diferentes momentos de organización según el partido. Pasa por no sufrir goles, pasa por frustrar al adversario, pasa por jugar compacto y bajo como los otros dos partidos que jugamos [el clásico de Liga en el Bernabéu y la final de Copa]... En un determinando momento, buscamos un cambio de organización con la entrada de un «nueve» fijo; y en una fase más adelantada del partido pensábamos hacer otro cambio, que es jugar con un «diez» puro detrás de los tres atacantes. Es el planteamiento de un partido que está 0-0, que parece que va a terminar 0-0, y que después, en un momento de frustración del adversario, tú arriesgas para intentar ganar. Puedes perder o empatar 0-0, que es lo más lógico. Pero tienes un planteamiento que el árbitro no te ha dejado hacer. Y continúo con la misma pregunta. ¿Por qué? ¿Por qué expulsa a Pepe? ¿Por qué? ¿Por qué no señalan cuatro penaltis en un partido contra el Chelsea...?

El entrenador repitió su reclamo con variaciones, durante casi diez minutos más, hasta abandonar la sala. Si su convicción era o no fingida, solo lo sabe él. Lo cierto es que insinuó un cohecho masivo y supo inculcar en la directiva del Madrid, y en Florentino Pérez en concreto, la certeza de que la UEFA les había tendido una trampa. Durante semanas, hubo directivos que alentaron el debate sobre la arbitrariedad de la expulsión. Para probarlo, aportaron imágenes a los medios de comunicación en las que, supuestamente, los tacos de Pepe no tocaban la pierna de Alves.

Wolfgang Stark se limitó a aplicar con rigor la Regla 12 de la FIFA, que prevé la expulsión por roja directa en casos de juego brusco grave en los siguientes términos: «Un jugador será culpable de juego brusco grave si emplea fuerza excesiva o brutalidad contra su adversario en el momento de disputar el balón en juego. Una entrada que ponga en peligro la integridad física de un adversario deberá ser sancionada como juego brusco grave.» La norma no dice que el contacto físico sea un requisito imprescindible para imponer la sanción.

Replicando las coordenadas de su entrenador, el Madrid elevó una denuncia por conducta antideportiva de Guardiola y ocho jugadores del Barcelona ante el Comité de Control y Disciplina de la UEFA. El escrito sostenía que, siguiendo una «táctica preconcebida» de Guardiola, los jugadores Alves, Pedro, Busquets, Piqué, Mascherano, Pinto, Valdés y Keita «simularon agresiones de forma persistente con el único fin de inducir al error al árbitro, lo que degeneró en la decisión manifiestamente injusta de expulsar a Pepe». El recurso fue desestimado. Al conocer la negativa, Florentino Pérez se descompuso. Según un testigo, no atendió a las razones de los abogados que le informaron de la endeblez de las evidencias aportadas. El presidente no creía en argumentos jurídicos. Creía en su entrenador, y daba voces diciendo que en la cinta que remitieron a la UEFA se probaban de forma fehaciente tanto las infracciones del Barcelona como la inocencia de Pepe:

—¡Pero si el vídeo está perfecto! ¡Lo prueba todo! ¡Tendría que estar medio Barcelona sancionado!

Cristiano Ronaldo acabó el partido enfurecido. Tan molesto con el arbitraje como con su entrenador, cuyo plan táctico le había aislado de tal manera que no pudo tirar a puerta ni una sola vez con claridad: solo una falta que pegó en la barrera y un disparo que rebotó en un defensa. La frustración se multiplicó en su interior con los goles de Messi, a quien contempló como un privilegiado que se beneficiaba del fútbol ofensivo que practicaba el Barcelona. Cuando Mourinho le pidió que saliera ante la prensa a denunciar una conspiración. En líneas generales, Cristiano cumplió con el guion:

—¡No entiendo! ¡No entiendo por qué en todas las eliminatorias de Champions el Barça acaba jugando contra diez! Arsenal, Chelsea, Inter... Todos los años la misma cosa. Mourinho tiene razón. Estos chicos del Barcelona tienen mucho poder, y no solo dentro del campo, fuera también. El Barcelona nos hizo todos los goles jugando contra diez. Quizá no hayamos hecho un buen partido. ¡Pero no pasa nada! ¿Acaso era un mal resultado el 0-0? El 0-0 habría sido un buen resultado. Teníamos una estrategia. Kaká estaba calentando para entrar en los últimos minutos. Íbamos a atacar. ¡El fútbol es así! ¡Estrategias! Con el 0-0 en Barcelona ellos tendrían que marcar y nosotros les jugaríamos al contraataque... A mí como atacante no me gusta jugar así pero tengo que adaptarme a aquello que el equipo me pide.

Sensible a las más imperceptibles muestras de insubordinación, Mourinho sintió que con su última frase Cristiano le había traicionado. Cuando se reencontraron en Valdebebas, al día siguiente, se retiraron el saludo. Mutuamente ofendidos por diversas causas, ni se miraban. La vuelta a los entrenamientos escenificó el profundo malestar que arraigaba en la plantilla contra el entrenador. Casillas y Ramos encabezaban el numeroso grupo que consideraba que el planteamiento encauzado al 0-0 había sido «una vergüenza». Un error táctico y estético. Les secundaban hombres como Benzema, Özil, Higuaín, Cristiano, Alonso, Arbeloa, Marcelo o Kaká. El brasileño, que se había sentido marginado durante tres meses, no podía creerse que Mourinho pensara en él como el revulsivo para derrotar al Barcelona.

«¡Somos el Real Madrid!», repetían, como si sintieran que habían traicionado los ideales históricos del club. Les dolía especialmente que el plan del técnico pusiera de manifiesto su falta de fe en las posibilidades de la plantilla. Se consideraban menospreciados. Condenados a ganar a la manera del entrenador, accidentalmente, o a perder como un equipo pequeño. «¡Jugando así parecemos inútiles! —decían—. ¡Mourinho solo piensa en él!»

Mourinho no convocó a Cristiano para recibir al Zaragoza el sábado 30 de mayo. Cuando el viernes el goleador supo que no estaba en la lista se sintió represaliado y la emprendió a golpes contra las taquillas y las paredes. «¡Hijo de puta!

—gritaba—. ¡Hijo de puta!» Estaba fuera de sí. El técnico, que se sentía burlado por las declaraciones del jugador tras el último clásico, le marginó de la acción, consciente de que no había nada que le hiciera sufrir más. Puesto a aprovecharse de una crisis para obtener más poder, Mourinho no tenía rival. El peso ejemplarizante de un correctivo a la principal estrella de la plantilla suponía el mensaje más influyente que podía enviar a sus subordinados. Si era capaz de mandar al número uno al calabozo, a los demás les convendría tomar nota sobre las consecuencias de desafiar sus intentos de uniformar la política de comunicación.

Mourinho sabía que entre Cristiano y los españoles se agitaban rencores por el presunto favoritismo del que gozaba el delantero. Algunos interpretaron que con esta maniobra el técnico intentó ganarse el favor de ese sector español. Pero la principal diferencia entre Cristiano y el resto estribaba en las amistades. Le bastó con llamar a Jorge Mendes para quejarse y el agente intercedió ante Mourinho. Nadie era capaz de persuadir a Mourinho como su representante. La conversación tuvo un efecto duradero. Cristiano nunca más sufrió un castigo semejante en los dos años que continuó a las órdenes de su paisano. Otros no tendrían la misma suerte.

El 1 de mayo fue Domingo de Resurrección. Al llegar a Valdebebas los jugadores se encontraron con una citación. Mourinho los reunió en el vestuario y pidió a todo el personal de apoyo que abandonara el recinto. Sospechosos de filtrar información a la prensa, utileros, masajistas y médicos fueron invitados a salir y a cerrar la puerta tras de sí. En el interior permanecieron el entrenador, sus ayudantes, la plantilla y Zinedine Zidane. El ex futbolista francés había comenzado a trabajar como nexo entre la directiva y el cuerpo técnico a raíz del vacío dejado por Jorge Valdano, desafectado por Mourinho de sus antiguas funciones como puente entre las oficinas y el equipo. Mourinho inició su intervención diciendo que, sin que él lo hubiera pedido, desde el club lo llamaron para anunciarle el más firme respaldo:

—El club me apoya. El club ha ido contra la UEFA porque está conmigo. Pero los vídeos que han mandado no han sido cosa mía. Eso es una iniciativa del club...

Casillas escuchó sentado en un costado, sobre una banqueta, mirando al suelo. Siguió al conferenciante con el rabillo del ojo, haciendo una mueca amarga. El entrenador esbozó su plan para la visita al Camp Nou del martes 3 de mayo:

—Saldremos a hacer un partido tranquilo. A esperar. Hay que defender muy cerca del área, en bloque bajo. Para que el partido acabe 0-0. Si acaba 0-0 podremos decir que la eliminatoria la decidió el árbitro en la ida...

Los jugadores cruzaron miradas de incredulidad.

—En Barcelona tenemos tres opciones: dos imposibles y una posible. La única opción posible es que el partido acabe con un marcador ajustado y perdamos la eliminatoria. De las dos opciones imposibles, la primera es que nos metan una goleada. Esto hay que evitarlo a toda costa para poder culpar a los árbitros. Esto jamás se puede dar. La otra imposible es que ganemos la eliminatoria. Si salimos a conservar el 0-0 y, si acaso, acabamos pasando a la final, perfecto. Pero lo prioritario es conseguir un marcador ajustado para echar la culpa a los árbitros. Un 2-1, un 1-0, un empate... me valen para decir que nos robaron en el Bernabéu.

Mourinho intentó convencer a su equipo de que debía perder la eliminatoria de forma calculada, medida. Los invitó a hacer del partido un argumento dialéctico, un arma que, con su poder de oratoria, él luego podría esgrimir con un efecto propagandístico devastador. Habló sin que nadie le interrumpiera:

—El Real Madrid ha contratado a los mejores abogados del mundo, y sé de buena fuente que después de las semifinales se hará público que a Alves le meterán dos partidos por hacer teatro y a Busquets cinco partidos por racismo, y al gran Pep... porque este se cree que es muy grande... le van a meter otros dos partidos. A lo mejor tres, por ser el jefe de la banda de los teatreros, por estimular todo ese teatro. Os lo puedo asegurar.

Por eso hay que conseguir un marcador ajustado. Porque entonces yo saldré y diré en la rueda de prensa que la eliminatoria la perdimos en el Bernabéu y todos los medios de comunicación estarán conmigo en que nos robaron. Pero si nos meten una paliza haremos el mayor ridículo del fútbol mundial porque al día siguiente todos los medios dirán: «¿Dónde están los árbitros, Mourinho...? ¿Dónde están los árbitros, jugadores del Madrid?»

Mourinho discurría tan absorto en su mundo que los jugadores le oyeron cometer un lapsus, hablar de sí mismo, revelando que su verdadera preocupación era su prestigio personal. Por eso, se enmendó inmediatamente replanteando la cuestión hacia los «jugadores del Madrid». Las personas que asistieron al discurso y luego lo reconstruyeron describieron la situación como «flipante» o «alucinante», pero no se atrevieron a decir nada.

En el momento, la reacción de los jugadores fue variada. Algunos intentaban mostrarse conmovidos. Pepe, Di María, Xabi Alonso y Granero parecían convencidos, vibraban. Granero aprobaba: «¡Qué listo es...!» También había escépticos. Indiferentes, como Adebayor, Carvalho, Lass y Khedira. Y había indignados, como Casillas, Ramos, Arbeloa, Higuaín y, sobre todo, Cristiano. Estos últimos creyeron que Mourinho estaba dispuesto a tirar la eliminatoria a la basura para justificar sus 15 minutos de locura en la conferencia del Bernabéu. Esperaba que el Barça, al verlos a todos metidos atrás, aceptase firmar el armisticio. Pero no le bastaba con eso. No le servía un mero acto de obediencia colectiva. Deseaba convencer a sus futbolistas de que lo mejor para todos era que se rindieran siguiendo sus instrucciones, porque de este modo nadie les rendiría cuentas. Al contrario, ante la afición quedarían libres de cualquier responsabilidad porque se presentarían como mártires y su sacrificio serviría para exponer al mundo la verdad sobre el Barcelona:

—¡Estos son los del juego bonito! Tenemos que luchar para

que se descubra a esta banda del juego bonito. Para que a nivel mundial se sepa que los niños guapos del mundo del fútbol juegan sucio, que es lo que hacen. Ahí están Alves, Busquets... ¿Cómo podemos demostrar que juegan sucio? Consiguiendo un marcador estrecho...

Doblado sobre sí mismo, Casillas se limitó a aferrarse a la banqueta con la mano izquierda, como si quisiera retorcerla. La mano derecha se la pasaba por la cara mientras meneaba la cabeza. Ni un solo jugador cuestionó al entrenador. Nadie abrió la boca para pedir explicaciones, como si no cupieran dudas, como si todo resultase obvio y razonable. Finalizado el capítulo táctico-político, Mourinho se volvió hacia Cristiano y le interpeló ante todos:

—¡Tú! ¡«Cris»! Ven aquí que te tengo que decir una cosa. Te lo digo a la cara: te quejas de que aquí jugamos defensivamente. ¿Pero sabes por qué jugamos así? Por tu culpa. Porque como tú no quieres defender, no quieres cerrar las bandas, tengo que meter al equipo atrás. Te enfadaste porque no te puse en Bilbao, porque tú, cuando sales, sales a lo tuyo. A lograr tus objetivos personales. Y quizás el culpable soy yo por permitírtelo. Pero tú estás a lo tuyo. Vas a los medios de comunicación y en vez de hacer lo que tienes que hacer nos criticas porque somos defensivos. ¿Sabes lo que tendrías que haber hecho? ¡Criticar al árbitro, pensar en mí, pensar en el equipo...!

Cristiano se revolvió, gesticuló, maldijo en un portugués cerrado, hizo un intento de cortar a Mourinho, pero no pudo.

—Yo a ti te tengo que querer porque tú eres hermano de mi hermano, y cuando uno es hermano de su hermano, entonces es hermano también. Pero el otro día, en vez de hacer lo que yo te dije, fuiste y criticaste mi táctica. ¡Me criticaste a mí! No tienes respeto por tus compañeros. Los estás viendo correr. ¡Estás viendo cómo están corriendo Pepe y Lass, y levantas las manos protestando porque no te llegan balones! ¡Podrías ser mejor compañero y, en vez de levantar las manos, salir a la rueda de prensa y hablar mal del árbitro! ¡Porque te he inventado un sistema para ti, para que estés cómodo, no corras y marques goles! ¡Jugamos así por tu culpa! Si te pongo a correr detrás de Alves lo dejas que se vaya solo... ¿Qué pasa? ¿Acaso crees que Di María es menos que tú?

Cristiano no se amilanó. Empezó a gritarle en portugués. Le preguntó qué diantres decía, le acusó de tergiversar, de mezclar sucesos sin conexión, de manipular la realidad a su conveniencia. El vocerío creció hasta confundir las posturas en un intercambio ruidoso. A Cristiano, sorprendido, lo cegaba la ira. Mourinho, más frío, articulaba con claridad:

—Tú ahora mismo no me quieres. Podrás hablar mal de mí. Pero yo a ti te quiero porque tú eres el hermano de mi hermano. Si tú no lo tienes claro yo sí lo tengo claro. Lo que me pide mi hermano yo lo hago. ¡Yo por ti lo he dado todo! ¡Ahora tú deberías hacer lo mismo por mí!

La asamblea se terminaba después de 40 minutos cuando Zidane, que había permanecido en un segundo plano, muy serio, fue invitado por el entrenador a decir lo que pensaba. El francés no se cuidó en contradecir lo que acababa de oír:

—Vosotros sois muy buenos jugadores y debéis intentar ganar al Barcelona. Somos el Real Madrid y el Real Madrid sale a ganar siempre.

El entrenador lanzó a Zidane una mirada cargada de indignación antes de abandonar el vestuario. Pasó un mes antes de que el francés volviera a pasar por Valdebebas. Allí mantuvo una prolongada discusión con el entrenador. En el vestuario creyeron que le llamó a capítulo por no reforzar su postura.

Cristiano se quedó en el vestuario maldiciendo en portugués. Había sido el único que se atrevió a responder a Mourinho durante los 40 minutos que tardó en dar la charla. «¡Cómo me ha vendido este hijo de puta!», le oían gritar.

Kaká fue el único que confesó no haber entendido a qué familiar se refería el entrenador constantemente. Para averiguarlo, se acercó a un corrillo.

—¿Quién es su hermano?

—El hermano es Jorge Mendes —le informó Higuaín.

Los jugadores no se podían creer lo que acababan de presenciar. «¡Vaya mierda!», repetían. Pensaban que aunque sus carreras durasen cien años más les costaría revivir un episodio la mitad de extraño. Al salir al campo se tantearon unos a otros. Verificaron con asombro, entre cuchicheos, que todos habían entendido lo mismo. Debían prepararse para perder. Luego estaba esa confesión abierta, sin escrúpulos, que el técnico había hecho de su contubernio con Jorge Mendes, su «hermano». Recordaron que se atrevió a decir que había modificado el modelo táctico para satisfacer a su «hermano» y representante. Pero ahora las necesidades le invitaban a cambiar las piezas en el tablero. «¡Nos ha entregado la cabeza de CR! —dijo alguien—. ¡Quiere hacer nuevos amigos!»

Cristiano salió al campo, cogió un balón y le dio una patada tan fuerte que lo mandó fuera del recinto. Luego se fue a la sala de fisioterapia y se hizo dar un masaje.

Casillas le confesó a un amigo dentro del club que nunca había sentido tanta vergüenza. No se podía quitar de la cabeza la imagen de su ex entrenador, Bernd Schuster, despedido en el invierno de 2008 por decir públicamente que no era posible ganar en el Camp Nou, en vísperas de un clásico.

Zidane se comunicó con Florentino Pérez el mismo domingo para referirle el contenido del cónclave. Dicen en el club que al presidente no le gustó lo que oyó. Los capitanes esperaron una llamada inmediata del presidente. Los más veteranos pensaron que Pérez desautorizaría al entrenador y le pediría que intentara por todos los medios pasar la eliminatoria. El equipo viajó a Barcelona el 2 de mayo sin recibir una contraorden y se alojó en el hotel Rey Juan Carlos I. Allí Mourinho insistió en que debían concentrarse en defender su portería. Nada de pensar en remontar.

El entrenador se entrevistó con el presidente en el hotel pero no hubo cambio de planes. No se sabe qué le dijo Florentino Pérez. Hasta que llegó la hora de salir hacia el estadio reinó la incertidumbre. Casillas esperó una llamada, una señal, un mensaje para forzar la situación. Ante la disyuntiva, Pérez tomó la decisión que caracterizó lo que le restaba de mandato: respaldar a Mourinho hasta las últimas consecuencias. El presidente había decidido identificar su proyecto con el portugués mucho antes de aquel viaje al Camp Nou. Cuando el equipo se montó al autobús rumbo al partido, la suerte estaba echada. Mourinho, suspendido por la UEFA, decidió quedarse en el hotel a ver el desenlace por televisión.

Durante mucho tiempo, los empleados del Madrid que participaron de aquella excursión recordaron emocionados la angustia de Casillas en el autobús que rodaba hacia el estadio. Sin entrenador. Con Aitor Karanka silente en el asiento delantero. El capitán llamó a sus compañeros a la parte posterior de la cabina para pedirles que intentaran ganar el partido. Les pidió que respetaran el esquema táctico pero, a partir de ahí, que se olvidaran de tomar tantas precauciones y se atrevieran a atacar al Barça sin inhibiciones, contraviniendo órdenes tajantes del entrenador con más poder que había tenido el club desde Muñoz:

—¡Vamos! ¡Hay que salir a ganar! Hay que respetar el esquema pero nuestra actitud tiene que ser la de ir a por la eliminatoria! —gritaba el portero—. ¡Se tiene que ver que vamos a por el partido! ¡Que se nos vea!

El capitán dijo a sus compañeros que a la prensa le podían contar lo que pedía el entrenador, pero que en el campo no debían rendirse. Que si se cerraban atrás quedarían como unos incompetentes ante el mundo. Apiñados alrededor suyo, todos estuvieron de acuerdo.

Apurado por el empuje inicial del Madrid, el Barcelona no consiguió darle su ritmo al partido. Pero a pesar de los esfuerzos de jugadores como Kaká, Higuaín, Cristiano, Di María o Marcelo, las aventuras particulares no consiguieron darle profundidad a las jugadas. La búsqueda de soluciones experimentales terminó por ofuscar al Madrid. A los dos equipos les falló el último pase y el partido acabó 1-1. Al Barcelona le esperaba el Manchester United en Wembley, y el título de campeón.

La UEFA no sancionó a Guardiola ni a ninguno de sus jugadores. Al contrario. Un directivo madridista consultó con Ángel María Villar, presidente de la Federación Española, sobre las posibilidades de que los recursos del Madrid prosperasen. Villar le dijo que lo mejor que podía hacer el Madrid era desmarcarse absolutamente de su entrenador. Le previno que la denuncia fue un error porque la UEFA había interpretado que lo que se planteaba en el fondo era la falta de limpieza de su competición más prestigiosa y su principal fuente de ingresos. Un ataque frontal contra la credibilidad de sus órganos. La misma estructura que había hecho posible que Mourinho se erigirse en una referencia del fútbol mundial, ahora era objeto de una denuncia del entrenador con el respaldo formal de su club.

8

Rebelión

De verdad que cobarde y nulidad se me podría llamar si es que voy a ceder ante ti en todo lo que digas.

Ilíada. Canto I

Cierto día de la temporada 2010-2011 el Madrid estaba concentrado en un hotel cuando unos seguidores le regalaron a Iker Casillas una foto en la que aparecía levantando la Copa del Mundo en Johannesburgo. Un compañero se acercó a mirar la imagen con admiración.

—¡Qué chulo...!

—¡Seis kilos y medio! ¡Pesa seis kilos y medio!

Casillas solía mencionar el peso cuando hablaba del trofeo de oro sólido que Silvio Gazzaniga había diseñado para la FIFA y que él había agitado en el cielo como capitán de España. Aunque algunas informaciones cifran el peso de la Copa en ocho kilos, el portero se debió de quedar con otra idea. Para él, eran seis kilos y medio. Cuando recordaba ese momento, sus compañeros le observaban entusiasmarse como solo pueden hacerlo los niños y los hombres excepcionalmente dichosos. Si había dos cosas de las que se sentía profundamente orgulloso eran el

Mundial de Sudáfrica y la Eurocopa de Austria y Suiza. Haber representado a una de las selecciones que mejor han jugado al fútbol en la historia le hacía sentirse plenamente satisfecho y agradecido a los compañeros que le ayudaron a conseguirlo. Especialmente Xavi Hernández, su compinche en las selecciones nacionales desde la adolescencia.

Casillas no fue convocado por José Mourinho para disputar el último partido de la temporada 2010-2011, el 21 de mayo, día del final de la Liga, contra el Almería en el Bernabéu. El entrenador, al parecer contento con su trabajo, le había concedido un descanso. No estaba en el vestuario cuando, después de que el árbitro pitara el descanso, sus compañeros se encontraron a Mourinho en su pose más retadora. Iban ganando 3-0, pero, antes de que regresaran al campo y se marcharan de vacaciones, les quiso despedir con un mensaje que algunos testigos reconstruyeron en términos crípticos y amenazantes:

—Vamos a hablar claro. Vosotros sois los primeros que lo sabéis.... Os voy a decir la verdad... Aparte de que hemos perdido la Liga porque se han rendido los [jugadores] titulares, el año ha sido una puta mierda. Un desastre. ¿Por qué? Por los titulares. Porque no habéis dado la cara. Entre nosotros no nos podemos engañar. Los titulares no han estado a la altura. Estoy seguro de que el año que viene, con nuevos refuerzos, vamos a ganarlo todo.

Cuenta un jugador que la sala transpiraba violencia física contenida. Algunos pensaron que la ausencia de Casillas animó al entrenador a decir cosas en un tono que, de haber estado el capitán, no se habría atrevido a usar. Cristiano daba taconazos de rabia contra el suelo, Sergio Ramos miraba al técnico con reprobación, Albiol resoplaba. Pero nadie abrió la boca para interrumpir al jefe. Mourinho cerró su discurso con un epílogo en el que se atribuía la salvación de la plantilla ante la opinión pública, por efecto de la distracción que había generado su política de denuncias sistemáticas a los árbitros, los programadores televisivos y la UEFA:

—Menos mal que gracias a mí hemos salido bien parados. Porque gracias a mí, la gente no se ha enterado...

Volvieron al campo tan excitados, o tan temerosos de perder sus puestos, que al Almería le cayeron cinco goles más. Total, 8-1 frente a un equipo descendido. Parte de la hinchada lo celebró como si el espectáculo de la humillación tuviese algún valor deportivo y el conjunto local, sintiéndose jaleado, se empleó con ganas. Pero la magnitud del resultado no despejó el sentimiento de chantaje con que todos se fueron de vacaciones. Muchos comenzaron a darse cuenta de que las coartadas que les había facilitado Mourinho eran tan tentadoras como costosas.

La temporada 2010-2011 se saldó con la Copa para el Madrid, y la Liga y la Champions para el Barcelona. Un balance modesto que el club sobrevaloró con un tesón inaudito. Antes del último partido, Karanka y Casillas ofrecieron sendas conferencias de prensa para emitir la conclusión que les había dictado Mourinho:

—Yo a esta temporada le doy un ocho sobre diez.

Si hubo un jugador que mereció calificarse con un ocho sobre diez fue Casillas. Pero el capitán nunca destacó por su capacidad para el márketing. Más bien introvertido, de sangre liviana, el hombre no poseía el don de la autopromoción. Al revés. Carecía de la aptitud específica. Cuanto más famoso se hacía más le incomodaban las actividades sociales. Le agradaba que lo tratasen como a un muchacho suburbial, de Móstoles, pero lo que más añoraba era el contacto con los aldeanos de Navalacruz, el pueblo de sus abuelos. En el pequeño reducto de la sierra abulense practicaba el aislamiento con la abnegación de quien creía que las rutinas de la vida parroquial le proporcionarían todo lo necesario. La ambición de poder, el impulso controlador que distinguió a otros grandes líderes del fútbol, le resultaba ajeno. Perezoso para las cuestiones burocráticas, rehuía las disputas hasta que no tenía más remedio. Era cachazudo.

En el verano de 2011 Casillas acababa de cumplir 30 años. Había debutado en el primer equipo en 1999 y se había destacado en la conquista de dos Champions siendo casi un juvenil. Tenía más experiencia que nadie entre sus compañeros, y, aunque Mourinho le resultaba un tipo insoportable, se sentía dispuesto a compartir la marcha con él siempre que el deber le impusiese su compañía. El portugués había pedido el Balón de Oro de 2010 para el portero y sabía que le debía su continuidad y su consolidación en el Madrid. Estaba convencido de que ni siquiera Florentino Pérez habría podido justificarle su respaldo sin la Copa del Rey. La Copa que le había brindado Casillas con algunas paradas inolvidables.

El preparador de porteros, Silvino Louro, se pasó un tiempo repitiendo que nunca en su vida había visto una parada como la que Casillas le hizo a Iniesta en la final de Mestalla. El volante del Barcelona llegó por el carril del «diez» y sacó un tiro fuerte al segundo palo, bien colocado, con una parábola que dificultaba la respuesta. Pero la reacción fue de una velocidad asombrosa. Las piernas empujaron como dos muelles y el cuerpo se estiró elástico hasta flotar en el aire y alcanzar la pelota para desviarla con la punta de los dedos a córner. Mourinho se quedó tan admirado que lo destacó ante Louro, Faria, Karanka y Chendo, sus compañeros de banquillo. Ellos le oyeron decir que si su etapa en Chamartín no acabó miserablemente en junio de 2011 fue por las paradas de Iker en Mestalla.

Después de un año insistiendo en que era urgente modernizar las estructuras del club, la destitución de Jorge Valdano, su inmediato superior en el organigrama, otorgó a Mourinho todas las palancas para remodelar la institución desde su punto neurálgico: la plantilla de jugadores. El técnico había soñado toda su vida con un escenario así. Contar con la complicidad de un club con influencia multinacional, que trabajara codo a codo con su representante, Jorge Mendes, respaldándole financieramente para trazar estrategias con libertad en el mercado global; con competencias para señalar las altas y las bajas, y decidir sobre subidas de salarios y renovaciones. La clase de parafernalia que le confería influencia en el mercado, prestigio ante los medios de comunicación y una imagen imponente a ojos de sus jugadores. Hasta entonces, ni Pinto da Costa, el presidente del Oporto, ni Roman Abramovich, el dueño del Chelsea, ni Massimo Moratti en el Inter le habían ofrecido tantos recursos. En el verano de 2011, después de 12 años de carrera como primer entrenador, Mourinho alcanzó la cúspide del poder.

Alarmados por el discurso de despedida del día del Almería, los jugadores rumiaron una oleada de fichajes intimidantes, capaces de discutir el puesto a los titulares. El vestuario jamás esperó una lista de altas como la que se anunció con el correr del verano: Varane, Altintop, Sahin, Callejón, Pedro Mendes y Coentrão. Mucho menos contaron con que el hombre más caro, el más solicitado por el mánager, fuera Coentrão, un lateral zurdo, para sustituir a Marcelo, el mejor lateral zurdo del planeta, cuya progresión parecía irrefrenable.

Fabio Coentrão había sido un extremo toda su vida, pero no obtuvo reconocimiento hasta que no se estableció como lateral en el Benfica. Jugador tenaz, atrevido y fuerte, destacaba menos por su habilidad que por su abnegación. El día que le faltaba entusiasmo sufría para elevarse por encima de la vulgaridad. Los aficionados de La Romareda le recordaban vagamente después de un accidentado tránsito por el Zaragoza, a donde el Benfica le mandó cedido en la temporada 2008-2009. Marcelino García Toral, su entrenador en aquella etapa, le tuvo que intentar reconducir después de algunas visitas de la policía a su casa, atendiendo denuncias de los vecinos por hacer ruido muy de madrugada.

—No se tomaba muy en serio el fútbol —dice Marcelino—. Tenía 20 años y vivía solo con unos amigos que no tenían muy buena pinta. Nunca entró en la dinámica de juego y quizá por eso se dejó ir. Con los años se transformó. Yo entonces no le vi condiciones de lateral. No era vago, y era obediente, pero era blandito, endeble en las disputas, de poco trabajo a nivel defensivo. Era un media puntita. Un extremito.

El Madrid pagó 30 millones de euros por Coentrão. El zurdo se convirtió en el quinto fichaje más caro del verano después de Falcao por el Atlético (47 millones), Agüero por el City (45), Pastore por el PSG (42) y Cesc por el Barça (34). Por debajo, en el ránking de los más costosos, se situaron Nasri por el City (28 millones), Alexis por el Barça (26), Mata por el Chelsea (26), Ibrahimovic por el Milan (24) y Cazorla por el Arsenal (23).

El Bayern estuvo a punto de contratar a Coentrão en 2010 por 15 millones de euros pero el Benfica no cerró la operación. El club lisboeta recibió una propuesta mejor. Jorge Mendes, según fuentes de Gestifute, le ofreció al Benfica esperar un año más y traspasarlo por el doble. El Benfica cobró solo el 50 % del traspaso. La otra mitad fue para el fondo de inversiones Benfica Stars, la bolsa de capital privado gestionada por el Banco Espirito Santo.

En un primer momento Mourinho aseguró que Coentrão no venía para jugar como lateral izquierdo, pero Marcelo sintió que le ficharon un competidor. Marcelo Vieira tenía 23 años. Era internacional con Brasil, jugaba en el Madrid desde la temporada 2006-2007 y gozaba del aprecio y el respeto de sus compañeros. Hay ciertos jugadores que poseen en los pies la sensibilidad que la mayoría de las personas tienen en las manos. Maradona pertenecía a esa categoría. En el Madrid el único futbolista con condiciones de malabarista era Marcelo. Rápido, desequilibrante, valiente, con los años había aprendido a estar atento a las cuestiones defensivas. Era un futbolista maravilloso. Tanto Mourinho como Mendes lo advirtieron pronto.

Marcelo trabó amistad con Pepe y Cristiano. Los tres pasaban todos los días juntos. Hasta que comenzaron a sugerirle que también pusiera sus negocios en manos de Mendes. El brasileño se hizo el distraído hasta que un día, a comienzos de 2011, durante una comida, en presencia del propio Mendes, le plantearon la cuestión directamente: «¿Vas a firmar con Jorge?» Marcelo les explicó que su representante de toda la vida era como un familiar para él y que no lo dejaría. Entonces, según el lateral, comenzó a observar movimientos raros. Pepe se distanció. En una ocasión, Mourinho le criticó en una conferencia de prensa, sin mencionarle, diciendo que prefería los laterales como Arbeloa porque jamás le sorprendían con imprudencias. Por fin, leyó que Cristiano decía en una entrevista que sería feliz si el Madrid fichaba a Coentrão.

Para los españoles, la influencia de Mendes se hizo opresiva. El agente intervenía en casi todas las operaciones que realizaba el Madrid, bien directa o indirectamente, prestando él mismo todos los servicios de intermediación o compartiendo trabajo con otros representantes. Uno de sus socios más frecuentes fue Reza Fazeli. Director de la empresa ISM, con base en Dusseldorf, Fazeli tenía en su cartera a Altintop, Sahin y Özil. Según fuentes de Gestifute, Fazeli intentó convencer a Özil de que lo mejor para él era que se dejara asesorar por Mendes, pasándose a su nómina. Persuadido de que en Gestifute hay jerarquías muy definidas, y sospechando que, por ejemplo, le atenderían con menos celo que a Cristiano, el alemán dio un paso que muy pocos futbolistas se atreven a dar: le dijo a Fazeli que lo dejaba. Que él era Mesut Özil y que no necesitaba que ningún agente profesional le hiciera publicidad. Desde entonces, a Özil lo representa Mustafá, su padre.

Impredecible respecto a las altas, Mourinho fue despiadado con los futbolistas que no le interesaban. En la lista de descartes inscribió a Drenthe, Gago, Canales y Pedro León. Primero, los citó uno a uno con el director general corporativo, José Ángel Sánchez, para decirles que el club se encargaría de buscarles los destinos que conviniesen a los intereses de la institución. Cuando mencionó clubes alemanes, italianos y turcos, los jugadores creyeron que actuaría con Mendes, cuyas relaciones con Alemania y Turquía eran célebres. Los jugadores se negaron y los dejó fuera de la convocatoria de la pretemporada. Fuera de la plantilla y confinados a trabajar en Valdebebas mientras el Madrid se concentraba en California. Para algunos intérpretes de la legislación laboral del deporte, la separación del futbolista del grueso del equipo equivale a la expulsión de un empleado corriente del lugar de trabajo. Fue la primera vez en la historia del Madrid que un entrenador separaba del equipo a jugadores con los que no contaba sin que mediasen razones disciplinarias.

Lass Diarra constituyó un caso aparte. Sus compañeros le apodaban «Antisistema». El hombre armonizaba el indomable espíritu africano de sus ancestros con la rebeldía republicana predicada en la escuela pública francesa. Mourinho le quería llevar a Los Ángeles porque le apreciaba como jugador. Pero Lass le dijo que no. Que no quería jugar más a sus órdenes. Que se lo había advertido hacía meses y esperaba que le permitiera salir traspasado. Como Mourinho insistió en que se uniera al equipo y no dejaba de llamarle, Lass le despachó con una cadena de descalificaciones, apagó su móvil, ordenó a su agente que hiciera lo propio, y desapareció unos días, presumiblemente en París.

A Lass le encantaba el fútbol. No se sabe qué hizo durante sus días de apagón. Lo único que confesó a sus colegas fue que durmió muy poco. Trasnochó para ver en directo todos los partidos de la Copa América, que se disputaba en Argentina. Permaneció ilocalizable hasta cierto día en que se presentó en Valdebebas. En plena canícula. Se encontró con una ciudad deportiva desierta, habitada solo por algunos empleados de mantenimiento y por Pedro León y Drenthe que correteaban por los campos sin balón. Las pelotas, le dijeron, estaban bajo llave por orden de Mourinho.

Mourinho era el primero en saber que no hay cosa que fastidie más a un futbolista que le impidan tocar la pelota, porque en su programa de entrenamientos no existía ningún ejercicio sin balón. La medida crispó a Lass de tal modo que llamó al club y amenazó a los operarios de Valdebebas tan seriamente que los hombres no supieron resistirse y le dieron los balones. La cosa fue tan notable que la Asociación de Deportistas de España envió una inspección de trabajo y abrió un expediente de investigación por un presunto acoso laboral.

Si los que se quedaron lo pasaron mal, los que se fueron no estuvieron mucho mejor. La pretemporada del Madrid en los campos de la UCLA transcurrió entre sobresaltos. Los empleados de apoyo que acompañaron al equipo aseguraron que el ambiente era «irrespirable». A Mourinho le obsesionaba la idea de comenzar la temporada derrotando al Barcelona en la Supercopa y concentró a la plantilla una semana antes de que el equipo de Guardiola regresara de las vacaciones. Estaba convencido de que si conquistaban la Supercopa podría reanudar el discurso de protesta que interrumpió en las semifinales de la Liga de Campeones. El mánager puso la primera piedra de la mentalización anunciando a los jugadores que venciendo al Barcelona podrían demostrar al mundo que todo lo que él había dicho sobre la confabulación de la UEFA y los árbitros para destruir al Madrid era cierto; y que si eran capaces de superar al mejor equipo de Europa, pondrían de manifiesto que ellos, y no el equipo de Guardiola, debieron ganar con justicia la Champions en Wembley.

El técnico vivía en un frenesí. No le gustaban los campos de la UCLA. Decía que el color de la hierba era anormal y mandó cambiarla por completo. Al Madrid, la operación le costó muchos miles de dólares. La comida tampoco le agradó. En la pretemporada anterior ya había paladeado cada plato con un profundísimo sentido crítico antes de despedir a los cocineros. Se comportaba como un *gourmet*. A los futbolistas la comida les parecía buenísima, pero Mourinho lo encontraba todo mal hecho y sugería modificaciones en los puntos de cocción.

Fijó su atención en los fogones, en la hierba, en la política de agitación y propaganda, y luego en la capitanía. Empezó a considerar seriamente quitarle la capitanía a Casillas para dársela a un jugador de campo. La medida iba contra la tradición del club, que instituía el brazalete al más veterano. Entre sus ayudantes, el técnico argumentó el cambio en razones deportivas, porque, según él, los porteros no podían actuar en determinadas situaciones, en especial para comunicarse con los atacantes o quejarse al árbitro. Para el puesto de primer capitán pensó en Ramos, en Cristiano, y, sobre todo, en Pepe. El preferido del presidente, Florentino Pérez, era Ramos. Cristiano, la figura, recibió la sugerencia con desdén y denegó la oferta. Pepe era el favorito del entrenador por su docilidad. Ni Casillas ni Ramos se mostraban dúctiles a las indicaciones del mánager; y el mánager quería un vicario con mando delegado. Alguien completamente leal que no le cuestionara jamás. A ser posible, alguien que no fuese internacional español. Desde su llegada al Madrid, explicó a sus ayudantes que no se fiaba de los futbolistas que acababan de conquistar el Mundial porque los encontraba faltos de ambición, sin la tensión necesaria. El revuelo de la capitanía no se concretó en nada más que en un creciente clima de desconfianza entre Casillas y el entrenador, que comenzó a tratar con indiferencia al portero para despachar con Xabi, Pepe y Ramos.

El periodista Santiago Segurola, cronista de *El País* durante el Mundial de 1998, acuñó el neologismo «trivote» para definir el concepto que Cesare Maldini había introducido en el centro del campo de Italia. Dino Baggio, Di Biagio y Pesotto constituían el «trivote». La única novedad respecto al doble pivote tradicional, que en España inauguraron Mauri y Maguregui en los años cincuenta, consistía en la suma de un tercer centrocampista defensivo. El resultado era una mezcla rígida que mermaba la creatividad del medio campo, orillaba a los medias puntas y estrechaba las formaciones con un único fin: cerrarse atrás y jugar a la contra. El término hizo fortuna en España. Los jugadores del Madrid lo utilizaron a diario para describir lo que Mourinho había puesto en práctica en abril contra el Barcelona. En el verano de 2011, cuando explicaban las tácticas que el mánager preparaba en la UCLA con fruición creciente, se referían al «trivote». La nueva versión calentaba motores con Khedira, Alonso y Coentrão.

Mourinho ansiaba tanto tener un centrocampista especializado en la contención, atlético, resistente y elástico, que no dejaba de pensar en el lejano Lass. Aun sabiendo que el francés le repudiaba, no paraba de mandarle mensajes telefónicos escritos solicitándole que se quedara en el Madrid. El jugador cogía el móvil y le devolvía los mensajes delante de sus amigos, uno de los cuales leyó el intercambio y lo refirió en estos términos:

—Sal de mi vida y déjame en paz...

—Que sepas que no te voy a vender por menos de 20 millones de euros. Reincorpórate a la pretemporada y jugarás.

—A la pretemporada va a ir tu madre...

—Te voy a mandar con el Castilla...

—Vale, pues cobro los 9 millones que me deben y espero en el Castilla a quedarme libre...

—Tú no vas a aguantar con el Castilla. A los tres meses volverás conmigo a competir.

—¿Que no voy a aguantar? Te olvidas de que en el Chelsea me quedé sin jugar hasta que me tuviste que traspasar al Arsenal. ¡Y tenía 20 años! ¡Imagínate lo que soy capaz de hacer ahora con 26!

El malhumor del mánager se trasladó a los entrenamientos y a las charlas de adoctrinamiento. Entre sus ayudantes insistía en que a la plantilla le faltaban cualidades. Ante los jugadores se mostraba agobiado, más imperativo, inflexible en sus postulados. La idea de que lo único importante en el fútbol era ganar, y que para esto debían tomarse las mayores precauciones defensivas, con menos concesiones que nunca a la licencia y al toque, formaba la médula de sus sermones. Si en el verano de 2010 ensayó sobre la base de un esquema de 4-2-3-1, en 2011 predominó el 4-3-2-1. Para instruir a sus hombres en la nueva fórmula, Mourinho forzó a los extremos naturales, como a Di María y Coentrão, a jugar como centrocampistas defensivos, escoltando a Xabi y a Khedira. Durante los amistosos confeccionó «trivotes» y «pivotes» de todo tipo: Khedira, Alonso y Coentrão; Coentrão, Alonso y Pepe; Alonso y Coentrão; Khedira y Coentrão, y Granero y Coentrão.

Los desvelos de Mourinho por alinear a Coentrão en cualquier posición, menos en el lateral izquierdo, traslucían ante los jugadores su vivo deseo de justificar un fichaje sobre el que pesaban muchas dudas. Que durante la concentración solo se mostrase afectuoso con Pepe, Di María y Coentrão no ayudó a disipar las suspicacias. La mayoría de la plantilla consideraba que su favoritismo hacia estos chicos no se sostenía en razones futbolísticas sino en su apego por Jorge Mendes. La incompatibilidad ética de sus tratos con el representante no era lo único que angustiaba a los jugadores. En sus conversaciones de vestuario, los muchachos comenzaron a criticar los conocimientos técnicos del mánager sin inhibiciones.

La ida de la Supercopa se disputó en el Bernabéu el 14 de agosto de 2011. Considerando la falta de preparación de ambos equipos, fue un partido grandioso. La alineación de Guardiola presentó ausencias notables. El Barça se formó con Valdés; Alves, Mascherano, Abidal, Adriano; Thiago, Keita, Iniesta; Alexis, Messi y Villa. El Madrid, que llevaba una semana más de pretemporada, salió con lo mejor que encontró su entrenador: Casillas; Ramos, Pepe, Carvalho, Marcelo; Di María, Khedira, Alonso; Benzema, Özil y Cristiano.

Una jugada espléndida de Benzema y Özil dio la ventaja al Madrid (1-0) después de un arranque incontenible. El discurso que Mourinho había mantenido en abril se mantuvo casi intacto en agosto. Insistió en la palabra «duro» para describir cómo quería que entraran al balón, tranquilizó a los jugadores diciendo que los árbitros en España no se atreverían a expulsar a los futbolistas del Madrid, y mandó presionar en bloque alto los saques de banda y de portería; pero advirtió que si el Barça daba más de tres toques había que replegarse con urgencia. Como al Barça le costó conectar más de dos pases seguidos, Xabi y Khedira adelantaron las líneas 20 metros y los atacantes se enchufaron. En la banda, Mourinho aprobó esta maniobra con su silencio. Antes del partido, había pedido a sus futbolistas que robaran donde robaran la pelota, intentaran acabar la jugada lo más rápidamente posible. La orden precipitó el juego del Madrid. Nunca un toque de cara, nunca un pase lateral. Ante la más mínima vacilación, las jugadas de ataque se canalizaron a la banda y acabaron en centros. El vértigo se interrumpió con el 1-0. Atento a especular con la ventaja, Mourinho ordenó el repliegue y el Madrid pasó de atacar desordenadamente a esperar atrás. Bastó eso para que el Barcelona, que había dado muestras de aturdimiento, comenzara a encontrar espacios. Los goles de Villa y Messi fueron la consecuencia. Solo un remate de Xabi desde fuera del área, transcurrida una hora, emparejó el partido (2-2). La reacción de Mourinho fue inmediata. Cambió a Di María por Coentrão para formar aquello que tanto había entrenado en Los Ángeles: un «trivote». La medida, si acaso, sirvió para blindar la portería de Casillas. El Madrid ya no tuvo el control del partido.

Cada minuto que Coentrão jugaba en el centro del campo revelaba más sus carencias. Como extremo derecho, si no recibía el balón, perdía el sitio; no conseguía desmarcarse ni era capaz de tirar diagonales. Como interior, en el «trivote», encontraba grandes dificultades para perfilarse y recibir la pelota, o sencillamente procuraba esconderse cada vez que su equipo salía jugando. En el medio campo los centrales nunca le encontraban fácilmente para darle el pase. El cuerpo le pedía ser extremo izquierdo. Como marcador era voluntarioso, pero lo que más le gustaba era desbordar, centrar o llegar. Tenía despliegue y un buen cambio de ritmo. Distaba mucho, sin embargo, de poder sustituir a Cristiano sin que se notara una diferencia abismal.

La vuelta, el 17 de agosto, fue probablemente el clásico más dramático de todos esos años. En su afán por poner a Coentrão en la alineación, y persuadido de que carecía de solvencia en otras demarcaciones, Mourinho hizo exactamente aquello que había intentado evitar a lo largo de los siete partidos amistosos de la pretemporada: situarlo en el lateral izquierdo. El único puesto en el que podía rendir con cierto nivel. El puesto de Marcelo, que fue al banquillo humillado y se pasó la primera parte haciendo comentarios cáusticos sobre el mánager. Un suplente que asistió a los acontecimientos desde el banquillo resumió el sentir de una parte cada vez más importante del vestuario con la siguiente observación mientras pensaba en la titularidad de Pepe, Carvalho, Coentrão, Di María y Cristiano:

—Salieron cinco jugadores de Jorge Mendes al campo. ¡Este lo que quiere es hacer un «once» con jugadores de Mendes!

En la segunda parte, Mourinho reorganizó al equipo para establecer el «trivote». Hizo entrar a Marcelo al lateral izquierdo y trasladó a Coentrão al medio campo. El gol definitivo, el 3-2 que le dio la victoria al Barça, se originó con una maniobra de Messi a través de la zona que debía vigilar el portugués. Messi arrancó en el carril del «ocho», trazó la diagonal, se apoyó en Adriano y remató. Los jugadores culparon a Coentrão: primero, por haberse demorado en encimar a Messi; segundo, por no haber cortado la línea de pase de Adriano.

Un instante antes del final, Marcelo, todavía exasperado por su suplencia, le dio una patada a Cesc frente a los banquillos. Hubo una protesta generalizada: los madridistas reclamaron un castigo contra la presunta deshonestidad de Cesc, y los culés pidieron justicia contra la violencia de Marcelo. En medio del barullo de suplentes, empleados y técnicos de ambos equipos, Mourinho se deslizó hacia la zona técnica del Barcelona. Lo siguió su guardaespaldas, un joven calvo y corpulento embutido en una camiseta blanca, que nunca se separaba de él durante los partidos y los traslados. Al ver a Tito Vilanova, el ayudante de campo de Guardiola, de espaldas, el mánager madridista le asaltó por detrás y le metió el dedo índice en el ojo antes de volver rápidamente sobre sus pasos. Cuando Vilanova se giró solo alcanzó a estirar el brazo para darle una colleja. Se le interpuso el guardaespaldas, impidiéndole avanzar. Al día siguiente, el gabinete jurídico del Madrid envió vídeos al Comité de Competición en un intento por demostrar que los ocupantes del banquillo del Barcelona habían provocado a los del Madrid. En las imágenes de televisión es difícil distinguir algo inusual. El juez único, Alfredo Flórez, habitual ocupante del palco del Bernabéu, falló sancionando con dos partidos a Mourinho y uno a Vilanova. Para Guardiola, supuso la evidencia de que el Madrid se había colocado en una posición preeminente en los órganos que regulaban el fútbol español y comenzó a protestar veladamente en sus intervenciones.

Mourinho pidió a sus futbolistas que si el Barça ganaba la Supercopa no se quedaran en el campo a presenciar la entrega del trofeo y se retiraran discretamente al vestuario. Quizá sugestionado por la histeria colectiva, Casillas se dejó llevar por un arrebato contra Cesc por lo que consideró una simulación. Xavi no pudo persuadirlo de que se equivocaba y ambos capitanes discutieron antes de separarse. Sin felicitaciones. El momento marcó un punto de inflexión. Cuando Casillas repasó las imágenes, al llegar a su casa, no solo descubrió que Cesc había sido duramente golpeado por Marcelo. Sospechó que había traspasado el límite del ridículo y estaba comprometiendo su prestigio en una cruzada que no era ni la suya ni la del club que representaba. Una guerra pueril que había resquebrajado la unión de la selección española. Esos lazos de complicidad, esas emociones compartidas, esas amistades, que había fraguado con tanto esfuerzo. Sintió que su propia identidad como futbolista y como persona corría el riesgo de emborronarse sin remedio si no actuaba de inmediato.

Casillas resolvió llamar a Xavi y a Puyol para disculparse por lo sucedido en los últimos meses. Les pidió perdón, reconoció que se había equivocado, y lo hizo público para que toda la afición conociera su postura. Fue un acto meditado de una grandeza sin precedentes. Hacía falta valor. ¿Cuántas veces un gigante del fútbol había pedido perdón ante el mundo? La iniciativa pilló desprevenidos tanto a Mourinho como a Florentino Pérez. El mánager lo interpretó como una traición al equipo y un imperdonable desafío a sus principios. Si hasta entonces el capitán y el entrenador no habían mantenido un diálogo fluido, a partir de ese momento la relación pasó a ser una larga escaramuza.

La reacción de Pérez fue ambigua, como siempre que debió gestionar una crisis con Mourinho de por medio. El presidente decía a sus amigos que Mourinho siempre hacía lo contrario de aquello que se le pedía, y que, por eso, había que tratarle con extrema sutileza. Respecto al dedo en el ojo de Vilanova, le dijo al mánager que hiciera lo que quisiera pero que le recomendaba un acto de contrición pública. La respuesta de Mourinho, una semana después de los hechos, más que una disculpa, resultó una bravata emitida por escrito con el membrete del Madrid. El comunicado, de tintes mesiánicos, incluyó un nuevo término: «pseudomadridistas». De esta manera, el mánager se posicionó como gran inquisidor del madridismo y señaló a quienes, confesándose madridistas, le criticaban:

«Tengo un presidente fantástico, con una gran inteligencia, y al que además me une una gran amistad. Y tengo también un director general que trabaja para el club 24 horas al día, por lo que siento que mi motivación es enorme y mi madridismo mucho más grande que el de algunos pseudomadridistas.

»Quiero dirigirme al madridismo para disculparme ante él, y solo ante el madridismo, por mi actitud en el último partido. Algunos están más adaptados que yo a la hipocresía del fútbol, lo hacen con la cara escondida, con la boca tapada y en lo más profundo de los túneles.

»Yo no aprendo a ser hipócrita. Ni aprendo ni quiero.

»Un abrazo a todos y nos vemos mañana en el Santiago Bernabéu.»

El Madrid recibió al Galatasaray para disputar el Trofeo Bernabéu el 24 de agosto. Más que exhibición de fútbol, el amistoso fue una demostración de poderío del mánager. El estadio se cubrió de carteles en su apoyo. En el anillo de la grada superior del lateral de Castellana, exactamente frente al palco, alguien colgó una significativa pancarta. «Mou, tu dedo nos señala el camino», rezaba. La firmaba la peña La Clásica, media unos treinta metros de largo y su factura era industrial. El club no creyó necesario descolgarla.

En el minuto 84, Mourinho hizo un cambio llamativo: quitó a Marcelo para poner a Pedro Mendes. Este joven central diestro, sub-21 con Portugal, había llegado libre procedente del Servette suizo para militar en el Castilla. Su agente era Mendes y el tratamiento que le dispensó el mánager fue de gran consideración. Inmediatamente le invitó a entrenar con el primer equipo. Luego le hizo debutar en el Trofeo Bernabéu y, finalmente, le inscribió en la lista para la Liga de Campeones. Todo un despliegue publicitario para un futbolista desconocido cuyas cualidades no destacaban en relación a otros canteranos. Sus compañeros del Castilla no tardaron en ponerle un mote: «El Enchufado.»

En el banquillo se sentó Casillas. El portero no disputó ni un solo minuto en un encuentro de exhibición en el que participaron todos sus compañeros. Sabía que le estaban castigando. Dentro del vestuario se mostró tranquilo y decidido a emprender una larga travesía. Les dijo a sus compañeros más cercanos que ya no soportaba la situación. Que nunca había creído en las prácticas extradeportivas del entrenador y aun así, por cumplir con una política del club, había hecho lo posible por llevarlas a cabo. Con el tiempo, confesó, había comprendido que ese era un papel que no le correspondía. Se sintió como un impostor. Mourinho, dijo, además de ser una mala persona, había generado una división intolerable dentro de la plantilla al crear un grupo de protegidos vinculados a Jorge Mendes. Añadió que sabía que el mánager se había escandalizado porque había intentado restituir la concordia con el Barcelona llamando a Puyol y a Xavi, pero que no habían cruzado ni una palabra sobre eso. Para terminar de argumentar la inconveniencia de continuar reproduciendo sistemáticamente lo que Mourinho denominaba «estrategia de comunicación», se mostró tan concluyente como un Camacho:

—¡No me sale de los cojones hacerlo!

Cuentan en Valdebebas que fue Casillas quien buscó a Mourinho para aclarar su postura. Le dijo que tenían que asumir que no se soportaban, que el sentimiento de rechazo era mutuo, y que no había por qué fingir. El capitán le aclaró al entrenador que dentro del campo lo daría todo, pero que fuera no quería mantener con él ninguna complicidad más allá de la imprescindible.

Mourinho no pudo evitar expresar su turbación en su charla de adoctrinamiento previa al primer partido de la temporada, en La Romareda. Profundamente frustrado, el entrenador elevó la unidad del grupo a la categoría de valor supremo. Dijo que debían ir todos en la misma dirección y lanzó un mensaje subliminal contra Casillas y quienes se mostraban díscolos, acusándolos de erosionar los intereses generales. Cuando hubo terminado, el capitán lo llevó aparte y le preguntó que qué significaba exactamente eso de ir todos en la misma dirección, y si acaso no consistía en trabajar por los intereses particulares de Mourinho. Porque una cosa, le apuntó, era lo que interesaba al Real Madrid y otra lo que le interesaba a su mánager. También le advirtió que no utilizara lo que hablaban en privado para desacreditarlo luego ante sus compañeros, presentándolo como una amenaza, porque él por sus compañeros sí iba a responder. Por quien no respondería más era por él, por Mourinho, ni por sus intereses.

El contraste que exhibía Mourinho entre su devoción por proporcionar seguridad a Di María y su desdén por Özil y Kaká, así como la dedicación que le brindó a Coentrão frente a su indiferencia hacia Marcelo, o su inclinación por ensalzar a Pepe y criticar a Ramos, fue dando forma a un sentimiento de discriminación invencible en una parte importante de la plantilla. Lo malo no era que el entrenador eligiera a unos sobre otros. Lo malo era que no parecía haber manera futbolística de revertir el statu quo. Los jugadores que respaldaba Mourinho sin fisuras gozaban de la representación de Mendes, eran vecinos de La Finca, convivían a diario, comían juntos. Formaban un núcleo sólido. A diferencia del resto, tenían fácil acceso a la información del entrenador. Conocían sus estrategias directamente o a través de Mendes. Cuando no jugaban les comunicaban las causas y los confortaban. A Marcelo nadie le explicó su papel en el plan general y mucho menos le animaron cuando le mandaron al banquillo. No fue el caso de Coentrão, a quien el mánager retiró de las convocatorias, o de las alineaciones, durante seis jornadas de Liga alegando problemas físicos inexistentes, según los empleados de Valdebebas. Mourinho lo apartó con el pretexto de protegerlo de la prensa y de las suspicacias de sus propios compañeros y, al mismo tiempo, le prometió que jugaría los partidos importantes cuando la temporada llegara a su culminación. Podía estar tranquilo.

En derecho penal, rebelarse es delinquir contra el orden público. En un vestuario de fútbol, una rebelión es un intento por forzar un cambio de costumbres o de reglas no escritas. Hay entrenadores que escuchan a los jugadores y evitan estos conflictos alcanzando puntos de coincidencia. Durante su primer año en el Madrid, Mourinho no escuchó. Habló tanto y tan claramente, y acumuló tanto poder, que sus jugadores temieron interrumpirle, con la esperanza de que, a cambio de silencio y obediencia, el líder les proporcionaría la seguridad que les prometía. Cuando comenzaron a sospechar que no tendrían seguridad, y que la obediencia y el silencio de todos repercutía en más arbitrariedad y más potestades para el jefe, las tuercas de la máquina comenzaron a aflojarse. La rebelión comenzó en septiembre de 2011. Casi un año antes de que el Madrid ganara la Liga. Para algunos empleados del club, y para muchos jugadores, si la plantilla no hubiese alzado su voz, si no hubiera planteado exigencias, si no hubiera intentado limitar la actuación autocrática del mánager, conquistar el campeonato habría sido imposible. La virtud de Mourinho fue saber escuchar y ceder. Eso también hicieron muchos otros entrenadores de éxito. Al menos durante unos meses, Mourinho no hizo todo lo que hubiera deseado. Igualmente, el equipo compitió a gran nivel.

Una chispa hizo estallar la insumisión. Fue el 18 de septiembre de 2011, en el campo del Levante, recinto que siempre puso a prueba los nervios de Mourinho y sus jugadores. Di María se hallaba en el suelo exagerando las consecuencias de una carantoña y Ballesteros se había inclinado sobre el argentino para decirle algo cuando Khedira se le abalanzó empujándole aparatosamente frente al juez de línea. Ballesteros cayó como un saco de piedras y Khedira fue expulsado con roja directa. El Madrid perdió (1-0) y, al cabo del partido, en la conferencia de prensa, Mourinho responsabilizó al alemán de la derrota.

Considerado por sus compañeros como un hombre de la cuerda del entrenador, Sami Khedira sabía distinguir muy bien entre la lealtad profesional y la conchabanza. Era un tipo serio. Allí donde la mayoría se sentía obligada a reírse del chiste ocasional del capataz, el alemán permanecía inmutable. No hacía concesiones innecesarias pero era inevitablemente obediente. Hasta esos meses, su carácter insondable no había permitido entrever un asomo de inseguridad. En aquel viaje a Valencia, sin embargo, arrastraba una inquietud que le perseguía desde la pretemporada, cuando observó que el entrenador había jugueteado con la idea de poner a Coentrão en su puesto.

Antes del partido, y en previsión de la brusquedad que desplegaría el Levante, Mourinho mandó a sus jugadores a protestar coordinadamente al árbitro para que mostrara tarjetas a los rivales. Les insistió en que pidieran la sanción. También les mandó a «defender al compañero» agredido. ¿Qué significaba «defender» cuando el balón no estaba en juego? Cada uno lo interpretó a su modo. Khedira cumplió con celo. Al ver que Di María era objeto de algún tipo de intimidación por parte de Ballesteros, fue a defenderlo.

La reacción de Mourinho tomó por sorpresa a la plantilla. El mánager se había pasado un año presentándose a sí mismo como al paladín de la custodia de sus jugadores. Les había asegurado que él se expondría a la presión pública con el fin de preservarlos de la crítica externa, pasara lo que pasara, y, de pronto, tras una derrota, lejos de asumir su parte de culpa lo que hacía era señalar públicamente a uno de sus hombres más fieles. La sensación de peligro, de desamparo, se hizo patente en el curso de los días que siguieron. El equipo se descompensó. Ramos pidió explicaciones al mánager y, en la siguiente jornada, tres días después del viaje a levante, el 21 de septiembre en El Sardinero, fue retirado de la titularidad por decisión técnica. El Madrid empató a cero contra el Racing.

Toño, el portero del Racing, no hizo ni una parada en toda la noche. El partido, el más desalmado de aquellos años, puso al Madrid a un punto por debajo del Barcelona e inspiró en Mourinho tal grado de ansiedad que al acabar se presentó ante sus jugadores con gesto abatido. Según dos testigos, el mánager imploró una respuesta, como si ignorase por completo la situación:

—¿Qué os pasa?

—¿Qué te pasa a ti? —le respondieron—. ¿Por qué a algunos de nosotros no nos hablas...? ¿Por qué muchos de nosotros no existimos para ti...? ¿Por qué los errores de unos son imperdonables y los errores de otros se pasan por alto...? ¡Aquí queremos participar todos...!

Acostumbrado durante un año a monologar, el mánager se quedó perplejo ante el hecho de que sus subordinados le respondieran. Como si las voces ajenas le desconcertaran, se mostró abierto a escuchar. Vacilante, por primera vez, ante la oposición airada que encontró. Casillas, Ramos, Arbeloa e Higuaín fueron los más vehementes. Le enfrentaron para desplegarle la larga hoja de reclamos que compartían con la mayoría de sus compañeros. La interrupción del favoritismo con que trataba al grupo de futbolistas relacionados directa o indirectamente con su representante ocupaba un lugar destacado de la lista. También le pidieron que no insistiera en señalar los errores de los jugadores en público, como había hecho con Khedira en Valencia. Ante esta amonestación, el jefe interpelado se revolvió con una explicación de corte científico.

—Eso es un recurso psicológico. Lo hago para que rindáis más.

Al calor de la discusión le dijeron que nunca más denunciarían a los árbitros de forma sistemática; y le recordaron que jamás les volviera a pedir que no lucharan por remontar una eliminatoria, como había hecho en su charla del 1 de mayo, antes de la vuelta de la semifinal de la Champions que habían perdido contra el Barça. Los jugadores proclamaron que saldrían a ganar todos los partidos, sin pensar nunca más en culpar a los árbitros ni en armar estrategias de comunicación sobre el terreno de juego.

—No vamos a salir a jugar un partido para preparar una rueda de prensa donde tú te quejes de los árbitros —le dijeron.

Florentino Pérez se alarmó tanto ante lo que vio en el campo que bajó al vestuario a intentar averiguar lo que pasaba. Eventualmente, el presidente respaldó a Ramos, pero le animó, en aras de una salida diplomática, a que ocupara el lugar que hasta entonces había desempeñado Casillas como primer interlocutor entre la plantilla y el mánager. Ramos le prometió a Mourinho una entrega total si él le demostraba su confianza. Le aseguró que él era capaz de ordenarle al equipo desde el eje de la defensa, en donde podría resultar influyente. Desde entonces, Ramos solo volvió al lateral para salvar urgencias.

Una barbacoa puso fin a las desavenencias e inauguró una nueva etapa. Todos brindaron y se hicieron fotos prometiéndose paz y unidad de propósito. Sin embargo, algo no acababa de cerrar, algo chirriaba. Lo revelaba el semblante apagado del entrenador sentado a la mesa, frente a los despojos de cerdos y vacas.

Dotado de un fino sentido de supervivencia, Mourinho se dio cuenta de que solo podría salvar su reputación si era capaz de ganar tiempo. Los jugadores sospecharon que su rendición era fingida y que solo obedecía a un estado de necesidad. «Cuando salga de la crisis nos cortará la cabeza», rumiaba uno. Las concesiones, las componendas que hizo hasta diciembre, conformaron una estrategia a medio plazo para reservar a «los suyos», como llamaban a los hombres de Mendes, hasta los partidos decisivos. El mánager apostó por delegar y ceder. Fue la salida airosa a una situación que amenazaba con destrozar su fama, precisamente, tres meses después de haber alcanzado el poder absoluto. Faltaban ocho meses para el final de la temporada y era preciso aguantar si quería ganar la Liga.

Necesitaba sumar voluntades y así lo hizo. Sin embargo, según sus colaboradores, muy pronto fue consciente de que estas medidas ya nunca colmarían su ambición de fundar un imperio propio. Su aventura española tenía límites cada vez más visibles. Había convertido la Supercopa en el campo de la batalla final para proclamar el triunfo de su propaganda y establecer a Coentrão como símbolo de su infalibilidad. El resultado fue un fiasco. Los medios de comunicación no solo no le daban tratamiento de mito viviente por unanimidad —extremo que consideró factible—, sino que hasta le descubrieron sus carencias. El fichaje de Coentrão se presentó como un error incomprensible, y el vestuario le estalló entre las manos poniendo en cuestión ante la opinión pública su capacidad de liderazgo y su mística de carismático.

En esas semanas de septiembre de 2011 Mourinho comenzó a convencerse a sí mismo de que lo mejor para él sería buscarse otro club porque ya no podría fichar a quien quisiera sin ser objeto de una constante fiscalización social. Así se lo comunicó a Jorge Mendes, que puso rumbo a Londres en busca de ofertas y un futuro mejor.

9

Triunfo

¿Cómo puede la habilidad para mandar depender de la habilidad para obedecer? Del mismo modo podríamos afirmar que la habilidad para flotar depende de la habilidad para hundirnos.

L. J. PETER y R. HULL,
El principio de Peter

José Mourinho llamó a su confidente y discípulo, el preparador físico Rui Faria, y le pidió que le hiciese un favor. Tenía que marcar el número de su móvil mientras ofrecía una conferencia de prensa, obligándole a interrumpirla para que todos registraran el sonido que acababa de programar en su *smartphone*. La llamada descubrió la lejana voz de Pavarotti interpretando *Nessun Dorma* en un *Turandot* de bolsillo:

... Ma il mio mistero è chiuso in me,
Il nome mio nessun saprà!
No, no, sulla tua bocca lo dirò!
Quando la luce splenderà!

El episodio circuló por las inmediaciones del vestuario como combustible de chascarrillos. Las fullerías del jefe, al principio, causaban asombro y risa. Para Mourinho, en cambio, sus travesuras eran algo muy serio. Lo que más impresionó Aitor Karanka cuando le conoció no fue su pasión por el fútbol sino la importancia extrema que concedía a la imagen que de él proyectaban los medios de comunicación. Desde que puso el pie en Valdebebas, el jefe comenzó a emitir las señales más variadas para que los periodistas tuvieran en su mano elementos sofisticados y míticos con que componer su retrato. ¿Qué pensarían cuando descubrieran que él no era un simple entrenador sino un amante del *bel canto* educado en La Scala?

Mourinho se crio en un ambiente menos intelectual que futbolístico. Su abuelo fue presidente del Vitoria de Setúbal, el club por excelencia de su patria chica, y su padre, Félix, fue portero profesional y entrenador. Él mismo intentó sin éxito iniciar una carrera como jugador, primero en Os Belenenses y después en el Rio Ave, a las órdenes de su padre, después. Ni el apoyo de Félix le sirvió para lograrlo. La frustración que sufrió ante la imposibilidad de convertirse en futbolista profesional desarrolló en él una necesidad de reafirmar su maestría en otros ámbitos, menospreciar la inteligencia del jugador medio, subestimar la índole azarosa y lúdica del fútbol y sobrevalorar las ciencias de apoyo.

Además de ser el fundador de la denominada «ciencia de la motricidad humana», el polifacético profesor Manuel Sergio fue la mayor influencia académica de Mourinho. Sus clases en el Instituto de Educación Física de Lisboa imprimieron una profunda estampa en el futuro entrenador. Le convencieron de que el conocimiento futbolístico no era tan esencial como un amplio dominio de las ciencias humanas, la oratoria, la psicología, la pedagogía o la dialéctica. Manuel Sergio también le persuadió de que era un superdotado. Desde entonces, el viejo maestro lo repite: «Mourinho es un genio que va mucho más allá del fútbol.»

En sintonía con su mentor, el mánager demostró a sus colaboradores que no veía en sí mismo a una simple figura legendaria en la historia del fútbol. Eso le parecía poco. Estaba completamente convencido de que poseía una mente fabulosa y se ocupó de transmitírselo a Karanka cada vez que le hablaba de sus descubrimientos en el campo de la motivación, la gestión de grupos, la metodología del entrenamiento o la táctica. De la larga lista de cuestiones tácticas que inflamaron su imaginación jactanciosa hubo una a la cabeza de todas las demás: él lo llamó «triángulo de presión alta». Sus futbolistas le decían «trivote».

Reunido con sus auxiliares, Mourinho aprovechaba las concentraciones para teorizar sobre el «triángulo de presión alta». Durante horas, Karanka, Morais, Faria y Campos le escucharon discurrir sobre esta formación, que partía de un esquema de 4-3-2-1, como si de la maquinaria resultase una especie de arma secreta cuyo efecto demoledor dejaría atónito al fútbol español y marcaría la historia del juego para siempre. Sobre plano, el invento podía funcionar con cualquier volante, pero la práctica recomendaba emplear especialistas. Para ponerlo en marcha a pleno rendimiento necesitaría tres jugadores con unas cualidades muy precisas. El destino, providencial, le había puesto a su disposición a cuatro de estos hombres: Xabi Alonso, Lass Diarra, Pepe y Sami Khedira.

Pepe tenía el fenotipo perfecto para ejecutar esta propuesta pero era su hombre más fiel y necesitaba usarle como central para que guardara las puertas del lugar más sensible del campo: su área. Por tanto, Pepe se convertía en un recurso alternativo. Alonso no era excelente en el plano atlético pero lo compensaba con su gran sentido del pase; Lass destacaba en todos los requisitos que se podían solicitar a un elemento del «triángulo», y Khedira era un corredor de 1.500 nato, que registraba marcas de resistencia únicas en la plantilla. Esta capacidad de cubrir grandes espacios resultaba imprescindible para realizar el trabajo que tenía en mente el mánager.

Pendiente de encontrar piezas para su invención, Mourinho señaló el fichaje de Khedira tras estudiar su rendimiento físico con la selección alemana. Según los exámenes que la FIFA hizo durante el Mundial de 2010, el medio centro ofreció el mejor balance de todo el torneo. Con 78,5 kilómetros recorridos en siete partidos, figuró cuarto en la lista de futbolistas con mayor distancia cubierta después de Xavi (80 kilómetros), Schweinsteiger (79,8) y Pereira (78,6). Pero lo que más admiró al entrenador fue lo que la FIFA calificó como «tiempo de actividad intensa». En eso, Khedira fue el número uno. El alemán hizo esfuerzos de alta intensidad durante un total de 58 minutos, por 57 de Xavi, 56 de Alonso y 54 de Schweinsteiger.

Finalmente, estaba Lass. El francés era el ideal platónico de los medios centros. Mourinho lo consideraba el centrocampista más completo que tenía a su disposición. Le fascinaba la velocidad con la que era capaz de ir al quite, su instinto de marcador y esa tenacidad en el hostigamiento. Lass era el pivote fetiche del mánager pero ambos se habían desencontrado. A las cuentas pendientes de la época del Chelsea se unía el resentimiento que le guardaba el francés por haberle postergado a favor de Khedira en la primera temporada. Mourinho creía que el público español no estaba preparado para ver continuamente alineaciones con tres medios centros, como él deseaba, y que, a la espera de que los títulos le dieran autoridad suficiente para hacer las cosas a su modo, precisaba darle rienda a Khedira porque era una contratación de Florentino Pérez. Estas consideraciones de tipo social atentaron contra el deseo de Lass de disputar cada minuto. Molesto ante su suplencia, en enero de 2011 acordó con Jorge Valdano que sería traspasado en verano. Pero a Valdano lo despidieron, y a Mourinho le gustaba tanto el futbolista que pidió los 20 millones de su cláusula. Como nadie los pagó, lo retuvo contra su voluntad. Se mostró dispuesto a pasar por alto todas sus insolencias con tal de contar con él. Le dijo que se entrenara a su ritmo, que le metería en el equipo. Le prometió que le haría jugar los grandes partidos. Lass accedió a regañadientes.

El juego del Madrid fue la decantación de un equilibrio inestable. Las tensiones internas que debió soportar Mourinho durante la temporada 2011-2012 solo son equiparables a la presión que impuso a sus futbolistas. El conato de motín y posterior pacto de El Sardinero pusieron en la balanza la voluntad del entrenador y la posición de un grupo mayoritario de la plantilla. Ambas partes pugnaron por proteger intereses que muchas veces chocaron. Los futbolistas defendían sus contratos. A Mourinho le preocupaba salvaguardar su imagen exitosa y el bastión de poder que había cimentado en el último año, con la ayuda de su agente, Jorge Mendes.

El grueso de los contratos de la primera plantilla, en un club como el Madrid, es insostenible sin la obtención de títulos relevantes. Los jugadores sabían que afrontarían problemas laborales, lo que vulgarmente se conoce como «limpia», si no ganaban la Liga, o la Liga de Campeones, en un plazo breve. La última Liga databa de 2008, y tanto Casillas como Ramos comprendían que era urgente reconquistar, al menos, la competición local para desahogar al vestuario del persistente sentimiento de frustración que se respiraba entre los socios. Desde 2011, además de la «limpia», el personal atisbó un factor nuevo de inestabilidad profesional. Si la falta de trofeos ponía en peligro sus vínculos formales con el club, los intereses de Mendes no suponían una amenaza menor. Numerosos jugadores creyeron percatarse del afán del mánager por renovar la plantilla en profundidad colonizándola con su gente de confianza, y esto implicaba dar unas cuantas bajas. Apuntaron fines comerciales y políticos más que deportivos, y advirtieron en Coentrão una especie de avanzadilla: el hurón que los empujaba a salir de la cueva. Mourinho fue suspicaz para percibir el peligro y, bajo el manto del silencio institucional imperante, en la mente de todos se conformó el escenario de un conflicto inevitable. Como dijo un empleado del club:

—Si Mourinho sigue el año que viene tendrá que cambiar a media plantilla.

Quienes le conocían de etapas anteriores afirman que

Mourinho modificó su patrón de comportamiento. En el Oporto, el Inter y el Chelsea antepuso el éxito deportivo a cualquier consideración. En el Madrid, con los títulos en el currículo, se le vio más preocupado por ganar a su manera. Imprimiendo un determinado sello que pasaba por conciliar los resultados con su labor como mánager. Ambicionaba promocionar a los futbolistas por los que él había apostado en el mercado y poner en práctica sus ocurrencias tácticas, en la creencia de que solo así brillaría su imagen de marca. Ganar no era suficiente. Ya lo había experimentado. Quería que sus triunfos llevaran el marchamo de su estilo y que el prestigio impregnara a sus chicos predilectos. Se propuso como prioridad que Coentrão y Di María prosperasen.

En el vestuario cundía una teoría: Di María y Coentrão eran futbolistas sin pausa ni criterio que, ansiosos por agradar al jefe, no hacían más que correr y chocar. Consciente del rechazo que inspiraban en el resto, hasta noviembre Mourinho actuó furtivamente, puso a sus protegidos en remojo y dio minutos a Marcelo y Kaká. La mezcla de los brasileños con Özil y Benzema, por la mayor facilidad de todos ellos para actuar entre líneas, proporcionó alternativas distintas al juego de contragolpe que había distinguido al Madrid en la temporada anterior. En el eje del equipo, Ramos y Alonso cambiaron por completo la puesta en escena. Entre los dos hicieron los achiques, elevaron la defensa y le dieron claridad a la salida del juego. La transformación obró partidos muy bien jugados, y en la jornada 10 el Madrid se puso líder, a tres puntos del Barcelona. El público y el vestuario estaban felices. Pero el entrenador se mostraba inquieto. Veía jugar al equipo y no lo sentía como propio. En público, sin embargo, se esforzó por aparentar que lo tenía todo previsto.

—Hemos trabajado el ataque organizado —dijo en una conferencia el 21 de octubre—. Empezamos en Estados Unidos, pero fue en China donde solo trabajamos movimientos ofensivos y ocupación de espacios. Vamos mejorando mucho más los movimientos propios de un equipo que juega al ataque organizado.

Atentos a las apariciones públicas del jefe, los jugadores se quedaron asombrados de su atrevimiento. Ninguno recordó haber entrenado nada diferente durante la pretemporada en Los Ángeles, y mucho menos en los días que pasaron entre Tianjin y Cantón para disputar dos amistosos, en el verano de 2011. Alguien en la plantilla se tomó el tema a broma y se mofó de la situación inventándose el «Manual de Pekín», un código imaginario que el mánager nunca conoció ni aplicó para ejercitar a los futbolistas en el arte del ataque estático que jamás entrenaron. Desde entonces, la expresión hizo fortuna. La sola mención del «Manual de Pekín» invocaba la risa y espantaba los malos espíritus. En los meses siguientes, en las muchas ocasiones en que se quedaron bloqueados, sin poder llegar con claridad al remate ante un adversario que se cerraba atrás, se solían acordar de aquella conferencia.

—¡Mou! —mascullaban, por lo bajo— , ¡saca el «Manual de Pekín»!

El 19 de noviembre de 2011, en la jornada 13, contra el Valencia, el mánager se atrevió a dar el paso y retiró la funda de su arma secreta. Mestalla sería su Alamogordo. Por fin, después de la experiencia fallida de la ida de la semifinal de Champions en el Bernabéu, volvió a insistir en su modelo con tres medios centros de contención. Los elegidos fueron Casillas; Arbeloa, Pepe, Ramos, Marcelo; Lass, Alonso, Khedira; Özil, Benzema y Cristiano.

Esa noche, Mourinho se sintió dichoso.

El técnico había observado con atención la visita del Barcelona a Mestalla. El empate (2-2) le había prevenido sobre las transiciones del Valencia a la espalda de la defensa del Barcelona aprovechando los lanzamientos de Banega y el desborde de Mathieu y Pablo. Su conclusión fue que el Madrid debía poner su zaga más atrás para negar los espacios a los atacantes valencianistas, y, al mismo tiempo, presionar en todo el campo. Normalmente, cuando un equipo presiona en todo el campo, adelanta las líneas en una maniobra coordinada de alejamiento de su área, como el émbolo en una prensa hidráulica. La operación entraña un riesgo fundamental: que una desatención permita que el rival ataque el espacio que se abre a la espalda de los centrales. Pero Mourinho creyó firmemente que había ideado la fórmula que abolía el riesgo. El mecanismo que le permitía cerrarse atrás y presionar arriba al mismo tiempo se llamaba «triángulo de presión alta».

En la pizarra, el procedimiento estaba diseñado para tener poco la pelota. Mourinho conjeturaba que quien evitaba la posesión del balón reducía su margen de error al tiempo que trasladaba el riesgo de fallo al rival. El Madrid esperaría replegado, provocaría el error del Valencia con presión en bloque bajo y saldría al contragolpe a toda velocidad, sin achicar el campo, manteniendo la línea de cuatro defensas cerca de Casillas. Intentaría acabar las jugadas lo antes posible, alejando rápidamente la pelota de su portería y tratando de que el Valencia no lo anticipara en el medio campo. Si la pérdida, como era previsible, se producía cerca del área contraria, Khedira y Lass debían subir a apretar a los futbolistas del Valencia que tuvieran el balón para intentar desencadenar otro error y otro contragolpe.

Ramos y Pepe pusieron la línea cerca de su área, y, cuando el equipo inició las jugadas, soltaron amarras. Xabi, el vértice inferior del «triángulo», mantuvo la posición. Los vértices superiores, Lass y Khedira, se desplegaron escalonadamente, cubriendo el espacio que por lo común ocupan tres o cuatro futbolistas, pero procurando no intervenir en la elaboración a menos que se produjera un rechace, circunstancia que debían explotar con una penetración o un disparo desde fuera del área. Xabi administró la pelota hacia las bandas, buscando a Özil, Marcelo y Cristiano, o saltando líneas en dirección a Benzema, que debió fijar a los centrales intentando ganar profundidad. Lass y Khedira acompañaron las maniobras hasta que el Valencia recuperó la pelota y entonces comenzaron la presión arriba, tratando de que Albelda y Tino Costa no pudieran dar los primeros pases. Di María cerró el carril derecho, Özil ayudó en la presión a los volantes y Benzema persiguió a los centrales. El objetivo fue provocar otro error en la salida del Valencia y volver a contragolpear. En caso de que el Valencia consiguiera hilar tres pases, todos tenían que regresar atrás, cerca de los zagueros, a la posición original.

Si el resultado es la medida de todo, la operación fue un éxito: ganó el Madrid (2-3). El Valencia fatigó para conectar pases, no consiguió darle continuidad a su juego y se expuso a los contragolpes. Los jugadores del Madrid no supieron hasta qué punto atribuir esto a las acciones de Xabi, Khedira y Lass, o a la ausencia de Ever Banega, el mejor pasador del Valencia. Con las estadísticas en la mano, el «trivote» no parecía aportar ventajas significativas. Si se analizaban los partidos que había jugado el Madrid desde el inicio de la temporada 2010-2011 con y sin este sistema, los resultados no eran concluyentes. Con «trivote» recibió un gol por partido de media, y con dos medios centros 1,4. Sin embargo, con «trivote» le llegaron más porque le remataron en 12 ocasiones frente a 10,6. En el apartado ofensivo la producción caía en picado: 1,4 goles por partido con tres volantes defensivos, frente a 2,3 con dos.

Mourinho aspiró a establecer su «triángulo» como el modelo estándar. Hubo dos factores que lo reprimieron. Primero, el grueso de sus futbolistas no creía en este sistema. Los más escépticos eran un grupo numeroso, encabezado por los españoles y reforzado por Higuaín, Benzema, Özil y el propio Cristiano. Segundo, la opinión pública, un sector mayoritario de la prensa y la afición, lo veían como un retroceso hacia un conservadurismo digno de ciertas escuelas de posguerra. Esforzándose por sostener su programa, el mánager diseñó contrafuegos. Tras el partido de Mestalla, el 22 de noviembre de 2011, ofreció una conferencia de prensa para defender la grandeza de su idea:

—Hay que inventar otra denominación porque no sé si el

«trivote» refleja bien el modo como el equipo ha jugado. No digo los últimos diez minutos en Valencia, en donde nos presionaron tanto que no podíamos prácticamente ni salir. Pero el equipo ha actuado con esos tres jugadores y ha sido muy ofensivo. Ha presionado altísimo con los tres. Lass y Khedira llegaron a posiciones de gol. Incluso Khedira marcó, pero en fuera de juego. Jugaron altísimos los dos y por esta razón el «trivote», que tiene una connotación más defensiva, merece otra denominación en este caso. Porque este triángulo ha sido un «triángulo de presión muy alta».

Los preparativos para la visita del Barcelona, prevista para el 10 de diciembre, fueron, como de costumbre, el centro de la vida en Valdebebas. En el plano propagandístico, considerando que eran líderes en la Liga con seis puntos de ventaja, el mánager mandó contramarcha: oyeran lo que oyeran, fuera cual fuera la provocación, sus jugadores tenían prohibido hablar de nada relacionado con el Barça. Ni de arbitrajes, ni de calendarios, ni de nada. La explicación era sencilla: no había que estimular al enemigo.

Respecto al juego, a Mourinho le preocupaba el sentido del honor del jugador español, un prejuicio, a su entender, que le inducía a pensar que quien renunciaba a la pelota era una especie de cobarde. Para contrarrestar esta creencia, pronunció durante semanas una serie de discursos encaminados a mentalizar a su gente sobre el coraje intrínseco de quien defiende encerrado en su campo. En uno de ellos le oyeron decir algo así:

—Si tú en momentos de la temporada, viendo las cualidades de tu contrario, ves que tienes que ser más defensivo, esto no quiere decir que seas ni más cobarde ni más valiente. Lo que significa es que eres más inteligente. Porque al final el que es más defensivo acaba haciendo más daño: por tanto, el defensivo es el más ofensivo...

La relación del mánager con Ramos y Casillas atravesaba su periodo más amargo. Los jugadores miraban las portadas del *As* y el *Marca* cada mañana. Si veían que destacaban a Casillas o Ramos ya podían pronosticar el estado de ánimo del jefe: frío con probabilidades de lluvia. Ramos intentaba mostrarse más dialogante. Casillas ignoraba a Mourinho y soportaba a duras penas a Silvino Louro, el preparador de porteros. Sus compañeros le veían inflamado ante la perspectiva de recibir al Barcelona en una trinchera.

—¡Si es que en el Bernabéu no le tienes que tener miedo a nadie! —decía.

Por primera vez desde la temporada 2001-2002 Casillas permaneció dos partidos de Champions seguidos sin ser titular. Coincidió con las últimas dos jornadas de la fase de grupos. El técnico puso a Adán. El capitán entendió que le estaban clavando una pica.

La semana previa al clásico del 10 de diciembre Mourinho entrenó con el esquema de 4-3-2-1 alternando a Alonso, Khedira, Lass y Özil en el medio centro. Un problema físico de Arbeloa le brindó la posibilidad de alinear a Coentrão como lateral derecho. Mourinho anunció la alineación en el hotel, la tarde del partido: Casillas; Coentrão, Pepe, Ramos, Marcelo; Özil, Alonso, Lass; Di María, Cristiano; y Benzema. Por encima de los nombres, sin embargo, prevaleció la actitud que inculcó en todos. Las instrucciones más complejas, como venía siendo la norma, fueron para Özil, el jugador del que más dudaba.

En lugar de organizar al equipo para jugar alrededor de Özil, adiestró a Özil para que se integrara en esa maquinaria de provocación de errores en el rival, como si fuera un sucedáneo de Khedira. El catálogo de disposiciones que le asignó resultó apabullante. Si el Barça salía desde atrás, el media punta debía acompañar a Benzema en la presión a los centrales; si canalizaba el juego por las bandas, le mandó estar atento a cerrar a los dos laterales, corrigiendo eventualmente a Cristiano y a Di María, según la zona del campo en la que estuviera; si el Barça seguía avanzando, le correspondía incrustarse entre Lass y Alonso, que tuvieron órdenes de no perder la posición y formar con la defensa un bloque de seis hombres frente a Casillas.

Benzema marcó el 1-0 en el primer minuto y el Madrid se replegó a su terreno para intentar reproducir el programa de Mestalla. Pero Özil no era Khedira y el Barça no era el Valencia. Piqué, Busquets, Xavi, Iniesta y Cesc no perdían la pelota fácilmente. Cuanto más tiempo movían el balón, más se fatigaba el Madrid basculando. En la segunda parte el agotamiento era general. Como había sucedido en otras oportunidades, el conjunto de Guardiola acabó imponiéndose (1-3).

Al acabar el partido, Mourinho sugirió que el plan no había funcionado porque Özil no supo desempeñar las funciones que normalmente hacía Khedira. Lo dijo cuando alguien le preguntó por qué no había dispuesto el «triángulo de presión alta»:

—Me decidí porque jugamos en casa, porque queríamos ganar, porque queríamos ser más ofensivos, y porque me esperaba que Özil me podría dar un rendimiento muy bueno jugando en casa.

De nuevo afloraron las tensiones. El mánager señaló a Özil y, con él, a los españoles, sus grandes valedores en la plantilla. Los españoles, a su vez, apuntaron a Coentrão, a quien descubrieron errores en todos los goles del Barcelona. Dijeron que en el 1-1 se quedó enganchado y rompió el fuera de fuego de Alexis; que en el 1-2 hizo un despeje hacia la frontal del área que fue medio gol, y que en el 1-3 se dejó engañar por Cesc. Pero, sobre todo, le culparon del 1-1.

Messi aceleró a través del círculo central y atravesó el «trivote» como si fuera un pan de mantequilla. Fueron 30 metros. Se fue de Özil, pasó a la derecha de Alonso y esperó un instante. Una frenada y un vistazo al frente. Lo suficiente para que todas las piezas encajaran. Cuando Lass llegó ya era tarde. El balón encontró a Alexis con ventaja, habilitado por Coentrão. El esfuerzo de Pepe por arreglar el desastre fue inútil.

La derrota abrió uno de los periodos más deprimentes de la convivencia de Mourinho con la plantilla. A la vuelta de las Navidades, el Madrid se enfrentó al Málaga en Copa y encajó dos goles a balón parado en la primera parte. El mánager entró al vestuario indignado y, por primera vez, amenazó a los jugadores con utilizar a los medios de comunicación en su contra.

—Voy a dar nombres a la prensa —dijo.

Los compañeros solían criticar a Casillas por cachazudo. Cuando los problemas exigían un mayor grado de intervencionismo, el capitán intentaba no litigar, y mucho menos expresar su agresividad. Esa noche, sin embargo, aseguran que Casillas hizo ademán de abalanzarse sobre el mánager. Estaba exasperado ante lo que consideró una ruptura de los códigos de convivencia. Molesto porque, subrepticiamente, sin mencionar su nombre, el técnico le estaba diciendo que había sido negligente en los dos goles recibidos. Mourinho rebajó su vehemencia cuando vio que el portero se solivantaba. Pero un rato después, entró en la sala de prensa para desarrollar el primero de una larga serie de discursos que, además de críticos, contenían pequeñas gotas de sadismo contra su equipo:

—En el segundo tiempo el equipo ha querido limpiar la basura que ha hecho en el primer tiempo... Al descanso les he dicho a los jugadores que es una pena que no pueda hacer once cambios porque si pudiera cambiaba a los once. He sido muy claro con ellos para que entendieran exactamente que no quería señalar a nadie... ¡Muy lejos de querer señalar...! Un parón [de Navidad] es siempre un parón... Hay gente que interpreta las vacaciones como un tiempo para descansar y otros que las interpretan como un tiempo para disfrutar, viajar, ir a comer a casa del padre, del tío, de la tía, de la abuela... Y no paran en Navidades de comer y de beber, y de comer y de beber... Y a lo mejor llegan aquí un poquito diferentes.

Mourinho siempre fue un polemista mordaz. Pero en ninguno de sus anteriores clubes se había mostrado tan cruel en público con sus propios jugadores. Ahora los arrebatos reprobatorios no se limitaban a la censura futbolística sino que exhibían un desprecio dañino. Aquella demostración de refinamiento vitriólico contra Pedro León, algo que a muchos pareció un hecho aislado, comenzó a hacerse costumbre a partir de 2012, según el mánager hacía visible su frustración. La diatriba de año nuevo no fue una reacción espontánea. Como casi todo lo que hacía el portugués, formaba parte de un cálculo obsesivo de derivadas.

Coincidiendo con el año nuevo, hizo lo que solía hacer cada vez que se encontraba en un apuro: llamar a su representante para diseñar un plan de retirada, previendo que el fuego los podría rodear. En Gestifute comenzaron a circular los lamentos del técnico. Primero, decía que su relación con los jugadores era intolerable, en especial con Casillas; segundo, que el club no le acababa de dar todo el poder que deseaba, en particular, competencias para controlar la cantera, y tercero, que su forma de jugar no agradaba a la afición y el Bernabéu acabaría por echársele encima. Puestos a pensar en un mapa de ruta, establecieron prioridades. La primera opción fue el Manchester United; la segunda el Chelsea; y la tercera el City, el Tottenham o incluso el Arsenal, teniendo en consideración que la esposa de Mourinho prefería vivir en Londres. Como principio, se propusieron aceptar cualquier oferta del United o del Chelsea para dejar Madrid. En caso de que estos clubes no se abriesen, accederían a estudiar otras vías siempre que la situación en el Madrid empeorase si no ganaban ningún trofeo.

Mendes inició conversaciones con el City y con el Chelsea. El dueño del club londinense, Roman Abramovich, le reconoció que necesitaba alguien que le reorganizara el equipo, tras el accidentado paso de Villas Boas. También le advirtió que sus prioridades eran Guardiola, Löw y Hiddink. Cuando comenzó a circular el rumor de que querían a Guardiola, Mourinho se puso tan ansioso que se pasó varias semanas llamando a su agente a todas horas. Mendes procuró distraerlo diciéndole que todo era un invento de la prensa. Pero él sabía la verdad. Abramovich había ofrecido a Guardiola 15 millones de euros netos por temporada. Pero Guardiola guardó silencio y, como Abramovich necesitaba cerrar un fichaje con cierta urgencia, Mendes jugó la carta del ultimátum. Según fuentes de Gestifute, comunicó al Chelsea que si hacía el 25 de febrero no le hacían una oferta en firme, Mourinho seguiría en el Madrid. Se cumplió la fecha y desde el Chelsea le dijeron que no querían dar un paso tan trascendente en ese momento para no alterar el curso del equipo en Champions. La eliminación del Nápoles los situaba en cuartos y preferían esperar.

Por primera vez en su carrera, Mourinho gestionaba una plantilla llena de campeones del mundo. Él mismo lo repetía: era el grupo de jugadores más talentosos que había tenido. Por primera vez se hacía cargo de un equipo que no venía de atravesar un desierto de decepciones, sino que en la última década había conquistado Ligas (4) y Champions (2). Desde que se sentó en un banquillo como primer entrenador, en el Benfica, en el año 2000, los jugadores a los que dirigió creyeron generalmente en su trabajo, al menos en el primer año y medio. En el Madrid la relación con una parte importante del vestuario se resintió personal y profesionalmente desde la primera temporada. Los futbolistas sentían que la lealtad que les exigió no se correspondía con un compromiso por parte del entrenador. Ellos le habían dado todo, decían, y, a cambio, se veían cada vez más marginados por su afán de hacer un equipo dentro del equipo a base de introducir protegidos.

Mourinho se imaginaba atrapado entre los muros de Valdebebas, incómodo en un ámbito en el que ni el público ni la prensa le dispensaban un tratamiento mítico unánime; ignorado, temido o despreciado por unos futbolistas a los que consideraba en buena parte traidores; intolerablemente fiscalizado; sin poder desarrollar sus ideas con plena libertad. La versión imperante entre los empleados de base con una trayectoria larga en el Madrid era que el mánager no estaba acostumbrado a trabajar en un club de socios, en donde la transparencia era mayor. Cada día que pasaba, él se convencía más de que en España su imagen legendaria estaba condenada a deteriorarse.

El ambiente era pésimo en la concentración previa al clásico de la ida de la semifinal de Copa en el Bernabéu, el 18 de enero de 2011. A la rutina de los enfrentamientos con el Barça se unían los dilemas reiterados del mánager, y sus charlas comenzaban a desgastarse ante el escepticismo creciente. Cuando convocó a los futbolistas para la penúltima charla y anunció la alineación, muchos se agarraron la cabeza: Casillas; Altintop, Ramos, Carvalho, Coentrão; Pepe, Alonso, Lass; Higuaín, Cristiano y Benzema.

Lesionados Arbeloa, Di María y Khedira, el técnico arbitró una solución de emergencia para salvar el «triángulo». La medida le reafirmó en sus postulados y le enfrentó a los españoles. La inesperada suplencia de Marcelo y Özil, y la apuesta firme por Coentrão, resultó una declaración de intenciones frente a sus detractores internos. Las exclamaciones de Casillas al acabar la reunión eran estridentes:

—¡Dónde vamos con esto...! ¡Madre mía...! ¡Otra vez...!

El partido siguió un patrón cuya repetición a lo largo de los clásicos dejó en evidencia al entrenador. Se adelantó Cristiano en el minuto 11, el Madrid se parapetó en su campo a la espera de provocar el error para contragolpear, y el Barça, con terreno para tocar, acabó profundizando y remontando con goles de Puyol y Abidal. El 1-2 final fue saludado con una pitada. Por primera vez, el público comenzó a sospechar que el mánager iba desencaminado. La imagen de Pepe pisando a Messi en el suelo circulaba sin freno por foros y televisiones. Esta vez, en el vestuario Mourinho no dio señales de vida. Aturdido por los silbidos de la hinchada, su reacción intuitiva fue aproximarse al terreno de la propaganda. Así se ocupó en convencer a Zinedine Zidane, nominalmente el director del primer equipo, para que saliera en su defensa. La condición legendaria de Zidane debía servir de cortafuego. La entrevista de Zidane en el diario *As*, publicada el 20 de enero, asombró al vestuario. El francés, que no hablaba nunca en público, emergió para exaltar la figura del entrenador de tal manera que, por contraste, a los jugadores les dio la impresión de que les situaba en un lugar casi irrelevante:

—No entiendo todo lo que se ha dicho sobre el sistema puesto por Mourinho frente al Barça. Puedes poner el sistema que quieras, si el equipo enfrente está, en este momento, un peldaño por encima (...). En el descanso el Madrid iba ganando 1-0 (...). Luego hubo ese error en el gol de Puyol a balón parado (...). A mí lo que me molesta especialmente es tener que escuchar estos ataques sobre el sistema de juego. ¡Desafío a todos los entrenadores del mundo a decir cuál es el sistema adecuado para ganarle al Barça! (...). Llega un momento en que la única belleza en el juego es la victoria (...). No entiendo cuando ciertas personas en la prensa critican al Madrid de Mourinho cuando, en el fondo, solamente están motivados por cuentas pendientes con él. ¡Cómo se puede aceptar que se diga que hay que cambiar de entrenador! ¿Estamos locos o qué? Contamos con la suerte de tener a Mourinho, el técnico que hace evolucionar las cosas, que está construyendo un Madrid más fuerte (...). Porque Mourinho está creando las condiciones de los triunfos. Mira las estadísticas del equipo desde que ha tomado las riendas. Son increíbles. Y él es el principal responsable de estas hazañas...

Zidane sugería que la plantilla no era nada sin la mano mágica de su líder. Y el líder se mostraba ofendido. Durante días, después del clásico, Mourinho apenas se comunicó con sus ayudantes. Se limitó a presenciar los entrenamientos con aire desafiante y no pronunció ni una sola charla sobre el Barça hasta el día del partido de vuelta. Contra su costumbre de ofrecer ciclos de conferencias monográficas, lo condensó todo en una charla lacónica. Se manifestó con un desapasionado aire burocrático. Únicamente rompió el esquema para introducir alguna nota levemente irónica, a decir de los oyentes.

—Vosotros tenéis que presionar cuando en el campo veáis que hay que presionar —indicó.

Hubo jugadores que llegaron a pensar que deseaba que perdieran, a ser posible con estrépito, para que la humillación les aleccionara. «Quería que nos estrelláramos», dijo uno. De ese modo, conjeturaron, les demostraría que se equivocaban cuando pensaban que al Barcelona se le podía jugar de igual a igual. Como decía Zidane, reproduciendo la teoría del mánager: el Barcelona estaba «un peldaño por encima». La alineación, a excepción de Coentrão, fue la que deseaban más o menos todos: Casillas; Arbeloa, Pepe, Ramos, Coentrão; Lass, Alonso; Kaká, Özil, Cristiano e Higuaín.

Por primera vez en años, el Madrid jugó mejor al fútbol que el Barcelona. El dominio fue notable y se reflejó en las ocasiones. Parecía que ambos equipos se habían intercambiado los papeles. El balón era de los blancos. Özil, Cristiano e Higuaín remataron cinco veces entre los tres palos en la primera parte. Con la ayuda del larguero, Pinto lo sacó todo. El Barça tiró dos veces y metió dos goles antes del descanso. Cuando Pedro hizo el 1-0, Mourinho, sentado entre Rui Faria y Karanka, ironizó con tanta estridencia que le oyeron los suplentes.

—¡Vosotros sois los más listos! ¿No queríais jugar al ataque? ¡Pues ahí lo tenéis!

En el vestuario, Mourinho recibió al equipo sentado contra la pared. Lucía media sonrisa mientras repasaba las caras a su alrededor. Los futbolistas regresaron al campo sin que el técnico diera ni una orden, ni una idea sobre cómo levantar la eliminatoria.

Conscientes de que coincidían en el equipo titular solo porque Di María estaba lesionado, Özil y Kaká se pasaron el partido dándose ánimos como dos náufragos que nadaban hacia el islote. Higuaín, Ramos, Casillas, Arbeloa y Alonso les alentaron a reivindicarse. Alrededor del alemán y el brasileño se generó una complicidad creativa que se contagió a todos. Cristiano y Benzema metieron los goles del empate. El Madrid iba 2-2 a falta de 20 minutos para el final. La eliminatoria pudo dar un vuelco. La emoción era tan intensa dentro del terreno de juego como inexistente en el banquillo visitante. El mánager asistió impasible a los goles.

El Madrid no llegó a la final de la Copa pero el partido elevó la moral de un vestuario harto de tener que asumir el complejo de inferioridad como una fatalidad. Hasta Arbeloa, en el viaje de regreso, se ufanaba de haber podido someter al Barça controlando la pelota. En plena marea de euforia, Özil echó cuentas y ofreció una entrevista en la que dijo algo que el entrenador juzgó como una estocada:

—Cuando Kaká y yo hemos sido titulares no hemos perdido nunca.

Los dos medias puntas habían jugado de inicio un total de nueve partidos, de los cuales el Madrid ganó siete y empató dos. Pero el regreso de Di María rompería el hechizo. El 18 de marzo, ante el Málaga, estos dos amigos, dos de los futbolistas mejor dotados técnicamente del fútbol mundial, se encontraron por última vez en la alineación. En la temporada siguiente volverían a formar en dos alineaciones únicamente: contra el Rayo y el Celta en Liga, dos victorias con un balance de cuatro goles a favor y ninguno en contra.

Mourinho fue abiertamente autoritario. Acusó a los españoles de filtrar información a la prensa, y durante semanas se mostró retraído y altanero. La hipótesis más extendida en el vestuario en esos meses fue que se quería ir a otro club acusando a la plantilla de indisciplina, deslealtad y boicoteo para justificar su eventual fracaso. Karanka deambulaba comentando que la situación era «insoportable» para su jefe; y que le había anunciado que en el verano se marcharía.

Florentino Pérez se reunió con los capitanes para pedirles que cohesionaran al grupo bajo la bandera de la afición. Costara lo que costara, debían dar «sensación de unidad», les dijo. El mandatario les pidió que transmitieran este mensaje a la plantilla. Había que tener presente a los socios porque, les abundó, el entrenador nunca pensaba en la afición y, si él algún día se iba, ellos, los futbolistas, continuarían obligados ante los hinchas. Casillas y Ramos le trasladaron al presidente que Mourinho no era un tipo limpio, ni justo, ni bueno, ni desinteresado. Pérez, como respuesta, no dijo nada.

Reunidos en una asamblea privada, los jugadores acordaron que no debían dar coartadas al entrenador para que los denunciara por traición. Se propusieron que todas las declaraciones que hicieran ante los medios de comunicación subrayaran el respaldo a Mourinho.

En el interior de los cuarteles, la maledicencia fue la norma. Mourinho, que evitaba a Casillas todo lo que podía, no dejó pasar la oportunidad de hacer comentarios acusatorios contra el capitán a todas las personas con algo de responsabilidad que encontró: el presidente, los directivos, el director general corporativo, el delegado del equipo, el director deportivo, sus ayudantes o los médicos. Todos recibieron una cuota de la animadversión que cultivaba hacia el portero: le tachó de chivato, de topo, de traidor, de egoísta... Solo le faltó escribir su frase más repetida en las paredes:

—Se cree el dueño del club.

Casillas se enteró de cada uno de los chismorreos, pero su reacción fue medida. Creyó que lo que de verdad haría feliz a Mourinho sería un motín que le sirviera para explicarle al mundo su incapacidad de hacer que el equipo ganara cosas importantes jugando bien al fútbol. En vez de darle el gusto, miró para otro lado. Pero en el club aseguran que cuando Florentino Pérez lo llamó por teléfono para pedirle su opinión, el capitán le dijo exactamente lo que pensaba: que cuanto antes estuviera Mourinho fuera del Madrid, mejor para todos; que no hacía ningún bien; que era muy destructivo, y que no merecía representar al club. Casillas dijo a sus compañeros que el presidente le respondió que estas cosas pasaban mucho en el fútbol y que había que aguantar por la afición.

Las turbulencias internas no frenaron al Madrid, que marchó sin dar tregua a través de la Liga. El campeonato daba síntomas de empobrecimiento agudo y era difícil encontrar resistencia. Casillas, Ramos, Alonso y Cristiano fueron los primeros agitadores de conciencias del vestuario: no podían permitirse pasar cuatro años sin conseguir el campeonato y pretender que al final de la temporada no se expondrían a la posibilidad de ir traspasados, o de perder sus puestos como titulares o suplentes. La plantilla quería dejar de vivir bajo sospecha frente a la afición y el empuje propició unos resultados arrolladores. El equipo ganó la Liga en ese segmento del año. Entre la derrota del clásico en la jornada 16 y el empate ante el Málaga en la jornada 28, el Madrid se impuso en 11 partidos seguidos. Después del clásico de Liga, Madrid y Barça estaban empatados en la clasificación. Tras la jornada 27 la diferencia era de diez puntos a favor del Madrid. La obra parecía acabada, pero surgirían dificultades.

En la jornada 27, en el Benito Villamarín, el Madrid jugó su partido más disputado en meses en la Liga. La lesión del árbitro, Iturralde González, y su sustitución en pleno encuentro por un suplente bisoño, añadió un grado de desconcierto inesperado. Alonso y Ramos cometieron dos penaltis al tocar el balón con la mano y Cristiano metió el definitivo 2-3 con Khedira en fuera de juego. El árbitro lo pasó por alto y los jugadores entraron al vestuario entre risas, celebrando haber atrapado tres puntos que parecían imposibles. Ramos mostró a sus compañeros el brazo enrojecido después de haber frenado el trallazo de Jefferson Montero.

El delegado arbitral madridista, Carlos Mejía Dávila, visitó a Mourinho en Valdebebas tras el regreso de Sevilla. Por su condición de árbitro retirado, Mejía Dávila tenía buenos contactos con los órganos de gobierno de su viejo gremio. En el Madrid disfrutaba de un contrato que le obligaba como analista y ejercía de nexo entre el club y el estamento arbitral. Los empleados le vieron discutir con Mourinho, muy compungidos los dos. El mánager se lamentaba como si le hubieran transmitido una noticia indignante en la ventanilla de un ministerio.

Fuese cual fuese el mensaje de Mejía Dávila, puso a Mourinho en estado de ebullición. El empate en Málaga (1-1), en la siguiente jornada, desató su nerviosismo. Comenzó a extender la convicción de que los árbitros les robarían el título en conversaciones con sus ayudantes, y sus ayudantes, a su vez, trasladaron estas certezas a los portugueses, en especial a Pepe y a Cristiano. La necesidad de asegurar un resultado y la creencia de que sabía cómo hacerlo impulsó al entrenador a disponer el «trivote» en Villarreal, el 21 de marzo de 2012, en la jornada 29. Alineó a Casillas; Arbeloa, Pepe, Ramos, Marcelo; Lass, Alonso, Khedira; Özil, Benzema y Cristiano.

El Madrid se adelantó en el minuto 62 con un gol de Cristiano. Luego se partió deliberadamente en dos mitades. El técnico indicó que atrás formaran un bloque de siete, y que saltaran las líneas de presión para conectar con Özil, Cristiano y Benzema, que debían permanecer arriba para recibir los pases largos y finalizar las jugadas. Como el Villarreal se pertrechó en su campo con toda su gente, a los tres atacantes les resultó imposible fabricarse otro gol. En el minuto 83 igualó Senna de falta directa y Mourinho desencadenó el barullo. Protestó al árbitro con tanta vehemencia que le expulsaron. Özil y Ramos le siguieron, también sancionados con tarjeta roja. Cuando el juez pitó el final, Pepe y Cristiano formaron un pelotón con Rui Faria, Karanka y Silvino Louro, y juntos irrumpieron en el túnel de vestuarios. El vicepresidente del Villarreal, José Manuel Llaneza, lo describió como «una manada de toros, insultando y provocando a todo lo que se movía». Llaneza recuerda el grito de guerra: «¡Nos han robado!» En plena estampida, Cristiano se encontró con el presidente del club valenciano, Fernando Roig. El dirigente asegura que el delantero le roció con descalificaciones: «Esto es un campo de mierda y usted es un presidente de mierda.»

El partido de Villarreal precipitó el ruidoso final de la era del «trivote» en sentido estricto. El mecanismo sufrió algo parecido a la implosión. Lass, la pieza más preciada del ingenio, entró al campo dando tantas patadas que sus compañeros creyeron que quería «liarla». El árbitro le mostró la tarjeta amarilla, y temiendo que el jugador obrase a propósito para hacerse expulsar, Mourinho le sustituyó en el minuto 29 por Callejón. El francés se fue a la ducha, se cambió y se puso los auriculares. Regresó al banquillo escuchando hip-hop. Mirando al entrenador con tanta suficiencia que Mourinho se quedó estupefacto.

Nadie podrá decir que Lass tomó por sorpresa a su jefe. Hombre susceptible, le obsesionaba su oficio a tal punto que no soportaba ser suplente. Tampoco era capaz de permanecer indiferente ante un entrenador que, por un lado, se mostraba zalamero y, por otro, le negaba minutos de competición. No quería seguir a sus órdenes y se lo repetía prácticamente desde hacía un año. Le desafiaba para que lo despidiera, porque se consideraba un cautivo. Un día de febrero, molesto porque no le ponía de titular, se metió en el despacho de Mourinho y le intimidó mientras su interpelado hacía silencio:

—Tú eres un traidor. Olvídate de mí. Haz tu vida y yo haré la mía. ¡Te lo he dicho mil veces! ¡Me tienes harto!

Durante un mes, entre febrero y marzo, Lass no volvió a las convocatorias. Oficialmente, el club alegó que estaba lesionado. La realidad era menos cruenta. Lass le detestaba, pero Mourinho apreciaba tanto sus condiciones que hasta muy avanzada la temporada se resistió a perderlo. Los jugadores vieron en ello una veta cómica.

—Todos sabemos que lo ama —dijo uno de los muchachos—. Y como lo ama acabará poniéndole, antes o después. Toda la humanidad ama a Gisele Bündchen pero él ama a Lass Diarra y lo acabará perdonando porque es su amor. Lass no le corresponde, ¡pero él sigue amándolo!

El romance se interrumpió definitivamente aquella noche embarullada de Villarreal. Aunque Mourinho volvió a tentarlo dándole la titularidad en el arranque de Liga de la temporada siguiente, en septiembre de 2012 Lass firmó por el Anzhi y se fue a vivir a Moscú, en donde le ofrecieron el doble de sueldo.

Mourinho caminaba por el vestuario de El Madrigal en el característico estado de excitación que le producían sus expulsiones. La idea de tener al Barça a seis puntos debió conmoverle. Llamó a los jugadores para decirles que era evidente que los árbitros les estaban robando el campeonato y les rogó que salieran ante los periodistas para denunciar el ultraje. Con Casillas y Ramos al frente, la plantilla se negó por mayoría. Ni Pepe ni Cristiano accedieron a manifestarse en contra. Contrariado, el mánager buscó otra alternativa y le pidió a Zidane que se presentara ante las televisiones para declarar que los árbitros estaban conspirando a favor del Barcelona. El director del primer equipo, que sabía que había molestado a los jugadores por adherirse a estos discursos, rehusó la propuesta. Mourinho se lo tomó como una deserción. Abatido, anunció que entonces lo mejor era que no hablara nadie. Fue así como quedó proclamada lo que algunos llamaron «ley del silencio», cuya principal consecuencia fue la desaparición de Zidane de las inmediaciones de Mourinho.

Encomendado por su jefe, Karanka no se demoró en ir diciendo por ahí que a Zidane lo habían incluido en la lista de desleales. El francés confesó a un amigo que cuanto más lejos se mantuviera del mánager, mejor, puesto que no había conocido a nadie más taimado en los 30 años que llevaba trabajando en el fútbol profesional.

Mourinho convocó a la plantilla al regresar de Villarreal. Hizo un intento por explicar por qué creía que había que hablar mal de los árbitros. Los asistentes al concilio cuentan que había empezado a decir que él sabía que había una conspiración contra el Madrid cuando Casillas lo interrumpió en seco.

—Sería un error no hablar...

—Mira —dijo el capitán—, aquí cada uno puede hacer lo que quiera. Ya somos todos mayores, así que el que quiera hablar mal de los árbitros que lo haga, y el que no, no. Yo lo que pienso es que en vez de estar pensando en los árbitros lo que tenemos que hacer es dejarnos de historias e ir partido a partido, porque esto está muy complicado. Si estamos con historias de árbitros nos vamos a despistar. Para mí sería una equivocación. Si seguimos hablando de los árbitros vamos a perder la Liga seguro.

Cualquier análisis de los arbitrajes a los dos grandes de la Liga entre 2010 y 2013 invitaría a pensar que los temores del entrenador, si es que de verdad los tuvo, fueron infundados. Especialmente, durante la temporada 2011-2012. En esa campaña, al Madrid le expulsaron cinco jugadores, uno más que al Barça. En lo demás, gozó de decisiones más favorables. Al Madrid le pitaron un solo penalti en contra por 13 a favor, mientras que al Barça le pitaron cuatro en contra por 11 a favor. En ese curso, además, el Madrid se benefició de la expulsión de 14 futbolistas rivales frente a los ocho que expulsaron contra el Barça. En total, entre las temporadas 2010-2011 y 2012-2013 al Madrid le pitaron 34 penaltis a favor por 21 al Barcelona, a pesar de que el equipo catalán, estadísticamente, tuvo el balón durante más tiempo en la mitad de campo contraria.

Los futbolistas se sabían estos números. Además, habían decidido hacía mucho tiempo que no participarían de las algaradas del jefe, y mucho menos la que les propuso en Villarreal. En ese momento, muchos consideraron que la única finalidad de Mourinho fue tapar tras un vocerío el desaguisado táctico que perpetró contra un equipo que estaba a punto de descender. Más tarde, Rui Faria y Karanka admitirían que lo que Mourinho realmente temió fue exponerse al juicio público ante la posibilidad de perder la Liga después de haberla liderado con diez puntos de ventaja. Con el viaje al Camp Nou pendiente, la eventualidad de una remontada del Barcelona le tenía en vilo porque sospechaba que los futbolistas le habían abandonado y que se dejarían ganar para destruirlo. Su reacción fue negarse a ofrecer conferencias de prensa en lo que quedaba de campeonato.

La mayor preocupación de los jugadores había dejado de ser el compadrazgo entre Mourinho y Jorge Mendes. La relación con los medios de comunicación, la propaganda, los arbitrajes, o sus contratos, habían pasado a un segundo plano. Todo resultaba secundario ante el estado de necesidad. La obtención de una Liga que los redimiera, que les devolviera la tranquilidad en el trabajo, una buena posición frente al jefe, el respeto de los seguidores y la garantía de una buena colocación en el mercado, para el futuro, dependían de solucionar el problema principal: el juego en espacios reducidos.

Después de dos años, Mourinho no había conseguido administrar soluciones para ser más creativos cuando necesitaban llegar al gol sin espacios. Esa dificultad para controlar los partidos a través del manejo de la pelota y los frecuentes atascos que les creaban los adversarios cuando les esperaban atrás llevó a varios jugadores a celebrar un cónclave después de Villarreal. Las primeras voces fueron Alonso, Ramos, Casillas, Arbeloa e Higuaín. Acordaron que, puesto que el entrenador no los podía ayudar en este terreno, ellos mismos debían ingeniar un remedio. Pensaron en achicar más el campo y en ignorar la orden de que los delanteros permanecieran arriba y no bajaran a ofrecerse al medio. También contemplaron la idea de que los puntas cayeran más a banda para generar superioridades, entre otras alternativas.

El equipo tenía problemas de elaboración. Pero contaba con una herramienta universal. Se llamaba Cristiano Ronaldo y había cumplido 27 años. Un número mágico para los goleadores. La edad en la que Romario, Van Basten o Henry consiguieron sus mejores registros. A falta de cuatro jornadas para el final del campeonato, en vísperas de viajar al Camp Nou, sumaba 41 goles en 33 partidos. Sus marcas eran insólitas. Desde los tiempos legendarios de Puskas y Di Stéfano no aparecía nadie capaz de equipararse a los mitos y superarlos. Aunque no tenía la visión, ni la pausa, ni el pase de aquellos gigantes, les mejoraba en capacidad rematadora. Lo que no conseguía con sutileza lo resolvía a cañonazos. Había sido decisivo en casi todos los partidos difíciles. En Málaga (3 goles), en Valencia (2), contra el Atlético en el Bernabéu (3) y en el Calderón (3), contra el Sevilla en el Sánchez Pizjuán (2), contra el Athletic (2), contra el Betis en Sevilla (2) y en El Sadar (3). El día que no marcaba, el Madrid lo padecía. De los 11 partidos en los que Cristiano se quedó sin meter un gol, su equipo perdió dos y empató tres. Si Cristiano respondía, la elaboración en espacios reducidos podía omitirse. Bastaba, como ocurrió en el Calderón, o en El Sadar, con un misil desde fuera del área.

El curso de los acontecimientos arrastró a los dos contendientes como por un embudo hacia el Camp Nou. El sábado 21 de abril esperaba el Barça para dirimir la Liga. El sol había calentado la tarde como si fuera verano y desde levante soplaba una brisa tibia cuando los dos equipos saltaron al campo. A falta de otras tres jornadas, el Madrid lideraba la competición con cuatro puntos. Desterrado Lass por insubordinación, Mourinho plantó su centro del campo menos experimental: Casillas; Arbeloa, Pepe, Ramos, Coentrão; Khedira, Alonso; Di María, Özil, Cristiano; y Benzema. Más innovador se mostró Guardiola, que dejó a Pedro en el banquillo: Valdés; Puyol, Mascherano, Adriano; Alves, Busquets, Xavi, Thiago; Tello, Messi e Iniesta.

Casillas hacía su partido número 15 en el Camp Nou. Se conocía ese vestuario, ese túnel y esa música de memoria. El himno del Barça estaba a punto de sonar cuando el capitán llamó a los jugadores que marchaban hacia el campo y gritó a todo pulmón. La arenga fue tan estridente que se escuchó hasta en los banquillos.

—¡Señores! —dijo—. ¡Vamos a dejarnos de líos! ¡Vamos a olvidarnos de los árbitros y vamos a poner toda la energía en jugar al fútbol, que podemos hacerlo! ¡Podemos hacerlo!

Fue una llamada clamorosa a regresar a los orígenes. Después de dos años de confusión, el mensaje fue de una claridad irresistible. El entrenador, que lo escuchó perfectamente, se hizo el distraído.

El Madrid jugó uno de sus clásicos menos esforzados en mucho tiempo. Bajo la dirección de un Sergio Ramos cada día más mandón e influyente, ejecutó su idea básica de presión baja y contragolpe. Lo que en otras ocasiones le había resultado insuficiente, sin embargo, hizo estragos en el adversario. Los jugadores del Madrid comentaron que Messi jugó como esos futbolistas que se dosifican porque tienen algún tipo de lesión muscular. El héroe local caminaba, miraba, rumiaba. ¿Se reservaba? ¿Para qué? Algo no marchaba bien en la caseta de Guardiola y el Madrid se presentó con Cristiano en su apogeo.

Özil cayó a la banda izquierda en campo del Barça, cerca de la línea divisoria, para cruzarle el pase. El envío tuvo el toque, la velocidad y la dirección exacta. La pelota fue a frenarse a una zona inalcanzable: a la espalda de Mascherano, que no consiguió girarse a tiempo, y demasiado lejos de Valdés. Ahí apareció Cristiano como una bala. Controló con el exterior del pie derecho, orientó la trayectoria, dio dos pasos dentro del área y soltó el golpe de riñón para impulsar la pierna. Fuerte al primer palo. El tiro subió a media altura con violencia y el manotazo de Valdés no logró desviarlo. Fue el gol más importante de la carrera de Cristiano en España. El Madrid era virtual campeón.

Al acabar el partido, la algarabía se trasladó al vestuario. Desde las duchas se oyó un bramido que hizo temblar las paredes. El ruido, casi sobrehumano, tenía una tonalidad semejante a la voz de Higuaín.

—¿Vamos a hablar de los árbitros ahora?

La carcajada fue unánime. El Madrid de Mourinho acababa de lograr la primera victoria nítida en un clásico. El balance reflejó la montaña que acababa de escalar el equipo. Dos triunfos, uno en la final de Copa y el otro en este partido de Liga, alumbraban un recorrido ensombrecido por cuatro empates y cinco derrotas.

El Madrid disputó los tres partidos que le quedaban con vigor renovado. Culminó la campaña alcanzando dos récords. Estableció la máxima puntuación lograda en una temporada con 100 puntos y sumó un total de 115 goles. Nunca antes en una Liga tres jugadores del mismo equipo habían alcanzado los 20 goles. Benzema (20), Higuaín (22) y Cristiano (44) pasaron la barrera juntos.

La fiesta comenzó en Madrid con una comida de confraternización en la que los españoles descubrieron que Mourinho le había subido el sueldo a Di María en enero, con efectos retroactivos. El argentino, a pesar de haber hecho una temporada muy irregular, saltó una posición en la escala salarial hasta colocarse en cuatro millones de euros netos por temporada. Al nivel de Xabi, Ramos o Higuaín, que se habían labrado un prestigio con años de títulos, incluyendo dos Ligas en 2006 y 2007, y, en el caso de los españoles, un campeonato mundial. Los jugadores que representaba Jorge Mendes, observaron, renovaban sus contratos a mayor velocidad que los demás. Desde 2010 todos, menos Coentrão, habían mejorado sus ingresos gracias al abnegado reclamo de Mourinho ante la administración del club. La noticia recordó a todos que la vida no sería tan sencilla si el entrenador permanecía.

La celebración en Cibeles fue una liberación. Casillas puso su bandera en el pecho de la diosa, por primera vez trepado al monumento como capitán, y luego se abrazó a Cristiano ante la multitud para significar el inicio de una buena amistad. En cuanto a Mourinho, el hombre se pasó el periplo haciéndose fotos con sus ayudantes e inmortalizándose mientras mostraba las dos manos, una abierta y la otra en señal de victoria: siete dedos. Sus siete títulos de Liga; dos en Portugal, dos en Inglaterra, dos en Italia y uno en España.

Concluida la fiesta en el Bernabéu, todos se encaminaron hacia la cena oficial. Se habían pasado varias horas riéndose juntos y a la mayoría, a esas alturas, le daba exactamente igual la compañía. Pero no a Lass Diarra. El francés preguntó si el entrenador iría. Cuando le confirmaron su asistencia anunció que entonces él prefería marcharse a su casa.

10

Tristeza

En efecto, Trasímaco, la injusticia produce entre los hombres discordias, odios y disputas; la justicia, en cambio, concordia y amistad. ¿No es así?

PLATÓN, *La República*

El Hilton Glasgow era un hotel de negocios. Se ubicaba en la torre más alta del centro de la ciudad, en un entorno gris. La estructura de 20 plantas, elevándose sobre la autopista M8, chorreaba agua de lluvia la madrugada del 16 de mayo de 2002. En un salón mal iluminado de los pisos superiores se celebraba lo que, a ojos de algunos neófitos, se pareció mucho a la convención anual de una multinacional de electrodomésticos. En realidad, fue la cena oficial del Real Madrid, que se acababa de proclamar campeón de la Champions y festejaba su «novena» Copa de Europa en un acto presidido por Florentino Pérez.

—Hemos ganado la «novena» y el año que viene iremos a por la «décima», y luego la «undécima», y la «duodécima» —dijo el presidente.

La conquista de la final ante el Bayer Leverkusen (2-1) había dado paso al protocolo institucional. Antes de que sirvieran el pastel de salmón, el solomillo con patatas y el helado, Pérez pronunció un discurso que, en ese momento, asombró a algunos futbolistas por la naturalidad con que trató el acontecimiento.

Steve McManaman recordó la velada del Hilton como quien evoca un trago de agua del grifo en su libro autobiográfico *El Macca*. «Con el Real Madrid —dice— tienes que aprovechar para celebrar en el campo porque después ya no te puedes reír mucho. No festejan demasiado los títulos. Cuando gané mi segunda Copa de Europa no tuve precisamente una noche loca. Lo que tuvimos fue una cena muy formal en la que todos nos sentamos a oír discursos. Mi padre y mis amigos estuvieron fuera bebiendo hasta la madrugada, pasándoselo fantástico, pero yo debí comportarme como mejor podía en el banquete oficial.»

La naturaleza estocástica del fútbol condiciona la industria que lo rodea de un modo profundo. Quizá siguiendo la lógica de otro tipo de explotación, el 16 de mayo de 2002, Pérez identificó lo ordinario con la acumulación regular de Copas de Europa. No sabía que después de Glasgow, en las ocho temporadas que presidió al Madrid hasta 2013, ya no habría motivos ni de celebrar la clasificación para una final. Tampoco debió de imaginar que su idea de dominar las competiciones europeas por avasallamiento financiero, porque nadie sería capaz de igualar su capacidad para actuar en el mercado, resultaría muy improbable en la práctica.

En la década que siguió a la final de Glasgow el Madrid realizó fichajes por un coste récord en la historia del fútbol. La inversión en comprar jugadores se aproximó a los 1.000 millones de euros. De todos los campeones de Europa en ese periodo, solo el Chelsea (950 millones) se aproximó a esa cifra. Barcelona (600), Inter (590), Manchester (550), Bayern (400), Milan (400) y Oporto (300) no necesitaron tanto dinero para repartirse los nueve trofeos restantes.

La «décima» Liga de Campeones pasó de ser una realidad prácticamente tangible en la imaginación del madridismo a convertirse en una utopía. Pero diez años después de la cena del Hilton la afición palpó el asalto a un nuevo título. La progresión del equipo en el torneo de la temporada 2011-2012 resultó todo lo placentera que anunciaba el raquitismo de sus adversarios. Olympique de Lyon, Ajax, Dinamo de Zagreb, CSKA y Apoel ofrecieron escasa resistencia en la marcha hacia las semifinales. Ahí esperó el Bayern, segundo clasificado de la Liga alemana, con unos ingresos totales que, según Deloitte, habían ascendido a 321 millones de euros en la temporada anterior. En ese mismo ejercicio el Madrid obtuvo 480 millones, y ahora lideraba la Liga con dos Balones de Oro, un puñado de campeones del mundo y el entrenador con más fama de versátil y exitoso en competiciones de la UEFA. Un optimismo renovado recorrió la directiva y la afición.

Los temas de conversación más recurrentes en la expedición del Madrid que viajó a Múnich alternaron entre dos cuestiones. Primero: ¿tendría el mánager, José Mourinho, el coraje de quitar a Marcelo, el mejor lateral zurdo del mundo, para poner en su lugar a Fabio Coentrão, a quien casi todos sus compañeros consideraban el peor jugador de la plantilla? Segundo: ¿jugarían con un «trivote»?

Las probabilidades del «trivote» volvieron a insinuarse cuando Lass Diarra, que llevaba tiempo descartado, entró en la lista. Pero cuando el equipo se concentró en el hotel Westin Grand, el 16 de abril, José Mourinho ya había alcanzado el pleno convencimiento de que la insubordinación del medio centro francés iba en serio. En defensa del principio de autoridad, y puesto que parecía perfectamente capaz de hacerse expulsar a propósito para perjudicarle, optó por renunciar a su centrocampista fetiche. El contratiempo convirtió a Lass en un turista y descartó el «triángulo de presión alta» en su versión más completa. Pero nada disuadió a Mourinho de poner en práctica las mismas ideas añadiendo las modificaciones apropiadas:

en el lugar de Lass podría situar a Özil, Di María o incluso Marcelo.

La charla táctica desveló la primera incógnita: jugaría Coentrão. Los titulares serían Casillas; Arbeloa, Pepe, Ramos, Coentrão; Khedira, Alonso; Di María, Özil, Cristiano; y Benzema. El esquema de partida apuntó al 4-2-3-1, y en la alineación prevalecieron los futbolistas sutiles; pero muchas de las instrucciones de Mourinho fueron propias de un planteamiento con «trivote».

Hasta entonces, cuando disponía el 4-2-3-1, Mourinho había pedido que esa línea de tres formada por Di María, Özil y Cristiano bajara a ofrecerse para salir jugando con más criterio. Contra la mayoría de los rivales no se había opuesto a iniciar el juego por abajo. En Múnich la directriz consistió en jugar directo, saltando líneas de presión con pases largos en diagonal para Di María o Cristiano, o lanzamientos a Benzema para que descargara en Özil. El media punta alemán debía permanecer arriba, atento a las segundas jugadas, sin arriesgarse a bajar a elaborar. Mourinho hizo hincapié en que solo salieran jugando a ras de hierba si provocaban un error del Bayern. Preocupado por evitar las pérdidas en el medio campo y los contragolpes de Robben y Ribéry, su consigna fue jugar como si su medio campo no existiera.

Los equipos habían terminado el calentamiento en el Allianz Arena cuando Kaká se cruzó con su amigo Marcelo en el túnel de vestuarios. El paulista fue hacia el carioca y le dio un abrazo fuerte.

—¿Qué? —le interpeló—. ¿Que hoy no juegas pero jugarás en el Bernabéu para salvar la eliminatoria? ¡No te confundas que la final no la vas a jugar tú!

Kaká se reía. Marcelo, un bromista compulsivo, incapaz hasta esa época de afrontar una desventura sin sonreír, se puso muy serio. Se encogió de hombros y miró al suelo, como intentando dominar su abatimiento, mientras Kaká lo agarró por los hombros y lo animó.

—De verdad, lo tuyo es muy injusto... Nos arreglaste la eliminatoria con el Apoel en la ida... Si hemos llegado hasta aquí sin ninguna dificultad es gracias a ti...

Fue un partido trabado. Intempestivo. Los dos equipos jugaron a no ceder espacios, a negarle la precisión al oponente, a cuidarse. Todavía se tanteaban cuando Ribéry atrapó un rechace a la salida de un córner y lo mandó a la red entre un bosque de piernas. El 1-0 alarmó a Mourinho, que cambió el esquema a los 20 minutos: del 4-2-3-1 al 4-3-2-1. Di María abandonó la banda para meterse en el medio centro, a la derecha de Alonso, y Özil se trasladó al extremo derecho. Fue un «trivote» improvisado. Desencadenó una lluvia de pelotazos que afearon el partido en todas direcciones. El gol de Özil, después de un contragolpe de Cristiano y Benzema, explotó el único contragolpe que pudo montar el Madrid. En la pretensión de clausurar el partido con el 1-1, Mourinho mandó un repliegue total y añadió cemento al medio campo. Cambió a Di María por Granero, a Benzema por Higuaín y a Özil por Marcelo. El lateral brasileño tuvo que ejercer de volante-tapón en el vértice izquierdo del «trivote», y lo hizo tan frustrado, con tan pocas ganas, que dio la impresión de poner todo su empeño en que le expulsaran. La patada que le propinó a Müller estaba tipificada como roja. Pero el árbitro, Howard Webb, se lo pasó por alto.

La cintura de Lahm, un amague con un quiebro hacia adentro en el pico del área, envió a Coentrão al suelo en el minuto 90. El alemán retocó la pelota con el exterior del pie derecho, se fue hacia la línea de fondo y sin que nadie lo molestara metió el centro que buscaba Mario Gómez. Punterazo y gol: 2-1. El gol que transformaría la eliminatoria de forma irremediable.

Webb señaló el final. La revuelta que se organizó en el vestuario visitante no pudo tener otra temática que el empecinamiento del mánager por «dejar su sello», como decían los jugadores, aunque ello perjudicara al equipo. Arbeloa, Higuaín, Lass, Callejón, Casillas y Ramos se encontraban entre los más elocuentes. No cuestionaron el conservadurismo del planteamiento, ni los cambios, que también juzgaron equivocados, con la misma vehemencia que la alineación del lateral izquierdo. Dijeron que Coentrão era un problema, que defensivamente no mejoraba a Marcelo y ofensivamente no aportaba nada; y lamentaron que por forzar su titularidad Mourinho hubiera tirado a la basura el trabajo de todos. Dijeron que últimamente tenían la impresión de que la plantilla debía ponerse al servicio de la promoción de Coentrão. Encendidos, enumeraron los errores del lateral: en Moscú hizo una falta inútil que permitió al CSKA empatar (1-1); en Chipre el equipo no funcionó hasta que no le sustituyó Marcelo, y contra el Barça en el Bernabéu, en Liga y en Copa, cometió errores conceptuales en los marcajes de Cesc, Iniesta y Messi que impidieron ganar los partidos.

Señalaron que el fallo de Coentrão cobró una relevancia mayor, si cabe, para un equipo contragolpeador como el Madrid. La diferencia entre afrontar la vuelta con un 1-1 y hacerlo con un 2-1 era un abismo, según la opinión general de los jugadores más importantes. El 2-1 permitía al Bayern ir al Bernabéu a ordenarse atrás y esperar. Exactamente lo que descomponía al Madrid, que después de dos años de entrenar la defensa y las transiciones rápidas, había perdido el hábito de jugar en espacios reducidos llevando la iniciativa. «Ahora no vamos a tener espacios —decían los jugadores—. Se nos vienen atragantando los equipos que se meten en su área. Se nos atragantó el Sporting. ¿Cómo no nos va a complicar el Bayern?» La sensación de impotencia se reflejaba en una exclamación reiterada.

—¡La culpa es de Mourinho!

La «décima», tan cerca en la visión de los medios de comunicación más próximos al club, se había transformado en una odisea en los corrillos del vestuario. «¿Cuándo volveremos a tener cruces tan fáciles? —se preguntaban—. ¿Cuándo volveremos a jugar la vuelta en casa en todas las rondas?» Los jugadores creían que en Múnich su entrenador había complicado una oportunidad histórica.

En la vuelta el Madrid formó con el mismo esquema y los

mismos hombres de Múnich, salvo por Marcelo, que, como había previsto Kaká, entró por Coentrão. El Bayern salió con Neuer; Lahm, Boateng, Badstuber, Alaba; Schweinsteiger, Luis Gustavo; Robben, Kroos, Ribéry; y Mario Gómez.

Mourinho dispuso a sus hombres que presionaran en bloque medio, situando la zaga a unos 20 metros del área como máximo. La entrada del Madrid al partido fue atronadora. Alonso activó a Di María con desplazamientos largos, Khedira se desplegó para buscar los rechaces y Neuer no tardó en hacer su primera parada. Otra incursión de Di María, y otro centro, acabó en la mano de Alaba. Cristiano ejecutó el penalti. Antes del cuarto de hora, aprovechando un pase de Özil que lo dejó mano a mano con Neuer, marcó el 2-0. El Bayern respondió sin intimidarse. Robben falló solo ante Casillas y Khedira despejó un remate de Ribéry. Suficiente para que Mourinho saliera a la zona técnica agobiado y gritara haciendo gestos que ordenaron un repliegue generalizado. El equipo se colocó en bloque bajo. Fue el anticlímax. Lo explotó el Bayern adueñándose del medio campo con Schweinsteiger y Kroos. El Madrid estaba en plena retirada cuando Pepe derribó a Gómez en el área. Corría el minuto 27 y Robben empató la eliminatoria de penalti.

La charla del descanso quedaría grabada en todos los jugadores. Mourinho se puso delante de su audiencia y, a decir de los testigos, pronunció palabras que venía rumiando desde hacía meses.

—Señores —dijo—. Hay que ser inteligentes...

La invocación de la inteligencia, en el lenguaje eufemístico del mánager, equivalía a una petición de renunciar a los escrúpulos infantiles. Había que dejar a un lado el balón, el orgullo y la vanidad. Esto era el profesionalismo y la competición. Para explicarlo, se extendió diciendo que el resultado era complicado; que había que seguir presionando en bloque bajo, y que la causa de todo esto era la necesidad fisiológica de reservar energía, porque la temporada estaba muy avanzada y las fuerzas no abundaban. Como si la arenga estuviera inspirada en una prueba de lactato, les ordenó que dejaran de ir a presionar los saques de portería y los saques de banda del rival porque harían esfuerzos irrecuperables. «Los esperamos un poco —insistió—, flotamos.» Si recuperaban el balón, les encomendó salir al contraataque sin perder la posición atrás y sumando gente según lo entrenado.

El discurso tuvo un efecto inmediato. El partido, que hasta entonces había pertenecido a los jugadores, pasó a manos del entrenador. Para otros futbolistas, la arenga habría podido resultar edificante. Pero en ese vestuario había algunos de los mejores jugadores del mundo. Al oír que lo importante era entregar el campo y el control del balón al rival, se desmoralizaron.

La disposición del Madrid en la segunda parte apagó el fervor de la grada. El equipo reculó y el público se quedó frío. Solo se oían los hinchas bávaros. La alteración del sonido ambiente puso furioso a Mourinho, que se volvía hacia sus ayudantes indignados para señalar a la tribuna. Cada vez que el Bayern se aproximaba al área de Casillas, soltaba una imprecación.

—¡Esta afición es una vergüenza!

El Madrid se desangró hasta la tanda de penaltis. Casillas le paró uno a Alaba y otro a Mario Gómez, pero Cristiano, Kaká y Ramos fallaron los suyos. La eliminación, en la conciencia de la plantilla, fue, en gran parte, culpa de un entrenador que tomó más decisiones equivocadas que acertadas. Los jugadores echaron cuentas para determinar los cruces que les había complicado el técnico desde 2011 y enumeraron los cuatro más importantes que disputaron: la Supercopa y las semifinales de Copa contra el Barça, y las semifinales de Champions contra el Barça y el Bayern.

El desencanto era profundo y multilateral. Mourinho no deseaba seguir en el Madrid. En marzo inició conversaciones con el Manchester City y el Chelsea a través de su agente, Jorge Mendes. La opción del City se desvaneció cuando el equipo se proclamó campeón de la Premier. En cuanto al Chelsea, el técnico alcanzó un acuerdo con Roman Abramovich. Pero ocurrió algo imprevisto. El club de Londres, de la mano de un entrenador interino, Roberto di Matteo, levantó la Copa de Europa en Múnich el 19 de mayo. El triunfo persuadió tanto a Mourinho como a Abramovich de que lo mejor sería deshacer el contrato. Al ruso le pareció políticamente costoso despedir al entrenador que acababa de lograr el título más importante en la historia del club. Al portugués le desagradó la idea de fichar por un equipo en plena transición generacional que, de pronto, se encontraba con tan poco que ganar y con unas expectativas tan elevadas. Un compromiso así iba contra su costumbre.

Un sentimiento de mágica comunión asoció a Florentino Pérez y a José Mourinho en la primavera de 2010. Pero dos años más tarde la magia se había disipado. Ni la fiesta por la obtención de la Liga impidió que estos hombres se contemplaran el uno al otro con algo que no fuera un frío pragmatismo. Hacia el exterior, presidente y mánager pregonaron su indisoluble unión. Cuando se encontraban fingían lealtad a ultranza. Pero separados, cuando se rodeaban de sus respectivos círculos íntimos, añoraban un futuro en el que ya no se necesitaran nunca más. Ambos comprendieron muy bien que los desorbitados presupuestos económicos no encontraron un correlato satisfactorio en los éxitos deportivos.

A pesar del caudal de fantasía que los rodeaba entremezclado con fanatismo, estrategias de comunicación, ilusiones y márketing, los dos personajes principales del proyecto supieron muy bien que no eran sombras en el celuloide. La destrucción de la imagen ejemplar del Barça en los medios de comunicación y en el campo de juego siempre fue una meta tan incierta como ganar la Champions. Según avanzaba el verano de 2012, Pérez y Mourinho dieron señales de cautela, incluso de resignación.

El 22 de mayo de 2012, después de agotar la búsqueda de una vía de regreso a Inglaterra, firmó la renovación de su contrato con el Madrid, prolongando el vínculo hasta 2016. A la mayoría de sus jugadores, la noticia los sorprendió con sus selecciones, preparando la Eurocopa de Polonia y Ucrania. El trofeo permanecería en poder de España, que tuvo en Casillas, Alonso y Ramos a tres de los referentes imprescindibles. Los internacionales se reincorporaron a la pretemporada el 28 de julio para concentrarse en Los Ángeles. Allí encontraron a un Mourinho misteriosamente transformado.

El mánager parecía súbitamente alejado de los portugueses. Coentrão, Di María y Pepe, los chicos con los que más hablaba durante las concentraciones, ya no le atraían tanto como los recientes campeones de Europa. El renovado tirón social que representaba la obtención del título confería a Casillas, Ramos, Alonso, y sus compañeros de generación, un halo de fama y prestigio del que los futbolistas españoles jamás habían gozado hasta la fecha. Mourinho no dejaba de interrumpirles. Ingenioso y guasón, les hacía chistes sobre cualquier motivo y en todo veía una oportunidad de intercambiar pareceres. Quería ganarse el aprecio de Ramos.

—¡Sergio! ¿Adónde te has ido de vacaciones? Te veo muy moreno...

Los futbolistas suelen ser celosos. Los portugueses se indignaron ante estas demostraciones de simpatía. Pepe, Coentrão y Cristiano no se podían creer lo que veían. Les parecía la máxima expresión del oportunismo. Ellos, que ahora figuraban como derrotados por España en las semifinales de la Eurocopa, se sentían desplazados. Los españoles, cuya desconfianza en Mourinho no hacía más que crecer a pesar de los formalismos, estaban convencidos de que si hubieran perdido contra Portugal en Donetsk, su situación en el club se habría vuelto asfixiante. Hasta Arbeloa, que en público se mostraba tan «mourinhista», cuando hablaba con sus colegas comparaba las intenciones del mánager durante la Eurocopa con la planificación de un golpe de Estado. Todos sabían que el prestigio deportivo del vencedor se traduce en poder y que Mourinho había cruzado los dedos por una victoria portuguesa. En Gestifute, la empresa que le coordinaba su representación, lo daban por cierto: el mánager había querido fichar ese mismo verano a Meireles y Bosingwa, dos jugadores representados por Mendes. El plan era aumentar la colonia, el club dentro del club. Pero, tras la Eurocopa, las condiciones dejaron de ser favorables. De modo que cuando Mourinho veía a Ramos, le hacía un guiño.

—Me gusta tu corte de pelo. ¿Tienes un esteticista en la familia?

Casillas procuró evitar a su jefe. Cada vez que le hicieron una entrevista intentó dejar claro que él pertenecía a otra escuela. Lo repetía como si fuera una fórmula, aunque la pregunta no tuviera nada que ver, y se rebrincaba cuando descubría que algunos medios, al editar las respuestas, le cortaban esa parte.

—Inculco los valores que me enseñaron gente como Hierro, Raúl Redondo, Roberto Carlos, Guardiola, Abelardo o Luis Enrique —decía Casillas.

La introducción de Guardiola en la relación no era casual, y a Mourinho le sacó de quicio escucharlo.

El verano transcurría extrañamente apacible, entre frivolidades, conjeturas políticas y mensajes subliminales, cuando debajo de lo que parecía otra trivialidad comenzó a formarse, como una bola de magma en un volcán, un conflicto de consecuencias impredecibles. Cristiano se mostró introvertido desde el primer día de trabajo. Evitaba a la gente, no solo a los españoles. Incluso se alejó de Pepe, en otro tiempo su escudero. Echaba las horas en compañía de Coentrão.

El muchacho estaba irritable. Un día en Estados Unidos un aficionado le tiró un balón de playa para que se lo firmase, y fuese porque la pelota le golpeó en mal sitio, o porque se había levantado con el pie izquierdo, reaccionó devolviendo el pelotazo. En la plantilla pensaron que la causa de todo era el pálpito de que no ganaría el Balón de Oro, el premio que otorgaba la FIFA al mejor jugador del año. Un compañero español juzgó que, más que una obsesión, el deseo del trofeo para él era «una enfermedad». Pero no lo supieron a ciencia cierta porque se pasó un mes sin apenas mantener una conversación.

En la última semana de agosto de 2012 el Madrid derrotó al Barça en la Supercopa por el valor doble de los goles marcados fuera. En la ida, 3-2; en la vuelta, 2-1. En el primer torneo de Tito Vilanova como entrenador, el Barcelona exhibió una asombrosa mezcla de indolencia y descolocación en defensa. El equipo de Messi no se mostraba tan vulnerable desde 2008.

La Liga comenzó en el Bernabéu el 19 de septiembre, con empate (1-1) ante un Valencia sin demasiada sustancia. El partido fue malo. Mourinho entró al vestuario y lanzó una invectiva. Si es verdad que alguna vez sintió por los españoles una devoción pueril, de pronto se antojó cosa de un pasado remoto. Se puso muy grave cuando dijo que había gente que no había regresado de las vacaciones, que el calor era para todos o que observaba que les faltaba hambre. Lo novedoso no fue la agresividad de su tono sino el desinterés con que le escucharon. Para la mayoría fue soporoso, o como si no existiera. Se ducharon, se cambiaron y se fueron.

El único que pareció afectado, y no por las palabras del entrenador, fue Cristiano. No superaba la melancolía. Jorge Mendes no hacía más que hablarle del Balón de Oro cada vez que comían juntos. Cristiano, que sustituyó al padre que perdió de niño por la presencia protectora de su representante, se dejaba sugestionar. Creía que únicamente ganando la Eurocopa habría tenido posibilidades de recuperar el trono que le había arrebatado Messi en 2009. Perdido el torneo internacional, el sueño del reconocimiento individual también se había oscurecido. Se sentía frustrado por ello. Necesitaba superarlo de alguna manera, pero la monomanía reinante en su entorno no le servía. Hombre tenaz como pocos, Mendes dedicó una parte importante de su energía a diseñar proyectos monumentales cuyo nexo era el distintivo publicitario del número uno. El empresario quería que lo reconocieran como al representante número uno porque representaba a los número uno mundiales. Aspiraba a convertir a Cristiano en el mejor futbolista que jamás había pisado la Tierra; y para Mourinho inventaba leyendas que adornaran el catálogo de trofeos que acreditaban su condición de técnico más exitoso del ránking mundial.

Con el fin de canalizar esta idea fija, Mendes cerró un pacto de representación con Diego Maradona, e impulsó en 2010 la creación de una gala del fútbol paralela, la Globe Soccer Awards, que se celebra anualmente en Dubai. A esta fiesta acude como maestro de ceremonias, con toda su cuadrilla. Instituye premios a la medida de sí mismo y de sus representados. El propio Mendes es la única persona premiada con el primer galardón de su género en las tres ediciones organizadas: mejor agente del año 2010, 2011 y 2012.

Si la existencia de Messi supuso un obstáculo para estos programas, la fortaleza de la selección española dejó a Cristiano sin posibilidades de llevarse el Balón de Oro. La velada de Dubai tenía el fastuoso exotismo del Golfo Pérsico, pero el prestigio residía en la corona esférica de la FIFA. Durante años, Mourinho y su representante le habían repetido a Cristiano que el futbolista argentino no era rival para él. Le llamaban «El Enano» y se entretenían descubriéndole carencias. El técnico aseguraba que debía su influencia al poder político del Barcelona, y que no podría arrebatar para siempre el Balón de Oro. Quizás en ese verano de 2012, Cristiano descubrió que la fantasía y la realidad no siempre coinciden, y que lo que le decían las personas en las que había creído firmemente desde niño podía no ser exacto.

Las tribulaciones de Cristiano coincidían con su aire pesado en los entrenamientos. Le faltaba el punto frenético de sus mejores días. Dos jornadas sin meter un gol, para cualquier delantero, es lo corriente. Para él, insinuaba un socavón. Al cabo de la 2.ª fecha de la Liga, el 26 de agosto, el Madrid había perdido en Getafe y le separaban cinco puntos del Barcelona. El vestuario era un horno. Mourinho y el grupo encabezado por los capitanes volvieron a darse la espalda. El equipo nunca recortaría la distancia en la clasificación. Los jugadores insistían en que no era falta de voracidad competitiva. Lograr el campeonato que tanto habían necesitado no les había aburguesado. Una Liga, dijeron, no los podía agotar. Una Liga no les saciaba la sed de gloria. Los equipos no se desgastan por los trofeos sino por la convivencia. Y la mayoría de los jugadores, por unas razones o por otras, confesaban su incapacidad de responder a un entrenador en quien no podían creer.

Cristiano se puso su mejor traje azul marino y una corbata gris marengo para acudir a la gala de la UEFA el 30 de agosto, en Montecarlo. Estaba nominado junto a Iniesta y Messi para el premio al mejor futbolista europeo de la temporada 2011-2012. Las cámaras registraron su decepción cuando Michel Platini, presidente de la UEFA, anunció que Iniesta era el elegido. Pero lo que de verdad le disgustó fue ver que a los aspirantes del Barcelona les había acompañado su presidente, Sandro Rosell, mientras que a él, en nombre del club, solo le había escoltado Emilio Butragueño. No era cuestión de personas sino de personalidades, de etiqueta y protocolo. El jugador creyó que merecía más consideración. Atravesaba un momento difícil y se encontró desamparado.

La gala de Montecarlo registró un hecho insólito. Por primera vez en un acto solemne, Messi y Cristiano compartieron el segundo puesto, y además, con el mismo número de votos. Quizá comprendieran que, a pesar de todas sus diferencias, en algo habían coincidido. Aprovechando la coyuntura, Iniesta, que con Cristiano tenía una excelente relación, le aproximó a Messi. Hablaron. Seguramente de fútbol, de su común admiración por el ganador. Como quiera que el roce hace al cariño, acabaron pasando un buen rato. Jorge Mendes, agente de Cristiano, escoltó a su jugador y amigo, y, con el correr de la tarde, se cruzó con Rosell. Dicen que les vieron conversar animadamente, como viejos conocidos.

El Madrid se impuso ante el Granada (3-0), el 2 de septiembre. Goleador por dos veces, Cristiano se duchó, se caló una gorra negra y ofreció una conferencia que parecía trivial hasta que alguien le preguntó por qué no había celebrado sus tantos.

—Puede ser que esté un poco triste. Es la única razón. Cuando no celebro los goles es porque no estoy feliz. Y no es por el premio de la UEFA. Eso es lo de menos. Hay cosas más importantes que eso. Es profesional. La gente del club lo sabe.

Casillas y Ramos se apresuraron a reunirse con su compañero para preguntarle si tenía algún problema que pudieran solucionar y, al ver que la cosa no iba con ellos, le ofrecieron su apoyo de forma más o menos efusiva. En el vestuario comenzaron a circular rumores sobre las aflicciones del goleador. La versión más extendida señaló que se había entrevistado con el presidente, Florentino Pérez, y le había trasladado que no quería seguir en el Madrid en las mismas condiciones, sin un respaldo más estrecho de la institución, la hinchada y los compañeros. Con el tiempo, sus colegas supieron que Cristiano no les guardaba rencor, que su relación con Mourinho continuaba siendo tan irrelevante como siempre y que quien le había decepcionado era el presidente.

Cristiano contó a sus amigos que al regresar de Montecarlo contactó con Pérez para trasladarle su frustración por el trato distante que le había dispensado desde 2009. Ambos mantuvieron un breve encuentro. El jugador le insinuó que si no le quería pensaba escuchar ofertas de otros clubes. Por respuesta, el presidente le invitó a marcharse. Se podía ir, le indicó, siempre que trajera suficiente dinero para pagar la cláusula de Messi.

Todo aquello que de verdad distinguía a Cristiano como futbolista se lo debía a su amor propio. Con vanidad alimentaba la tenacidad, la ambición de superación, el deseo febril de competir y el trabajo meticuloso sobre su cuerpo como si se tratara de una coraza que lo blindaba frente a los desafíos del exterior. El hombre tenía un punto candoroso que era su gran fuerza. Creía en sí mismo hasta mitificarse y le gustaba el fútbol porque ejercitaba su reafirmación. En el campo podía repetirle al mundo: «Yo soy Cristiano.» Las palabras de Florentino Pérez, fuesen cuales fuesen, debieron abrirle una grieta en el caparazón. Le confirmaron que todos aquellos murmullos que había oído sobre el poco aprecio que le tenía eran ciertos. Por alguna razón, quizá porque le había fichado Ramón Calderón, su repudiado antecesor en la presidencia, Pérez no había podido ocultarle la falta de tacto y de afecto. Cristiano no lo olvidaría.

Las fantasías germinan con facilidad en el fútbol. Durante meses, alrededor del Madrid se vivió la ilusión de que la temporada conducía hacia algo grande. A muy poca gente le convenía que trascendiera otra cosa, y la gran mayoría de los aficionados continuaron creyendo en la rehabilitación. Pero a mediados de septiembre, a falta de ocho meses para el final de la campaña, Florentino Pérez se encontró al borde de la nada. A punto de perder la confianza de la principal figura de su equipo, fuera de la Liga, y con el entrenador enfrentado sin remedio a los capitanes en representación de la mayoría de la plantilla, lo que más o menos equivalía a tener al mánager momificado en un sarcófago.

El Barça empezó la Liga casi tan mal como el Madrid. Le ganó con holgura a la Real (5-1), pero sufrió para superar al Osasuna (Messi no marcó el 0-1 hasta el minuto 76), derrotó con grandes problemas al Valencia (1-0), y no mató el partido en Getafe hasta el último cuarto de hora (1-4). Tuvo suerte de alcanzar la 5.ª jornada con 12 puntos. El Madrid solo sumó cuatro puntos después de empatar contra el Valencia (1-1), perder en Getafe (2-1), ganarle al Granada (3-0) y caer en Sevilla (1-0).

De alguna manera, todo acabó el sábado 15 de septiembre de 2012 pasadas las diez de la noche. La aparición de Piotr Trochowski para empalmar el centro de córner de Rakitic, adelantó al Sevilla en el minuto uno de un partido que se congeló en ese instante. Se jugaba la 4.ª jornada de Liga en el Sánchez Pizjuán y el Madrid no fue capaz de responder a esa jugada ensayada, ni de meter un gol en los 90 minutos restantes. Para los futbolistas, fue la constatación de que los viejos problemas de juego que sufría el equipo eran cada vez más acuciantes. Para el entrenador, el análisis se concentró en el primer minuto. Mourinho ofreció una conferencia en su descargo, en la que destacó su profesionalismo al tiempo que observó lo que parecía una inexplicable dejación de funciones en sus subordinados.

—No podemos trabajar más y mejor los balones parados. Cada jugador sabe su misión y su posición. Los que tienen responsabilidades individuales saben quiénes son sus oponentes y los que están en zona saben qué zona tienen que ocupar. Tenemos gráficos en el propio vestuario (...). Mi problema es que mi equipo en este momento no está (...). Me preocupa que, desde que empezó la temporada, jugamos la Supercopa y no jugamos nada más.

No fue solo una crítica pública. Fue una denuncia de falta de profesionalismo y desinterés. Tras la filípica de Getafe, el mánager se había embarcado en su propia nave. Aquellas estrategias de comunicación que en 2010 exhibió ante la plantilla como una sofisticada herramienta de defensa común, dos años más tarde se habían convertido en un arma que se volvía contra los jugadores.

Nadie supo mejor que Mourinho que la renovación de su contrato hasta 2016 tuvo solamente un sentido económico. Quizás el presidente lo consideró como un compromiso más profundo, pero el técnico nunca creyó en la viabilidad de su continuidad a menos que pudiera despedir a la mitad de la plantilla. Esto era imposible. Inabordable cuando de lo que se trataba era de despedir a Ramos y Casillas, dos de los pilares de la selección campeona del Mundo y de Europa. Para el entrenador, que percibía calamidades en cada esquina, Madrid se representó como una trampa. Apurado por la sensación de fracaso inminente, y temeroso de destrozar su prestigio, lo primero que se le ocurrió fue explotar el recurso propagandístico: repetir insistentemente que los jugadores dimitían para que el público se formara una idea de su inocencia. Lo tenía previsto cuando arrancó la Liga y lo aplicó con todo el rigor del que fue capaz.

Preocupados, los capitanes le pidieron una reunión tras la derrota de Sevilla. Asistieron Casillas, Ramos e Higuaín. El más impetuoso fue Ramos, pero los tres le hicieron un planteamiento frontal. Le recriminaron que intentara desacreditar a los futbolistas como parte de un método cuyo fin último era evitar asumir públicamente su cuota de responsabilidad. «Ya te lo he dicho antes y lo has vuelto a hacer», le decía Casillas. Los jugadores lamentaron que sus denuncias vulneraran códigos que ellos sí habían respetado. Le recordaron la eliminatoria con el Bayern.

—En Múnich perdimos el partido, entre otras cosas, porque tú pusiste a Coentrão, y nadie salió a criticarte por ello... Y en la vuelta cuando el Bayern estaba muerto tú echaste al equipo atrás... Y ningún jugador dijo que nos quedamos sin jugar la final por culpa tuya.

Mourinho no respondió. Se mantuvo en silencio y los despidió. El martes 18 de septiembre, en el debut de la temporada en Champions, dio su réplica. El Manchester City visitó el Bernabéu y en la alineación local no figuró Ramos. En su lugar jugó Varane, un central de 18 años al que apenas había dado minutos en 12 meses. Casillas tuvo la certeza de que si no le quitó ese día fue porque Mourinho no veía en Adán, el segundo portero, a un meta de garantías. A pesar de los continuos errores del City, el Madrid estuvo a punto de perder. En el minuto 86, Kolarov hizo el 1-2. Benzema en el 87 (2-2) y Cristiano en el 90 (3-2) evitaron lo que pudo convertirse en una pesadísima fase de grupos.

El avance del Madrid por la Champions resultó accidentado de principio a fin. Lo mismo que la relación de Cristiano y el presidente desde la gala de Montecarlo. Pérez admitió a sus consejeros que fue un error no asistir. Según le habían comentado, alrededor de la ceremonia se habían tejido demasiados lazos entre Mendes, Rosell, Messi y Cristiano. Incluso le informaron de que Messi y Cristiano se llevaban bien. Esto último no se lo creyó. Lo que sí admitió es que, de haber estado presente, habría amortiguado el efecto pernicioso que este cruce de caminos tuvo en la estrella de su equipo. Montecarlo sentó las bases del sentimiento de orfandad de Cristiano lo mismo que movió a Pérez a preocuparse seriamente de hacerle la oferta que le había escamoteado desde 2011.

Entre 2011 y comienzos del verano de 2012 el Madrid mejoró los contratos de Di María, Carvalho, Pepe y Mourinho. Cuatro de los seis hombres representados por Jorge Mendes en el club. Los otros dos eran Coentrão y Cristiano. Si a Di María tardaron un año y medio en renovarle, resultaba misterioso que a Cristiano no le tocaran sus condiciones laborales después de tres años en los que se había convertido en el goleador más prolífico de la historia del club por promedio anotador: 202 goles en 199 partidos. El primer asombrado ante la indiferencia que suscitó su rendimiento fue Cristiano. Si en la plantilla había un futbolista capaz de garantizar la «décima» y resultar creíble, era él. Ni por Pepe, ni por Di María, ni por Carvalho el Madrid podría recibir jamás el dinero invertido en los traspasos. En lo que respecta a Mourinho, económicamente, la renovación suponía una carga para el club más que para el entrenador. Con Cristiano era diferente. Su valor de mercado en 2013 era superior a los 80 millones de libras que el Madrid pagó por él en 2009.

Los rumores de que Cristiano y Messi cultivaban una animosa camaradería empujaron a Pérez a mantenerse alerta. Hubo un hecho que le inquietó particularmente. El presidente del Barcelona fue invitado a dar una conferencia a la World Soccer Awards, la gala que coordinaba Mendes. En la cena de clausura, donde estuvieron Capello, Mourinho y Maradona, entre otros asistentes, vieron a Rosell y al agente apartarse durante un rato para charlar en privado. Un conocido de Pérez que asistió al encuentro le aseguró que el empresario y el directivo concentraron su interés mutuo en una figura: Cristiano.

Al principio, Florentino Pérez descartó por completo que

Messi y Cristiano pudieran coincidir en el mismo equipo, dado el grado de rivalidad personal que habían alcanzado. Con el tiempo, sin embargo, le fue dando vueltas a la posibilidad. Lo consideró con tanto interés que se propuso acudir a la gala del Balón de Oro de la FIFA para someter a su estrella a un seguimiento exhaustivo. Así fue como el presidente se encontró el 7 de enero de 2013 apostado en un rincón apartado de un vestíbulo de la Kongresshaus de Zúrich, vigilando a Messi mientras daba una entrevista a una televisión. De pronto, al otro lado de la sala apareció Cristiano. Entonces ocurrió lo que tanto había temido el dirigente. Messi le hizo un gesto, Cristiano acudió y se abrazaron felices como niños antes de quedar para después. Pérez confesó a sus amigos que somatizó aquello con mucha angustia. Sintió el peligro. Lo visualizó todo. Cristiano se quedaría libre en enero de 2015 y entonces cualquier club, incluido el Barcelona, le podría fichar sin negociar con el Madrid. Dicen sus amigos que el presidente imaginó con horror la línea de ataque, carril por carril. A la izquierda, donde le gustaba jugar, Cristiano. Al medio, Messi. A la derecha, Neymar. Algo inolvidable. El sueño galáctico al revés. Una pesadilla con alienígenas. Algo que tenía que evitar por todos los medios.

Obsesionado por eliminar cualquier riesgo, Pérez llegó a plantearse la venta de Cristiano a otro club en el verano. Previendo que tal vez Cristiano prefiriese no renovar su contrato con el Madrid, puso en marcha mecanismos para rastrear el mercado en busca de ofertas por el jugador. Se mostró dispuesto a traspasarlo por 150 millones de euros. A donde sea que los pagasen. Menos al Barcelona.

Los meses que transcurrieron desde el 30 de agosto hasta que acabó la temporada reflejaron un intercambio de papeles. Cristiano recobró la tranquilidad a medida que los dirigentes se impacientaban. El club hizo al jugador tres invitaciones para sentarse a conversar sobre el contrato. Las tres fueron ignoradas al tiempo que el futbolista decía en público que aspiraba a cumplir su actual contrato. En otras palabras, finalizar el vínculo en 2015. En Gestifute, la empresa que le llevaba los negocios, aseguraron que esto tenía una lectura: Cristiano sabía que si se quedaba libre se haría mucho más rico de lo que ya era, y no le urgía aceptar las condiciones de Pérez. En la primavera le hicieron tres ofertas de 60 millones de euros garantizados que en mayo subieron a 80. Solo debía esperar a enero de 2015, cuando tendría 29 años, y había clubes dispuestos a pagarle esa cantidad en concepto de prima, más un salario que mejoraría al del Madrid.

Desde enero, y ante la ausencia de respuestas de su estrella, el Madrid hizo un intento de última instancia por fichar a Neymar. La operación, truncada por la confirmación del traspaso al Barça, el 26 de mayo, abundó en el creciente sentimiento de angustia en el interior de las oficinas presidenciales de ACS. En el círculo de asesores más próximos a Florentino Pérez hicieron acto de contrición por haber dejado pasar la ocasión de renovar a Cristiano en 2011, cuando el jugador aún se mostraba interesado. Entonces, le habrían podido subir el salario básico de nueve millones netos a 11, sin el gasto que supondría para el club la mejora urgente, sin margen de maniobra, que se imponía en 2013.

Cristiano acabó la temporada y se marchó de vacaciones sin despachar con Pérez. Fue Jorge Mendes quien recibió la oferta de renovación. Consistía en una prolongación del contrato hasta 2017, extensible un año más, a razón de 14 millones de euros netos por año, lo que al Madrid le supondría, con la nueva fiscalidad, cerca de 30 millones de euros brutos por temporada. La proposición podía convertir al portugués en el futbolista mejor pagado de Europa occidental. Cristiano, sin embargo, antes de responder prefirió disfrutar de sus vacaciones. ¿Por qué preocuparse si el tiempo corría a su favor? ¿Qué importaba ya lo que quisiera Florentino cuando la iniciativa le correspondía a su agente, a Mendes, a su amigo, al verdadero ganador de todas las partidas?

11

Irrealidad

Todos los empresarios clamarán que no son otra cosa que realistas. Pero la realidad es que existe un fuerte sentido de la negación en muchas compañías que no les permite tomar las decisiones adecuadas. ¿Por qué la gente no afronta la realidad? ¿Cómo se sitúan en una posición que los prevenga de este tipo de estrategia? En primer lugar: los líderes se proveerán de información filtrada. Se rodearán de una burocracia que piensa igual que ellos. Como consecuencia, a pesar de que llegarán a un acuerdo, con frecuencia ese acuerdo no tendrá vigencia. No será en absoluto relevante, teniendo en cuenta lo que está ocurriendo en el mercado. En segundo lugar, hay líderes que emprenden audiencias selectivas: escuchan lo que quieren escuchar, pero no necesariamente lo que deberían. En tercer lugar, sus pensamientos expresan su deseo: tienden a creer que aunque el negocio funcione mal los mercados volverán a interesarse porque siempre lo hacen. Ven el mundo a través de cristales color de rosa, ven el mundo como quieren que sea y no como es. Y cuando lo descubren no están ante un declive cíclico sino estructural. Por último está el miedo: hay culturas que suprimen la realidad. Que castigan a la gente que confronta o es diferente de lo que determina la norma. Las organizaciones que sufren esto no reciben información real. Si no recibes información real no te puedes comportar en sintonía con lo que sucede a tu alrededor. Todas estas razones hacen que la gente evite afrontar la realidad. Y si no lo haces no puedes mantener tu empresa en la vanguardia.

LARRY BOSSIDY, *Execution: The Discipline
of Getting Things Done*

El humedal de Calblanque se extendía sereno y brillante hacia el mar. Sobre la terraza, en una tumbona, calentándose al sol de la tarde como una iguana, Jürgen Klopp sonreía.

—Lo mejor de trabajar en España sería el clima, eso desde luego —decía.

El entrenador del Borussia Dortmund no encontraba muchas más ventajas. Se había trasladado a Murcia con su equipo para completar la preparación durante el intervalo invernal de la Bundesliga. El mes de enero de 2013 se agotaba pero la atmósfera de la costa era tibia y clara. Klopp decía que le llamaba la atención la inmensa desigualdad de la Liga, el empobrecimiento de la competición, los clubes y sus infraestructuras. Había leído que las encuestas entre los socios del Madrid le situaban a la cabeza de los entrenadores preferidos. Estaba impresionado por el interés, pero aseguraba sentirse muy feliz en el Dortmund. Esgrimía una razón fundamental.

—El Dortmund es tal y como uno imagina que debe ser un club de fútbol. Nos encanta que siga siendo un club y no una empresa donde se dice: hoy este y mañana aquel. Queremos trabajar en equipo con la gente durante más tiempo. Llevo cuatro años y mi contrato acaba en 2016. Es muy estimulante porque así se pueden desarrollar cosas nuevas. Veo ahora a jugadores de 10 o 13 años y los entrenaré dentro de cuatro años.

El efecto contagioso de la Premier impulsó una ola reformista en gran parte de los clubes del continente. Se procedió al enclaustramiento de los jugadores en ámbitos aislados, al distanciamiento de los aficionados y al tratamiento del socio como consumidor. Aparecieron tecnócratas procedentes de la empresa tradicional y el márketing, inspirados casi todos en modelos de gestión que trataban con desdén las viejas leyes que habían regido los equipos y los vestuarios. Hablaron de profesionalismo, de industria, de ciencia. La figura de Mourinho, que, más que como entrenador, en el Madrid se comportó como el CEO de una multinacional, resumió la tendencia.

El Dortmund, que había experimentado en sus antiguos gestores esa obsesión por el futurismo administrativo, y que había sufrido el estallido de una burbuja de endeudamiento, era, desde 2008, una institución de funcionamiento sencillo. Su legendario estadio, el Westfalenstadion, se levanta en medio de una arboleda, cerca de la avenida Rheinlanddamm. Al otro lado de la avenida, a menos de 100 metros, se encontraban las oficinas del club. El 90 % de las acciones pertenecía a los socios. El organigrama era básico. Un consejo con cuatro partes: cuatro personas con algo en común. El presidente, Hans-Joachim Watzke, el director deportivo, Michael Zorc, el responsable de la cantera, Lars Ricken, y el entrenador, Jürgen Klopp, habían sido futbolistas. Watzke, que se ocupaba de las finanzas, se jactaba de haberse embarrado en la Cuarta División.

El Borussia Dortmund recaudó 189 millones de euros en la temporada 2011-2012, según el informe anual de Deloitte. El mismo informe situó al Real Madrid como el primer club en la historia en superar los 500 millones de euros en ingresos, acumulando un total de 513 al cierre del curso en 2012. Los volúmenes se trasladaron a las plantillas. Entre 2008 y 2012 el Madrid invirtió cerca de 550 millones de euros en fichar jugadores, mientras que el Dortmund no gastó más de 80 millones, 10 menos de lo que costó Cristiano. Los entrenadores también expresaron distancias. Klopp venía de ascender a Primera al

Mainz 05 cuando lo contrataron en 2008, mientras que Mourinho acababa de ganar su segunda Copa de Europa cuando firmó por el Madrid.

El 24 de octubre de 2012 hizo una noche húmeda y fresca en Dortmund. La bruma flotaba en el aire después de la llovizna. El campo estaba rápido. Corría el minuto 34 cuando Pepe, apurado por la presión de Reus y Lewandowski, entregó la pelota al enemigo. Kehl, desde el círculo central, la devolvió por donde había venido, con un pase en profundidad a la espalda del propio Pepe. Ahí corrió Lewandowski en sincronía para ganar la posición a los centrales, fusilar a Casillas y abrir el marcador. El Dortmund ganó 2-1 su primer partido de la fase de grupos contra el Madrid, y Mourinho, oportunamente de negro, apareció en la conferencia de prensa para advertir que él ya lo había avisado a su gente en la charla táctica.

—Yo he dicho a los jugadores que este sería el partido del balón perdido. Balón perdido por el Madrid, contraataque del Borussia. Balón perdido por el Borussia, contraataque del Madrid. No veía otro modo de meter goles; o se marcaba a balón parado o en situaciones de transición.

El mánager portugués declaró haber encontrado algo así como la imagen especular de su equipo. El reflejo del Madrid. Eso era el Dortmund para Mourinho. Curiosamente, en lugar de elogiarlo, lo describió con cierto fastidio.

—El partido ha sido equilibrado. Ha habido poco espacio para concluir. Solo había espacio para crear en las transiciones ofensivas después de alguna pérdida del adversario. Si hubiéramos marcado nosotros antes que ellos no nos habríamos cerrado tanto como se cerraron ellos después del 2-1. Ellos marcaron, se cerraron, nosotros no tuvimos posibilidades de encontrar espacios... ¡Y nada! ¡Contraataque! ¡Solo contraataque!

Mourinho soltó un suspiro de impotencia. Sus jugadores se acordaron del «Manual de Pekín». Dijeron que les había pasado lo de siempre, solo que en vez de enfrentarse al Celta o al Betis, ahí había futbolistas de gran calidad. El rival cedió el balón y el terreno, y el Madrid se vio obligado a tener la posesión en ataque estático, exactamente lo que pretendía que hicieran sus rivales. Forzados a mover la pelota se mostraron desorientados porque no habían trabajado para eso. Además, sin Marcelo, lesionado, y con Alonso continuamente tapado por Götze, se quedaron sin esos jugadores que, por su naturaleza, accedían con más facilidad al campo contrario. Uno por su regate, el otro por su pase.

—Mourinho no nos ofrece soluciones para organizarnos con el balón —repetían los jugadores en sus conversaciones—. Las simulaciones de partidos con que entrenamos no se pueden trasladar a la competición. No encontramos los espacios porque nos movemos todos al mismo lugar y nos estorbamos.

Los internacionales españoles comparaban a Mourinho con otros entrenadores. Observaban que había técnicos como Luis Aragonés que, a pesar de haberse pasado media vida formando equipos para contragolpear, manejaban muy bien los conceptos del ataque elaborado. Luis lo había demostrado en la Eurocopa de 2008 con un tesón y una habilidad que asombraron incluso a Xavi Hernández, el maestro del juego posicional. Arbeloa, Ramos y Alonso recordaban que en el primer partido de aquella Eurocopa, en Innsbrück contra Rusia, la selección se impuso por goleada (4-1). Pero al entrar al vestuario se encontraron con que a Luis no le había gustado que hicieran tantos desplazamientos largos.

—Estoy contento con el resultado pero no con el juego —dijo Luis— porque así no tenéis que jugar. Este no es el juego que hemos acordado que debemos hacer. Si tocáis más el balón por abajo vais a ser campeones.

Luis creía que había cosas que trascendían su método. Para él, una goleada por 4 a 1 no fue suficiente, aunque el equipo lo obtuviera practicando el tipo de fútbol que durante años el público había identificado con el «estilo Aragonés». Pensaba que el éxito supremo no tenía por qué vincularse necesariamente a su marca personal. Mourinho elevaba su bandera por encima de cualquier consideración, y tenía menos fe en un determinado tipo de estilo que en inflamar a sus jugadores con ardor competitivo.

—El jugador bueno es aquel que piensa en ganar —proclamaba.

El mánager tenía gran número de atributos pero, como observaron sus propios futbolistas, fue incapaz de actuar con elasticidad. El paso del tiempo había reforzado de tal manera sus convicciones en el método que predicaba, que ya no se permitía dudas. Un cambio de escenario, el surgimiento de rivales con distintas facultades, le descubrieron lo que parecía un principio de anquilosamiento. La serie de cuatro partidos que el Madrid disputó frente al Dortmund entre octubre de 2012 y abril de 2013, dos en fase de grupos y dos en semifinales, expusieron esta peculiaridad. El mensaje que lanzó a los jugadores antes del primer encuentro en el Westfalenstadion fue un concentrado de su ideario.

—Este será el partido del balón perdido.

Los españoles dicen que entendieron esta consigna como una forma de adoctrinamiento profundamente vinculada al tipo de juego que pretendía el entrenador. No perder el balón, en el código de Mourinho, era un aforismo. Un resumen en cuatro palabras de su manual: para no perder el balón los centrales no debían salir jugando como pretendió hacerlo Pepe, con un pase raso a los centrocampistas, sino que tenían que pasar en largo con un pelotazo saltando líneas de presión. Este mensaje, repetido con insistencia a lo largo de casi tres años, acabó instalándose en la conciencia colectiva. El equipo terminó relacionando la elaboración con lo problemático y los pelotazos con lo conveniente; el pase en corto con lo negativo y el juego directo con lo positivo; porque el toque daba miedo y el desplazamiento largo proporcionaba tranquilidad.

«Este partido será el partido del balón perdido» entrañaba un decálogo. 1) Que el partido lo gana quien no comete errores; 2) que la disputa favorece a quien provoque más errores en el contrario; 3) que lejos de casa no hay que pretender ser superior al rival sino inducirlo al fallo; 4) que quien tiene la pelota se equivoca; 5) que quien renuncia a la pelota induce a la equivocación; 6) que quien tiene la pelota tiene miedo; 7) que quien no la tiene se fortalece. La doctrina era exactamente opuesta a las ideas que habían convertido a España en doble campeón de Europa en 2008 y 2012, y campeón Mundial en 2010. Era lo contrario a lo que se predicaba en la mayoría de los equipos de la Liga. Se contraponía a lo que de verdad sentían varios de los jugadores del Madrid.

Arbeloa, Casillas, Ramos, Alonso, Higuaín, Benzema, Özil y Marcelo se hicieron la misma pregunta tras la derrota en Alemania: aparte de la Copa del Rey, que se jugó en campo neutral, ¿cuántos partidos había ganado el Madrid fuera del Bernabéu con Mourinho? La lista de los encuentros con adversarios potentes lejos de casa era breve: en la temporada 2010-2011, San Siro (2-2) y Camp Nou (5-0 y 1-1); en la temporada 2011-2012, Camp Nou (3-2, 2-2 y 1-2) y Múnich (2-1); y en la temporada 2012-2013, hasta Navidades, Camp Nou (2-2 y 3-2), Dortmund (2-1) y Manchester City (1-1). En total, 11 encuentros y una victoria. Para la agrupación de futbolistas más cara del planeta el registro invitaba, como mínimo, a replantearse algunas cuestiones.

Jürgen Klopp se dio cuenta de que el Madrid daba muestras de rigidez cuando le obligaban a manejar la pelota. Determinó que el juego directo que practicaba el equipo español se neutralizara empleando sus mismas armas. De modo que mandó a sus jugadores que entregaran el campo y el balón para obligar a los contrarios a llevar la iniciativa. Al cabo de la noche la estadística reflejó un dato que, en general, es síntoma de salud futbolística, pero que en el equipo de Mourinho creaba un gran problema: el Madrid había tenido el 56 % de la posesión.

—El Madrid —dijo Klopp— tuvo más posesión del balón pero eso no es malo. Solo es malo si el adversario tiene más posesión y también tiene la mejor idea. Creo que el día del 2-1 nosotros tuvimos la mejor idea porque sabíamos quién tiene problemas cuando domina el balón. Sabíamos adónde enviarían los pases, cómo buscarían a Cristiano. Nuestro plan fue tapar a Xabi; porque si Alonso puede jugar como quiere es imposible defenderse del Madrid. Si bloqueas a Xabi obligas a Pepe a tener siempre el balón. Y, naturalmente, eso no supone la diferencia.

Mourinho decía que el Dortmund se parecía al Madrid, pero su afirmación era reduccionista. Los dos equipos practicaban bien el contragolpe y ambos entrenadores daban suma importancia a la presión. A partir de ahí surgían diferencias. Klopp concentró su trabajo en la salida del balón jugado. Los centrales, Subotic y Hummels, los volantes, Kehl y Gundogan, y los laterales, Piszczek y Schmelzer, se movían para generar vías de salida elaborada. A ras de hierba, generalmente. No pegaban un pelotazo salvo en situaciones de extrema necesidad. A Klopp le preocupó tanto que sus jugadores perfeccionaran la técnica del pase que fue el primero en establecer en la Bundesliga un sistema innovador de entrenamiento mecánico. Aconsejado por su entrenador, el Dortmund compró por dos millones de euros una cápsula llamada *footbonaut* donde los jugadores podían someterse a sesiones de pases y controles a un ritmo y en unos volúmenes inaccesibles en un entrenamiento convencional. Allí, los chicos con el pie más duro, como Kehl o Subotic, debían hacer horas extras, no para mejorar el pase largo sino las entregas de 10 metros.

Respecto a la presión, el técnico alemán diseñó un modelo para convertir esta herramienta en un verdadero vehículo de ataque. Klopp entrenó la presión fundamentándose en lo que denominaba «impulso». Con el suficiente adiestramiento los futbolistas aprendían a reconocer una señal, una decisión o un movimiento en el rival, que identificaban con el instante exacto en el que debían activarse para lanzar un hostigamiento coordinado sobre un cierto jugador adversario, normalmente un central o un medio centro. A esta intuición colectiva, Klopp le llamaba «impulso». El técnico lo enseñaba de tal forma que al hacerlo sus futbolistas se entusiasmaban. El «impulso» no era un trabajo defensivo aislado. Era parte del juego. Parte de la defensa y del ataque.

La analogía que empleó Klopp para explicar el movimiento sincronizado del «impulso» era una manada de lobos. Instintivamente, los depredadores saben distinguir al animal más vulnerable del rebaño y lo persiguen al unísono. Todos a una desde distintas direcciones. Era el esquema de actuación de sus jugadores cuando intentaban robarle el balón al adversario. Lo ensayaban procurando que los zarpazos descolocaran a los centrales y una vez que se producía el robo se desmarcaban para terminar la jugada dentro del área contraria con dos, tres o cuatro hombres. Los defensas se paralizaban porque cualquier falta desembocaba en penalti. El Dortmund se convirtió así en el equipo de la Bundesliga que más goles hizo con remates dentro del área.

Antes del segundo partido, en el Bernabéu el 6 de noviembre, la plantilla del Dortmund señaló al hombre que expresaba de forma más elocuente su debilidad. El elegido fue Pepe. Le llamaban «Pressing Victim».

Klopp no había salido de su asombro a finales de enero de 2013. Cuando recordaba los partidos contra el Madrid le surgía un interrogante invencible en relación a su colega, teniendo en cuenta que dirigía al equipo con el mayor presupuesto del mundo.

—¿Por qué José no ha fichado mejores defensas?

La apuesta por Arbeloa en vez de Carvajal, de Pepe, o Carvalho, en lugar de Ramos y de Coentrão para reemplazar a Marcelo, era algo que nadie que no estuviera familiarizado con las estrategias de Mourinho podía comprender fácilmente. Futbolísticamente carecía de sentido, a menos que se considerase irrelevante la participación de los defensas en la elaboración de los ataques. Cuando se añaden condicionantes como la psicología, la intimidación como modo de persuadir o la construcción de una falange de hombres leales por encima de criterios más técnicos, el panorama cobraba coherencia. Si a eso se suma el trabajo coordinado del mánager con un representante que, lógicamente, anteponía sus intereses comerciales a las necesidades del equipo, el plan cuadra.

Klopp pensaba como esas personas que vulgarmente se llaman «futboleros». Florentino Pérez siempre consideró que un club de fútbol no podía dejarse en manos de «futboleros», individuos que entienden lo que, a su modo de ver, entiende cualquiera. En eso, Mourinho coincidía plenamente con su presidente. El fútbol para el mánager era una cosa demasiado importante como para dejarla en manos de los futbolistas. Un técnico debía incorporar a su metodología el amplio abanico de las ciencias humanas, porque en ciertos niveles de la industria de lo que se trataba no era de fútbol sino del ejercicio del poder. Oír a Mourinho pronunciar conferencias se convirtió en una rutina de gobierno del club. Oírle hablar del juego como de algo importante, sin embargo, resultó inusual.

El 3 de diciembre de 2012 tuvo lugar un episodio extraordinario. Por primera vez en dos años y medio en el cargo, el responsable deportivo más poderoso desde la muerte de Santiago Bernabéu, en 1978, formuló en una conferencia de prensa la mejor definición que había hecho hasta el momento de su estilo de juego:

—Necesitamos jugar cada partido con la misma concentración, con la misma personalidad, con la misma ambición. A tope de nuestras posibilidades y con el objetivo en la cabeza de ganarlo, incluso cuando tenemos dificultades. Nos falta continuidad emocional. Eso es lo principal. Después, las cuestiones futbolísticas llegan por sí solas. Tenemos un estilo de juego perfectamente definido que algunas veces cuando no estamos bien hace que perdamos esa identidad. El aspecto emocional es importante para tener continuidad en nuestra identidad.

Hacía una semana que Mourinho había dado la Liga por perdida, después de la derrota (1-0) ante el Betis. El Madrid se sumergía a 11 puntos del Barcelona. A la temporada 2012-2013 se le agotaban los interrogantes a toda velocidad, pero surgían otros enigmas cuya solución inquietaba a millones de aficionados. ¿Por qué el equipo que ganó una Liga batiendo récords de puntuación y goles se apagó tan rápido? ¿A qué jugaba después de dos años y medio de riguroso seguimiento de un modelo? La velocidad, la fuerza, el gol, la rabia competitiva eran cualidades preexistentes. ¿Cuáles eran los rasgos que había aportado el mánager?

Reticente a hablar de fútbol cuando no perseguía algún interés concreto, y mucho menos a dar detalles sobre sus convicciones futbolísticas más íntimas, de pronto, el 3 de diciembre, durante unos segundos, Mourinho insinuó el tabú. El modo de jugar no existía. Existían la rabia, la ambición o el miedo que proyectaba cada futbolista. Ese torrente de energía que, canalizado hacia un cierto fin, resultaba arrollador. Cuando esos estados anímicos se extinguían, al equipo no le quedaban más que un montón de voluntades heterogéneas, gente obediente esperando órdenes.

Lo que más desesperó a Mourinho en el otoño de 2012 fue el descubrimiento de que sus futbolistas ya no le temían. Habría querido estar rodeado de enemigos. Habría preferido que le odiaran. Pero le trataban como a un cualquiera. Le ignoraban. Cuanto menos le respondían más le carcomía la ansiedad. Desde el banquillo, asistía a los partidos desasosegado. Una de sus observaciones más airadas, al comprobar el estado de ánimo del equipo, definió su visión del apocalipsis:

—¡Salen a divertirse!

A propósito de una conferencia sobre el caos, el filósofo Jorge Wagensberg, director científico de la Fundación La Caixa, advirtió que los chamanes son «maestros del caos», y que las sociedades primitivas necesitan de estos individuos casi por razones biológicas. Wagensberg encontró cierta lógica en el comportamiento de Mourinho.

—Si no fuera por las crisis seríamos todos bacterias —dijo

el filósofo—. La incertidumbre es el motor de la innovación. El caos te obliga a decidir entre persistir o desaparecer. Del equilibrio y la tranquilidad no sale nada nuevo. El segundo principio de la termodinámica dice que cuando un sistema está aislado se produce la muerte térmica. Unas sardinas en lata están en equilibrio. Los seres vivos huyen del equilibrio. Como el entorno a veces no produce la dosis suficiente de incertidumbre, el chamán la provoca infundiendo miedo para ofrecerse él como solución.

El segundo principio de la termodinámica también advierte que la cantidad de entropía del universo tiende a incrementarse en el tiempo. Dicho en otras palabras, el destino es irreversible, oscuro y pacífico. Por más rabiosamente que breguen los chamanes, el cosmos los acaba consumiendo en su propio caos.

Los jugadores se agotaron de vivir continuamente agitados sin la compensación placentera del juego. Mourinho no supo incorporar a su discurso los instrumentos futbolísticos necesarios para prolongar la tensión. El desencuentro fue recíproco y condujo a prejuicios o, simplemente, a la mala fe. El mánager dijo a sus ayudantes que los jugadores perseguían su destrucción ya que estaban dispuestos a dejarse ganar para liquidarlo. Desorientado, comenzó a llamar a José Ángel Sánchez y a Florentino Pérez para hacerles la misma advertencia al tiempo que les pidió más poder. Les trasladó que, de otro modo, no podía seguir.

La lista que Mourinho presentó al presidente a mediados de noviembre de 2013 fue mitad desiderátum mitad ultimátum. El primer punto consistió en una condena a los capitanes. Advertía que Casillas y Ramos habían alcanzado un nivel intolerable de poder. Se quejó de que Casillas lo descalificase diciendo públicamente que se inspiraba en Guardiola y que el club no le corrigiera oficialmente. Algo parecido destacó en relación a Ramos, al que tachó de sedicioso. El club como institución, en su opinión, tenía que aplicar castigos ejemplarizantes a quienes se atrevieran a cuestionar su autoridad.

El segundo punto exigió el fichaje de un portero para que compitiera con Casillas. Aclaró que no debía ser un portero ordinario sino uno joven, de unos 24 o 25 años, que fuera internacional en algún equipo de primer nivel mundial. Casillas, añadió, estaba mayor.

El tercer apartado reclamó la contratación de un portavoz, una figura respetada por el madridismo, un ex jugador, de gran credibilidad. Esta persona debía reproducir los discursos que él le indicase, y, de ser preciso, condenar públicamente a los futbolistas. Una especie, en fin, de mamporrero condecorado.

La cuarta exigencia de Mourinho fue que el club diera de baja a los futbolistas que él inscribiera en una lista y que fuera la institución la que asumiera la iniciativa, para que la prensa no cargara en el mánager todo el peso del desgaste político. De los nombres que incluyó en la lista trascendieron cinco: Higuaín, Albiol, Kaká, Marcelo y Özil.

Florentino Pérez le respondió que si ganaba la Champions le concedería lo que pedía. Pero que, sin el crédito que le supondría la Copa de Europa, no se sentiría legitimado para tomar decisiones de semejante calado. Volvió a explicarle que el Madrid era un club social y que necesitaba que el madridismo le respaldase. Eso, en esos momentos, era improbable porque la afluencia al estadio había disminuido desde 2010 y las encuestas de popularidad ya no valoraban al mánager tanto como antes. Pero una Copa de Europa sobre la mesa y el nuevo ciclo presidencial que pensaba emprender en junio de 2013 cambiarían este escenario. En relación al portavoz, el presidente se comprometió a buscar uno que respondiera al perfil solicitado. Pero al cabo de las semanas debió confesarle que no había encontrado ningún candidato. Los consultados se negaron a perder su credibilidad tal y como lo había hecho Karanka. Al oír estas explicaciones Mourinho montó en cólera, y añadió que no se podía creer que hubiera gente que pensara que representarlo a él o al Madrid fuera en detrimento de su imagen.

La derrota del Madrid ante el Betis, el 24 de noviembre en

Liga, siguió el patrón de los partidos que acaban en un callejón sin salida. El Betis se adelantó con un gol de Beñat en el minuto 16 y se encerró en su área. Con todo el campo y todo el balón en su poder el Madrid se sintió asfixiado. El partido acabó 1-0 y el entrenador del club sevillano, Pepe Mel, dijo lo que hasta entonces había sido un secreto a voces en el fútbol español. Lo mismo que había dicho Klopp.

—Hemos intentado que el Madrid tuviera la pelota porque así se le hace daño.

La sospecha que tenían los jugadores se confirmó con la declaración de Mel. «¡Nos han cogido el truco!», decían. Pero el discurso del mánager en la conferencia de prensa del Benito Villamarín volvió a señalar a los futbolistas por falta de ambición.

—Cuando veo un tío de 34 años como Stepanek, que juega tres partidos de Copa Davis en tres días seguidos y que se muere para ganar y para dar la victoria a su país, que no me digan que tíos de 23, 24, 25 o 26 no pueden jugar el miércoles y el sábado. El deporte también tiene que ver con tu cabeza y tu corazón, no solo con tus piernas. Cuando quieres, cuando quieres mucho, puedes estar muerto pero resucitas (...). Toda la culpa es mía porque la ley del fútbol es así. Cuando ganamos, ganamos todos, y más algunos, y cuando perdemos pierde el entrenador, por eso la culpa es mía.

Mientras Mourinho hacía sus acusaciones, en el vestuario corrió la voz de que Florentino Pérez había llamado a Casillas para pedirle que, por el bien de la institución y la afición, saliera ante la prensa y denunciara al árbitro.

—Ha habido alguna jugada que otra en la que el árbitro no ha estado acertado —dijo el portero, ante las cámaras—. Quizás el árbitro nos ha perjudicado puntualmente. El míster tiene que sentirse más arropado por nosotros, que estamos en el terreno de juego, donde es verdad que ha habido acciones en momentos puntuales. Ha habido un gol anulado a Benzema por un fuera de juego que no fue, una mano que no pitaron, alguna acción con pillería de los jugadores del Betis por perder tiempo... A veces tenemos que dar la cara y mostrar nuestro enfado ante ese tipo de jugadas.

La expedición iba camino del aeropuerto cuando los jugadores descubrieron que Mourinho los había criticado ante la prensa por negligentes y perezosos. Casillas se sintió traicionado. Al día siguiente se dirigió al mánager delante de sus compañeros.

—¿A quién se refería cuando dijo que cuando perdíamos perdía usted y cuando ganábamos, algunos ganaban más? ¡Ya está bien! Yo he salido a criticar al árbitro por el bien de todos, a pesar de que creía que el árbitro no fue determinante. El año pasado contra el Betis no nos pitaron un penalti en contra... Y después me encuentro con que usted ha dicho esto contra los jugadores... Yo en público me muerdo la lengua por el bien de la institución. ¡Haga usted lo mismo! ¡Y si tiene algo que decirle a alguien, dígalo a la cara!

Mientras Casillas le regañaba como un profesor a un niño maleducado, el mánager sonrió, se dio la vuelta y se alejó murmurando.

—No me referí a nadie en concreto, hablaba en general... —le replicó Mourinho, dando media vuelta y alejándose.

Florentino Pérez temió quedarse fuera de todas las competiciones para Navidades. El panorama, con vistas a una posible campaña electoral en junio, era aterrador. En busca de soluciones, comenzó a indagar sobre la viabilidad del proyecto si mantenía en el cargo al entrenador. Se pasó la noche del sábado al domingo haciendo llamadas a empleados del Madrid, directivos, consejeros y amigos personales, intentando obtener una respuesta a las incógnitas que le asaltaban. Quería saber si veían posible ganar la Champions con Mourinho. La gente más próxima al equipo le informó que la relación entre los futbolistas y el entrenador estaba rota y que la desconfianza era extrema. No tenía reparación. En esas condiciones, le avisaron, la conquista de grandes títulos resultaba imposible.

Zinedine Zidane y Antonio García Ferreras, los dos consejeros que más apreciaba el presidente, eran de naturaleza y posiciones opuestas. Solo coincidían en una cosa: ya no trabajaban
para el club. Zidane ejerció de asistente junto a Mourinho durante casi toda la temporada 2011-2012. Lo hizo hasta que no
lo pudo soportar más. Antes de hacerse a un costado, previno
al presidente de que con el entrenador portugués el equipo se
abocaba a una crisis estéril. El análisis futbolístico y humano
que le presentó a Pérez fue de tal clarividencia, en opinión del
presidente, que todo lo que le pronosticó se cumplió punto por
punto. «Está pasando lo que dijo "Zizou" —repetía el mandatario—. Está pasando lo que dijo "Zizou..."»

En noviembre de 2012, Zidane advirtió a Pérez de que, si el
equipo no reaccionaba, cuanto antes despidiera a Mourinho
más posibilidades tendría de competir con éxito por los títulos
en juego. También le dijo que tenía que darse prisa porque los
futbolistas estaban sufriendo psicológicamente y el desgaste les
pasaría factura. Preguntado por el entrenador ideal para salir
del trance, al menos para que se hiciera cargo hasta junio, Zidane propuso a Marcello Lippi, campeón del mundo con Italia en 1998.

Antonio García Ferreras había sido director general de comunicación del Real Madrid entre 2004 y 2006 antes de marcharse a dirigir La Sexta, una de las principales cadenas de televisión de España. Su amistad con José Luis Rodríguez Zapatero,
presidente del Gobierno entre 2004 y 2012, le convirtió en un
hombre influyente. Pero fue su amistad con Pérez lo que le permitió tener peso en la toma de decisiones más importantes del
Madrid. Pérez respetaba lo que decía Ferreras hasta tal punto
que en su séquito se multiplicaban quienes consideraban al periodista como al consejero más valorado por el presidente. Decían que le escuchaba con más atención que a sus propios directivos, y que, cuando opinaba de asuntos deportivos, le concedía
mucho más crédito que el que otorgaba a técnicos especializa-
dos como el director de fútbol, Miguel Pardeza, o el antiguo di-

rector deportivo, Jorge Valdano. En aquella ocasión también le hizo más caso que a Zidane.

Ferreras convenció a Pérez de que a él no le debía preocupar tanto el decurso del equipo como su propia coherencia política. ¿Y si con Lippi el equipo tampoco ganaba nada? Lo mejor era que se mantuviera indisolublemente unido a Mourinho hasta el final, porque su bandera llevaba el nombre del mánager. Si le despedía, su posición al frente del Madrid se debilitaría de tal modo que solo la obtención de la Liga, o de la «décima» Copa de Europa, le podría salvar. Pero eso era improbable. La postura de Ferreras se hizo patente en sus columnas semanales en el diario *Marca*, como esta que publicó el 3 de mayo de 2013:

> Algunos celebrarán y disfrutarán con su marcha, pero para el Madrid Mourinho ha sido una bendición. Su gestión, su fuerza, su rabia frente a la derrota, su discurso inconformista repleto de osadía han sido claves para acabar con la hegemonía y la supremacía del mejor Barça de todos los tiempos. Llegó cuando aún no había cicatrizado suficientemente en la memoria aquel 2-6 del chorreo. Llegó cuando Guardiola y Messi se paseaban por el mundo en una alfombra mágica. Florentino Pérez volvió, fichó a Cristiano Ronaldo, revolucionó la plantilla, regeneró el club y finalmente un año más tarde colocó al comandante adecuado. Y entonces todo cambió. Claro que hay muchos que le odian. Y bastantes de ellos porque detestan al Madrid o no pueden mangonear en su interior. Otros le amamos.

El 15 de diciembre por la mañana, Florentino Pérez declaró su fusión con el mánager en un discurso pronunciado con motivo de la imposición de insignias a los socios más veteranos.

—Hemos construido un equipo de ensueño —dijo—. Un equipo espectacular donde juegan varios de los mejores jugadores del mundo con capacidad, talento y entrega para lograr todos los desafíos. Tenemos al mejor entrenador del mundo, con una trayectoria impresionante y con la exigencia como norma de comportamiento. Ha tenido que soportar ataques y descalificaciones desproporcionadas e injustas, y algunas de ellas que afectan a la dignidad de la persona. Desde aquí, José Mourinho, mi reconocimiento, mi confianza en tu trabajo y mi cariño.

Lejos de serenarlo, a Mourinho el apoyo le volvió osado. El 15 de diciembre por la tarde, el mánager y Silvino Louro intentaron intimidar a un periodista de Radio Marca antes de confesarle que el vestuario del Madrid estaba corrompiéndose por la presencia de «tres ovejas negras». Tres conspiradores que era preciso purgar. Al día siguiente, el diario *Marca* publicó lo que Mourinho jamás desmintió: que el mánager sostenía que «tres ovejas negras» estaban atentando contra su labor. Los jugadores leyeron alarmados la noticia en el hotel de concentración, horas antes de jugar con el Español. La conclusión fue inmediata. El jefe filtraba una denuncia que no se atrevía a hacer en público por sí mismo. La idea subyacente era la traición de los futbolistas al entrenador y al club. El estribillo no era nuevo. Los métodos de difusión sí.

La convicción del portugués no solo impregnó a muchos aficionados. Las personas que colaboraban con Florentino Pérez en la administración del club aseguraron que el presidente alcanzó la certeza de que la mayoría de la plantilla estaba dispuesta a dejarse ganar con tal de destruir a Mourinho. Estas fuentes aseguran que, para evitar un desastre, a Pérez se le ocurrió pactar con el mánager una estrategia de comunicación que distrajese a los futbolistas. Ambos convinieron que era preciso deslizar que habían decidido rescindir el contrato amigablemente y que Mourinho no seguiría después de junio de 2013. La noticia fue ventilada a programas y medios tradicionales de reputada independencia y objetividad. Pensaron que así los futbolistas creerían que el mánager no seguiría, y los rebeldes se animarían a competir poniendo toda su energía. Durante meses, hubo empleados del club a los que se les dijo que Mourinho acabaría su ciclo en junio, con la esperanza de que lo trasladaran al vestuario. Pérez se reunió con Casillas y Ramos en enero para pedirles que ignoraran los disparates del entrenador e intentaran autogestionarse para ganar la Copa y la Champions. Les reiteró que los contemplaban los socios y que debían esforzarse por ellos. También les ofreció más dinero: si ganaban la Champions les prometió subirles las primas un 50 %, hasta cerca de 700.000 euros por cabeza. La respuesta de los capitanes fue fría. Dijeron que ellos harían todo lo posible, pero había problemas futbolísticos que solo el entrenador podía resolver, y Mourinho, le indicaron, parecía más atento a sus cosas que al equipo.

El 19 de diciembre el Barcelona anunció que Tito Vilanova, de 43 años, había recaído de un cáncer en la glándula parótida y durante meses se sometería a un tratamiento en Estados Unidos que le mantendría alejado del equipo. El club catalán no buscó sustituto para su entrenador enfermo. El gobierno del vestuario quedó en manos de los jugadores. El vacío de autoridad fue ocupado por Xavi, Puyol, Piqué, Cesc y Messi. La naturaleza de la crisis no tuvo antecedentes en el fútbol moderno. El caso era único y el Barça sufriría una depresión en varios aspectos. Un hundimiento paulatino que el Madrid pudo explotar. Pero el Madrid no solo no aprovechó el nuevo escenario sino que continuó agrandando su conflicto interior.

El 22 de diciembre, días después de filtrar a la prensa que luchaba contra «ovejas negras», Mourinho dejó en el banquillo a Casillas. El Madrid jugó contra el Málaga en La Rosaleda y el portero titular fue Adán. Ninguno de los jugadores creyó en los argumentos técnicos. Para varios de sus compañeros, Antonio Adán, el segundo guardameta del equipo, un chico de 26 años que nunca había jugado con regularidad en Primera, no tenía categoría para ponerse bajo los palos de un gran club. El técnico le dijo a Adán que ocuparía el lugar del capitán tres días antes del partido. Le pidió que guardara el secreto. Casillas sospechó algo, pero hasta que no se sentó en la caseta no se convenció. Retirarle de la circulación fue un mensaje demoledor para el resto de la plantilla.

Cada nación futbolera tiene su pirámide sagrada. En la cúspide suele encontrarse a los héroes que levantaron la Copa del Mundo. Por regla general estos jugadores fueron grandes capitanes. Figuras intachables. Protegidas porque constituyen el patrimonio emocional de los aficionados. Inglaterra elevó a Bobby Moore; Brasil a Pelé; Argentina a Maradona; Uruguay a Obdulio Varela; Italia a Dino Zoff; Francia a Deschamps, y Alemania a Franz Beckenbauer. En España el ídolo que había cumplido con esa tarea se llamaba Iker Casillas. La destrucción del héroe, con todo su peso simbólico, suponía la tentación suprema para un hombre como Mourinho, obsesionado por propagar la noción de que él era el legislador supremo. El paladín verdadero. El único que conocía el camino. El líder incuestionable.

La maniobra, días después de una denuncia por presencia de «ovejas negras», concentró una pesada carga propagandística. Casillas no se quejó en público porque creyó que si lo hacía se vería obligado a desautorizar al entrenador, poniéndose así en el papel de amotinado. Creyó que eso era exactamente lo que esperaba Mourinho que hiciera, y, reunido con los jugadores, les previno de no responder públicamente a las provocaciones del técnico. Al revés: el vestuario estableció que lo mejor que podían hacer era proyectar al exterior una idea de armonía y fidelidad.

Florentino Pérez no defendió a Casillas. No era costumbre del presidente avalar a sus capitanes cuando entraban en colisión con sus proyectos. El presidente protegía a los líderes del vestuario en la medida en que defendieran sus estrategias por encima del grupo, y ahora el emblema de su programa era Mourinho. Los capitanes que antepusieron los intereses de la plantilla por encima de las políticas del momento, a largo plazo fueron removidos. La gente con carácter, hombres como Redondo, Hierro, Raúl, Figo y, finalmente, Casillas, Ramos y

Cristiano, no tuvieron una vida fácil con Pérez. La plantilla, con el tiempo, se fue quedando sin estos caudillos.

El Madrid perdió en Málaga (3-2). En la siguiente jornada de Liga, contra la Real Sociedad, el 6 de enero, Casillas volvió a figurar en el banquillo. Pero Adán fue expulsado en el minuto ocho por cometer penalti sobre Xabi Prieto y el capitán recuperó el puesto. Ganó el Madrid (4-3), que debió luchar hasta la última jugada por reconducir el partido en medio de un clima hostil. El Bernabéu dedicó una ruidosa pitada a Mourinho. Nunca en su carrera el técnico había sufrido un escarnio semejante. Inquieto, pidió colaboración a Rui Faria. El preparador físico oficiaba de intermediario entre el mánager y Cristiano. El jugador le tenía confianza, le consideraba un amigo y se dejaba aconsejar por él. Mourinho alentaba esta relación porque de ese modo se ahorraba, dentro de lo posible, el trato directo con un futbolista cuyo carácter le incomodaba. El técnico consideraba que una aproximación a un jugador tan popular e independiente rebajaba su autoridad. Esa noche, en el descanso, mandó a Faria a pedirle a Cristiano que tuviera un gesto de apoyo hacia su jefe. Faria se lo pidió como cosa suya. Cuando el atacante hizo su segundo gol acudió al banquillo y le abrazó para dedicárselo mientras Mourinho miraba al frente con indiferencia.

El Madrid recibió al Celta en la Copa el 9 de enero. Otra vez alarmado ante los pitos, Mourinho movilizó a Rui Faria y a Jorge Mendes para que alentasen a Cristiano a crear una pantalla. La afición volvió a silbarle. Casillas respondió con una parada eléctrica a un disparo terrible de Augusto y en el banquillo el mánager dio síntomas de angustia. Estaba pálido. Pero Cristiano acabó sepultando al Celta con sus goles. Convirtió tres y se hizo dueño del partido (4-0). Antes del final Mendes envió mensajes a todos sus representados para que intentaran hacer declaraciones a la prensa en defensa del entrenador. En la caseta observaron que Mourinho se volvió a Faria para instarle a que le dijera a Cristiano que le pidiera a la hinchada que no silbara al míster. Al entrar en el vestuario, Mourinho habló con Mendes por teléfono. Un jugador aseguró que Cristiano también habló con Mendes, y que el agente le pidió que por favor hiciera un llamamiento de unidad a la afición. Cuando el muchacho salió ante las cámaras, la pregunta por los silbidos resultó inevitable.

—Ya basta con eso —dijo Cristiano—. El míster está haciendo lo mejor. Pido a la afición que anime al míster porque todos juntos tenemos que ganar algo. Las personas ya se han manifestado. Los jugadores sentimos dentro del campo cuando la gente se queja del entrenador y tenemos que estar todos juntos.

Cristiano no cumplió con esta campaña por respeto al mánager sino a Mendes. Pero lo hizo a desgana. Consciente de que podía herir los sentimientos de Casillas puesto que sus palabras convalidaban la teoría de la conspiración y restituían al entrenador como justiciero.

Cristiano se encontraba desprevenido el 15 de enero, durante la ida de los cuartos de final de la Copa, contra el Valencia, cuando vio que el mánager le corregía desde la banda. Mourinho se pasó el partido gritándole como si esa noche no estuviese haciendo nada bien. Todo el equipo advirtió su disgusto. Sus gestos eran inusualmente enfáticos y agresivos. Al acabar el partido, con victoria (2-0), no parecía que hubiese motivos para reprimendas. Pero el mánager tenía una preparada para el futbolista, al que acusó, con ademanes desmedidos, de ignorar sus deberes defensivos. Cristiano no lo toleró. Sus compañeros le vieron herido en su orgullo. Su reacción fue salvaje. No fue fácil detenerle cuando se lanzó con los músculos en tensión, rojo de ira, contra el entrenador, bañándole en insultos. Arbeloa y Khedira fueron los primeros en acudir a frenarle mientras se abría paso entre la multitud de cuerpos que trataban de proteger al jefe de la inminente paliza.

En el vestuario lo llamaron «los montajes». Decían los futbolistas que «los montajes» eran escenas y filtraciones a la prensa prefabricadas por Mourinho para demostrar que era un entrenador ecuánime, que no practicaba el favoritismo y que, en suma, no distinguía entre los representados por Mendes y los demás. La lista de «montajes» era larga. Incluyó sanciones a Coentrão por vulnerar el reglamento disciplinario, acusaciones de codicioso y aprovechado a Di María en grandes titulares de prensa, plantones a Pepe y a Coentrão dejándoles en tierra por llegar tarde a la salida hacia una concentración, y extrañas broncas desde la banda, entre otras situaciones. Nadie en el vestuario creyó que hubiera algo auténtico en todo esto. Di María llegó a confesar, amargado, que Mourinho le previno de que le criticaría en público para dar ejemplo. Le pidió su complicidad como un favor debido. A Cristiano, como hombre de Mendes, le correspondía su cuota. Pero no fue avisado porque el mánager sabía que no entraría en el juego. Fue directamente abroncado el día de los cuartos de Copa, y la cosa acabó mal.

Los empleados de Gestifute conocían la estrategia. Decían que en su gira otoñal en busca de ofertas para Mourinho por los clubes de la Premier, sus socios británicos previnieron a Mendes de que debía corregir la imagen sectaria que estaban dando en el Madrid. Las direcciones deportivas de los clubes ingleses se mostraban precavidas ante los rumores de la influencia exorbitante que ejercía junto con Mourinho, implantando futbolistas de su propia cartera o compartiéndolos con otros representantes, y luego administrando la plantilla hasta crear islas dentro del club. La sospecha de que practicaban comportamientos ventajistas se había extendido en el City, el United y el Chelsea, dificultando la posibilidad de encontrar ofertas. Lo que más llamó la atención a los ingleses fue el caso de Pedro Mendes, un defensa inexperto y mediocre que acabó debutando en Champions frente al Ajax de la mano de Mourinho. Alertado ante las advertencias, Mendes invitó a su amigo a diseñar un plan para demostrar que aquello que tanto llamaba la atención de los ingleses eran habladurías. Los «montajes» fueron el resultado.

A finales de enero de 2013, la descomposición en el vestuario del Madrid solo rivalizó con el deterioro anímico en el vestuario del Barcelona. Lo habían anunciado Guardiola y Vilanova cuando Mourinho llegó al Madrid, en el verano de 2010. Los entrenadores culés dijeron a sus confidentes que el portugués les haría el trabajo motivacional. Que Guardiola acabara brindando con cava por Mourinho, tras conquistar la Copa de Europa en 2011, dice mucho del acicate que supuso el mánager madridista para gente como Messi, Xavi, Busquets o Alves.

Casillas comprobó con sus compañeros de selección que en el Barça comenzaban a cundir casos de apoltronamiento ya en 2010. Las estrategias de agitación del nuevo mánager no aceleraron este hundimiento sino que lo retrasaron. Algunos jugadores intentaron hacérselo ver en 2012, pero Mourinho les respondió con ironía.

—¡Muy bien! —decía—. ¡Vosotros sois más listos!

Casillas, Ramos, Higuaín, Marcelo, Khedira, Arbeloa, Carvalho, Kaká, Özil y Benzema estaban seguros de esto en 2013. «Si nosotros no le hubiésemos hecho la guerra psicológica el Barça se habría desintegrado solo», conjeturó un internacional español, reflejando el sentir del grupo. Cuando les tocó volver a enfrentarse al Barça en la Copa y en la Liga, entre el 30 de enero y el 2 de marzo, la mayoría de la plantilla determinó autogestionarse. Se propusieron no hacer críticas a los árbitros, al calendario o a los rivales. Nada de violencia sistemática en el campo ni de protestas exaltadas al juez. Había que acabar con los gestos antideportivos, con la estupidez de retirar el saludo a un colega o de distraerse mortificando al personal porque lo mandaba el jefe. Todos cumplieron con lo acordado en el conciliábulo menos Arbeloa, que estuvo de acuerdo con sus compañeros pero quiso cuidar su relación con los poderes fácticos del club para salvar su contrato.

Alonso también abrió su propia vía de actuaciones, tan misteriosa como su forma de entender la vida en equipo. Fichado por Jorge Valdano, el vasco no respondía al perfil de centrocampista que fascinaba a Mourinho. Ni por su historial de afiliaciones ni por sus condiciones físicas. El técnico lo consideraba demasiado lento para el puesto. En el gran cónclave de Santander de 2011, Xabi fue uno de los más fervorosos críticos futbolísticos del entrenador. Con el tiempo, sin embargo, dejó de acudir a las comidas de los españoles y se acercó a Mourinho en las concentraciones para charlar con él y para darle la razón en todo aquello que dijera, aunque no tuviese nada que ver con lo que había sostenido en otros foros. Cuando Mourinho se propuso perseguir a Casillas, el entrenador disfrutó de la comprensión silenciosa de Alonso. Cuando les mandó a tocarle la cara a Messi porque, según decían, al argentino esto le sacaba de quicio, detrás de Arbeloa acudió Xabi. «Pero ¿qué estáis haciendo?», les preguntaba Piqué. En esos momentos obedecían órdenes. Si su visión de juego, su inteligencia táctica y su capacidad para organizar al equipo a través del pase no resultaron del todo persuasivas, las demostraciones de obediencia extrema sí convencieron a Mourinho de que podía considerar a Xabi un aliado en su cruzada.

Los partidos del Madrid se fueron convirtiendo en una amalgama de tendencias. Unos, como Varane, Arbeloa, Essien, Xabi, Khedira, Di María o Coentrão, cumplían con la táctica impuesta. Otros, como Ramos, Higuaín, Özil, Benzema o Cristiano, se saltaban la partitura para introducir matices. Contra las indicaciones del técnico, en ocasiones los atacantes intentaron bajar más a pedir la pelota al medio campo y cayeron a las bandas para elaborar y generar espacios. La presencia de Ramos en el centro de la defensa transformó la conducta del equipo por completo. En los tres clásicos de 2013 el central movió la línea hasta el círculo central con un dominio de la situación inusual. Empujado al campo contrario, el Madrid ejerció una presión insoportable para el Barcelona, al tiempo que alejó a Messi de la zona donde resultaba más dañino. El mánager no estaba de acuerdo con presionar tan alto pero lo consintió en la medida en que el efecto fue sensacional. Sin la ayuda de Vilanova, bajo tratamiento intensivo en Nueva York, el Barcelona fue derrotado en la Copa (1-1 y 1-3) y en la Liga (2-1), y el Madrid vivió su mes más feliz de la temporada.

Una patada accidental de Arbeloa fracturó la mano izquierda de Casillas durante la vuelta de los cuartos de la Copa, el 23 de enero en Mestalla. Le diagnosticaron más de dos meses de baja y el Madrid contrató a Diego López como reemplazante. El incidente convirtió a Ramos en el primer capitán. Elegido mejor defensa del Europeo de 2012, el jugador sevillano, a punto de cumplir los 27, se encontraba por fin en una situación que había soñado toda su vida. Hay futbolistas que se sienten realizados cuando dan un pase de gol; algunos alcanzan el «nirvana» metiendo los goles; los hay que concentran sus principales aspiraciones en los regates; y unos pocos disfrutan organizando. Para Ramos lo más emocionante, lo más distinguido, lo más glorioso que le ofrecía la profesión, era la posibilidad de mandar. Como lateral era uno de los más completos del mundo, pero en ocasiones se descolocaba, se dejaba llevar por lo superfluo y acababa comportándose como un individualista. Como central, era imbatible. La responsabilidad le engrandecía. Tomar decisiones le resultaba cómodo y se deleitaba colocando a sus compañeros sobre el campo. Lo hacía de viva voz y, sobre todo, con silbidos, para abreviar procedimientos y resultar reconocible en el fragor de los partidos. Ramos, un amante del flamenco, del cante y del baile, había diseñado un breve código musical. A cada nota asignó una orden y sus compañeros se las conocían de memoria. De modo que a la hora de dirigir la presión, los repliegues, los achiques, las coberturas, las ayudas o las salidas, todo se dirimía en un concierto de pitidos.

La derrota en Granada (1-0) el 2 de febrero, en la 22.ª jornada de Liga, fue otro punto negro en esa época de relativa calma. Un contratiempo para los asesores de Florentino Pérez, que venían difundiendo en los medios la ilusión de que las cosas se habían encauzado.

—¡Ha vuelto el Madrid de los 100 puntos!

Pérez se encontró con Ramos en Granada. El presidente le preguntó por qué perdieron y el sevillano se manifestó con su habitual franqueza. Le dijo que el equipo tuvo suerte de conseguir la Liga en 2012 como lo hizo, porque la convivencia con el mánager ya entonces había sido durísima y en semejante clima la obtención de un título es algo excepcional. Le explicó que el vestuario había observado que cuando Mourinho se sentía fuerte lo aprovechaba para ayudar a «los suyos» y perjudicar a los demás. Ramos también le apuntó que lo que más daño había hecho a la plantilla eran las denuncias repetidas de falta de profesionalismo. Pretender que el equipo lo diera todo por un hombre así era ir contra la naturaleza de las cosas. Según los integrantes de la comitiva de directivos, la reflexión de su capitán no gustó lo más mínimo al presidente.

La victoria sobre el Barça en la Copa, el 24 de febrero, hizo que Pérez se sintiera orgulloso de haber mantenido a Mourinho. Resuelto el tema de la continuidad, su plan de subsistencia consistió en jugar con todas las fichas. Seducir por igual a los jugadores y al entrenador. A la plantilla la invitó a autogestionarse y a pensar que Mourinho no era tan importante. A Mourinho le ofreció poder a cambio de la Champions. Los directivos más próximos al presidente aseguran que lo que de verdad pensaba era ganar tiempo, conquistar la «décima», retener a Mourinho, permitirle darle las bajas siempre que asumiera el coste político y retomar él la iniciativa en materia de fichajes. La relación de nombres en la lista negra del mánager era cada vez más amplia y pesada: Casillas, Ramos, Higuaín, Marcelo, Özil y Benzema estaban marcados. En caso de que todo discurriera por el cauce previsto, Pérez confió en salvar a Ramos, Benzema y Özil.

El mandatario se mostró dispuesto a seguir con Mourinho a pesar de todo. Incluso a pesar de las encuestas. Sin que los futbolistas supieran que estaban participando de un muestreo, Pérez envió personas que pulsaran a cada miembro de la plantilla. Ante la pregunta de si el mánager debía seguir en la temporada 2013-2014, de los 22 integrantes del equipo solo siete respondieron afirmativamente. De los 15 que dijeron que no, uno fue Cristiano, y seis pidieron salir del club de forma amistosa si Mourinho se mantenía. Özil y Ramos estuvieron en ese sexteto. La opinión de los socios varió con los resultados. Pero hubo un dato definitorio. A los seguidores que decían que querían al mánager les añadían una cuestión: ¿por qué? Entre el 70 % y el 80 % indicaron que porque cuando el equipo perdía, era capaz de justificarlo señalando causas externas.

El paso a cuartos de final de la Champions, en el mejor de los casos, fue agobiante para el Madrid. Si el 1-1 de la ida contra el Manchester en el Bernabéu clasificó virtualmente al equipo inglés, el 1-0 que Ramos se hizo en propia meta en Old Trafford, en el minuto 48, tras un error de Varane, dio la impresión de dejar la eliminatoria resuelta. No fue así por una circunstancia aleatoria. Nani elevó la bota en el intento de controlar un balón y no vio venir a Arbeloa, que se llevó el plantillazo en el costado. El árbitro turco, Cüneyt Çakir, interpretó juego peligroso y expulsó al portugués con roja directa. Corría el minuto 57. Fue la única decisión rigurosa de Çakir en una noche que le brindó varias ocasiones de mostrarse igualmente severo. La superioridad del equipo español duró diez minutos. El tiempo que tardó Ferguson, y el United, en salir de la perplejidad tras la roja a Nani. Del minuto 66 al 70. En esa ventana marcaron Modric (1-1) y Cristiano (1-2). El Madrid agotó el último cuarto de hora despejando balones en su área. Mourinho nunca fue tan generoso con un rival como en la conferencia de prensa.

—El mejor equipo perdió esta noche —dijo.

Florentino Pérez sintió un gran alivio al alcanzar las semifinales. La sensación de haber acertado le reafirmó en sus convicciones cuando convocó a la junta directiva para anunciar lo que tenía decidido desde hacía meses: quería que Mourinho cumpliera su contrato hasta 2016. En su discurso, admitió que si pudiera volver tres años atrás quizá no repetiría el fichaje del portugués. Dijo que a él tampoco le convencía el juego del equipo.

Pero superó la contradicción pidiendo a sus compañeros que comprendieran que se habían colocado en el mismo barco:

—Comprendí que si él tiene éxito, nosotros tenemos éxito; y si él fracasa, fracasamos nosotros.

La seguridad del presidente ante la junta contrastó con el ambiente intoxicado que se respiró en la expedición durante el viaje del Madrid a Estambul, para dirimir el pase a las semifinales con el Galatasaray. Un empleado del club advirtió con sorpresa que hasta Coentrão, uno de los más «suyos», rehuía al mánager. La tensión, las discusiones y los reproches entre los jugadores y Mourinho habían dado paso a una indiferencia deletérea. Solo José Mario, el hijo del jefe, parecía completamente a gusto acompañando a su padre en el autobús y en el entrenamiento, mientras Karanka, Louro, Rui Faria y Di María se alternaban para entretenerle. La comitiva se alojó en el hotel Kempinski, localizado en el palacio Çiragan, vestigio de los sultanes otomanos, frente al Bósforo, donde la habitación más económica costaba 800 euros por noche. Alguien vio a Florentino Pérez y al entrenador cruzarse palabras amables.

—Tú sabes que con esta plantilla yo no puedo seguir aquí —le dijo el mánager. A lo que Pérez respondió con su característico semblante de jugador de póquer.

El sorteo y los cruces de Champions volvieron a medir al Madrid con el Dortmund en semifinales. El partido de ida se fijó el 24 de abril en el Westfalenstadion. Hacía un día espléndido esa mañana cuando, en el modesto hotel donde se alojaron los periodistas españoles, un NH anexo a la estación ferroviaria principal, apareció Florentino Pérez con una comitiva de directivos. Habían pasado la noche allí, dijeron. El presidente estaba pletórico. En su teléfono móvil no dejaba de recibir chistes sobre el 4-0 que el Bayern le había metido al Barça en Múnich la noche anterior. La audiencia de periodistas curiosos se animó al verle disponible para una charla relajada por primera vez en años. Sentados en el comedor, tras el desayuno, escucharon al mandatario con asombro.

Pérez dijo que el equipo había jugado apenas «cuatro» partidos bien esa temporada, pero que no había que achacarlo al entrenador. Mourinho había hecho todo bien. La culpa la habían tenido los jugadores. Se creyeron, dijo, que con la Liga de 2012 ya estaba todo hecho y apenas disputaron con ganas la Supercopa. Con toda razón, Mourinho zarandeó al grupo en busca de una reacción, quitando a Casillas, a Özil, a Ramos y a otros para provocarlos a competir. Quiso darles un toque de atención. Pero no respondieron. La melancolía de Cristiano tampoco ayudó, en opinión del mandatario, a salvar esos dos meses de apatía con que arrancaron la temporada.

El presidente concluyó que los jugadores de fútbol eran, por lo general, gente caprichosa y casquivana. A veces los confundía el poder que les brindaba el dinero y la fama. En este sentido, observó que el Madrid tenía una plantilla mucho más difícil de llevar porque se componía de una selección de los mejores del mundo. El Borussia Dortmund, por el contrario, era «un equipo de niños» entrenado por «un entrenador de niños». La confianza de Pérez en alcanzar la final era plena.

Al calor del mediodía, el centro histórico de la pequeña ciudad del Ruhr se fue llenando de madridistas. Los *biergarten* de la Marienplatz se colmaron de fanáticos. Los más ruidosos repetían el cántico que los encendía: «¡Pepe, mátalo! ¡Pepe, mátalo! ¡Pepe, mátalooooooo!»

La violencia había convertido a Pepe en objeto de culto entre los hinchas más fanáticos del Bernabéu. Este grupo, conocido como Ultras Sur, rendía adoración a Mourinho. A su vez, Mourinho se sentía naturalmente inclinado hacia Pepe. El central era uno de los poquísimos hombres a su cargo que había puesto todos sus atributos en el altar de la obediencia.

Antes de las eliminatorias con el Manchester le preguntaron a Mourinho si Cristiano era el mejor jugador que había dirigido en su carrera y aprovechó la respuesta para explicar por qué él apreciaba más a otros.

—Cristiano es el jugador más fantástico que he entrenado.

Pero yo digo siempre que he tenido mucha suerte porque he tenido gente que ha dejado la piel y la vida por mí. Por eso Cristiano no está en mi corazón en un lugar privilegiado en relación a otros.

Pepe era uno de esos «otros». Era famoso por matar y morir en un sentido metafórico que a veces bordeaba la literalidad. Venía siendo suplente, tras una operación en un tobillo, pero el 24 de abril fue elegido por Mourinho para ocupar el eje de la defensa junto a Raphäel Varane. La apuesta por Varane, un internacional francés de 20 años cuyo rendimiento había sido extraordinario, inspiró suspicacias en el vestuario porque desde que comenzó la temporada Mendes se había interesado muchísimo por representarle. El padre de Varane y el agente iniciaron conversaciones en Navidades para cerrar un eventual acuerdo. El mánager creía que la colocación de la zaga era de vital importancia y quiso ponerla en manos de gente de su confianza. Ramos no pertenecía a este selecto grupo.

Ramos fue desplazado al lateral derecho. Coentrão se situó en el izquierdo. En el medio se formaron Xabi, Khedira y Modric. Arriba jugaron Cristiano e Higuaín, mientras que Özil se situó en la banda derecha, una vez más, en donde perdía influencia. En la concentración pensaron que Özil iba a ser suplente pero jugó debido a que la mujer de Di María dio a luz y el argentino llegó a Alemania ese mismo día.

La charla táctica no atrajo la atención de los jugadores como cabía esperar en una semifinal de Champions. Desde la mañana, el hotel Radisson se convirtió en un hervidero de reuniones apresuradas, maldiciones, llamadas a móviles e intercambios agitados de información. Los jugadores se exasperaron cuando algunos de los periodistas presentes en el hotel NH les contaron lo que había dicho Florentino Pérez. El presidente los consideraba los grandes culpables de perder la Liga y el entrenador que los afligía lo había hecho todo bien. Cristiano, Higuaín y Özil anduvieron furiosos hasta la hora del partido. Eran la línea de ataque. A ellos dedicó Mourinho la clave de su alocución. Les hizo hincapié en que marcando un gol estaría todo hecho.

Lewandowski abrió el marcador. El Borussia gobernó el partido con suficiencia, defendiendo y atacando con un orden admirable. Pero antes del descanso, tras un error en una entrega de Hummels a Weidenfeller, igualó Cristiano (1-1). Mourinho esperó al equipo en el vestuario para dar órdenes precisas. Ante todo, dijo a los jugadores que ya habían conseguido lo más importante, que era meter un gol. Para defender ese tesoro les reclamó atención, redoblar esfuerzos en las vigilancias defensivas, cerrar líneas y bajar la presión.

Replegado sobre su área, el Madrid fue víctima de aquello que Klopp llamaba «impulso». La presión sincronizada y el avance masivo convirtieron los marcajes en una pesadilla. Instantes antes del 2-1 todo el Madrid estaba defendiendo en su campo y tenía a ocho futbolistas, además de Diego López, metidos en su área. El Borussia atacó con seis hombres, tres en el área y tres alrededor incorporándose a los rechaces. Piszeck y Blaszczykowski hicieron un dos para uno a Coentrão a cinco metros de la línea de fondo, centraron, hubo un rebote y Reus devolvió la pelota para Lewandowski. El polaco le ganó la posición a Varane antes de convertir el gol. El central hizo ademán de derribar al goleador pero se contuvo para evitar el penalti.

Pepe, respetando a rajatabla la orden de Mourinho, retrasó tanto la defensa que cada oleada del Borussia se convirtió en un problema irresoluble. Cualquier falta se pudo convertir en penalti o en sanción con tiro libre al borde del área. El 3-1 fue parecido al 2-1, solo que el equipo alemán se encontró más desinhibido. Blaszczykowski se volvió a ir por la derecha, centró desde la línea de fondo, Varane despejó de cabeza hacia el otro costado, y ahí apareció Schmelzer, que envió el balón de vuelta al punto de penalti. Esta vez Lewandowski consiguió anticiparse a Xabi y a Pepe antes de fulminar a Diego López. En el momento del remate había siete jugadores del Madrid en su área, además del portero. El Dortmund metió a cinco hombres en el área de Diego López y situó a otros dos en las proximidades.

Cuanto más retrocedía el Madrid, más permitía el avance del rival y más vulnerable se volvía. El 3-1 obligó al equipo a cambiar de táctica. Mourinho quitó a Modric por Di María en el minuto 68 para intentar que Özil se situara en su hábitat natural. Pero era demasiado tarde. El descontrol era irreversible. El 4-1 llegó otra vez por la banda que defendía Coentrão. Centró Götze y Alonso empujó a Reus. El árbitro señaló penalti. Lo ejecutó Lewandowski.

Los jugadores pensaron que el partido fue una exhibición de incompetencia del mánager. Mourinho lo entendió al revés. A sus amigos les señaló amargamente que haber entrenado al Madrid le había supuesto sufrir las dos peores derrotas de su carrera: el 5-0 del Camp Nou y el 4-1 de Dortmund. Nunca le metieron tantos goles. Lo atribuyó a la cultura de un club al que lamentó haber dirigido, y en particular a sus jugadores, tal y como lo expresó en su oscuro soliloquio de la conferencia de prensa previa al partido de vuelta.

—Mi equipo solo hace cosas lícitas. Somos de un modo tan puro, tan inocentes y tan ingenuos, que Lewandowski contra nosotros ha marcado cuatro goles y no le hemos hecho ni una falta (...). Este podría ser el partido más importante de la historia del Madrid en los últimos diez años, pero lo mismo pensaba en Dortmund y lo jugamos como un amistoso.

Cuando le preguntaron a Ramos qué pensaba de la idea de su entrenador sobre cómo parar a Lewandowski, su respuesta fue como si devolviera un sopapo.

—Quizá se le pueda parar más arriba, porque hacer faltas cerca del área a veces no es conveniente...

Pepe fue represaliado con la suplencia en una decisión que anticipó la ruptura de las reglas que el propio mánager había impuesto. Ramos recuperó su sitio y elevó la línea de defensa al medio campo. El sevillano hizo un partido soberbio. Manejó al equipo desde atrás, hizo jugar a sus compañeros, cosió a patadas a Lewandowski, le pitaron dos faltas, vio una tarjeta amarilla y metió un gol. Fue el líder que no pudo ser en el Westfalenstadion. Pero el 2-0 no fue suficiente para alcanzar la final.

El ciclo de Mourinho en el Madrid concluyó sin que fuera capaz de imponerse claramente a ninguno de los equipos fuertes de la Champions. Los cuatro partidos contra el joven Dortmund en la temporada 2012-2013 resaltaron la pobreza de los resultados frente a las expectativas: dos derrotas, un empate y una victoria.

En mayo, Mourinho alcanzó un acuerdo con Abramovich para fichar por el Chelsea. Como no había firmado el finiquito con el Madrid, y el contrato vigente le obligaba a indemnizar al club con 20 millones de euros en caso de rescisión unilateral, el club inglés le propuso pagarle una compensación, o bonus, si era capaz de romper su vínculo sin cumplir con la penalización. Para conseguirlo, ideó una estrategia de provocaciones que, en su opinión, destruiría las bolsas de popularidad que quedaban entre los socios y forzaría a Florentino Pérez a dejarle libre ante la imposibilidad política de retenerle. En Gestifute aseguran que la carta ganadora del mánager fue una sentencia muy bien elaborada. La pronunció el 3 de mayo, y la junta directiva madridista, que se ufanaba de haber creado una de las obras más grandiosas de la historia del fútbol, el Madrid de los «galácticos», se molestó por unanimidad.

—Yo considero que el Barcelona es el mejor equipo del mundo de los últimos 20 o 30 años —dijo Mourinho.

Más allá de su intención provocativa, la declaración contenía la verdad de un hombre que siempre añoró el retorno al club en el que comenzó su formación técnica y su experimentación como psicólogo y propagandista. El Barça fue, antes que el Manchester United, su sueño de plenitud profesional.

La junta directiva, en su mayoría decepcionada desde hacía meses, deseó la destitución fulminante de Mourinho. Los empleados del club y los jugadores comulgaron en su aspiración de verle partir. Gran parte de la afición prefirió su marcha o lo contempló con fatigada indiferencia. El último partido de Liga, el 1 de junio ante el Osasuna, exhibió una penosa división en las gradas del Bernabéu. «Mourinhistas» y «antimourinhistas» intercambiaron pitadas, cánticos y abucheos. Esa tarde, síntesis de los tiempos, el ruido se comió al fútbol.

Florentino Pérez se encontró solo intentando salvar la obra del mánager hasta las últimas consecuencias. El lunes 20 de mayo se reunieron para firmar el finiquito. Mourinho se sintió liberado. Pérez lo experimentó como una derrota. Jamás el Madrid había dado tanto poder ni tanto dinero por un entrenador. Para el club, el coste total de los tres años de relación, sumado el salario bruto, los premios y el pago del traspaso al Inter, ascendió a más de 70 millones de euros.

Por la tarde el presidente anunció el cese en una conferencia de prensa multitudinaria. Los jugadores, que siguieron el discurso por televisión, creyeron descubrir sus verdaderas intenciones en una confesión furtiva.

—A lo mejor, si hubiéramos llegado a la final de la Copa de Europa, hoy estaríamos hablando de otra cosa...

En su defensa postrera del entrenador ante los socios, el presidente expresó que lo decisivo en una institución como el Madrid no era jugar de acuerdo a un patrón de buen gusto sino obtener resultados inmediatos. Para eso, decía, hacían falta entrenadores recios que supieran llevar el rebaño con mano firme. Cuando le preguntaron por la idea de juego que ambicionaba, la respuesta fue repetitiva.

—Nuestra idea es ganar.

A mediados de junio de 2013 Pérez se encontró buscando entrenador para continuar la quimera de la «décima». Habían pasado tres semanas después de la marcha de su ex mánager, cuando, desde Londres, seguían llegando denuncias de insurrección contra los futbolistas de su plantilla por hechos no especificados ocurridos hacía meses o años. Las emitía Mourinho periódicamente desde Stamford Bridge, invenciblemente resentido con casi todos los que habían sido sus subordinados pero especialmente con Casillas y Ramos, los dos capitanes, por haberle puesto los límites que no le impusieron los directivos.

—Los jugadores egoístas —dijo el mánager del Chelsea—, a los que no les importa el club o los aficionados, son un gran problema. A veces te encuentras con un par de futbolistas que no están dispuestos a aceptar una serie de reglas y ahí es donde empiezan las relaciones problemáticas.

La propaganda caló hasta los huesos. Cuando el técnico abandonó España, miles de seguidores sospechaban, sin saber muy bien por qué, de la honradez de los futbolistas del Madrid. Cualquiera podía ser objeto de suspicacia. Por cualquier pormenor. Casillas, Ramos, Pepe, Cristiano, Coentrão, Arbeloa, Khedira, Higuaín, Benzema, Özil, Modric, Kaká, Varane, Marcelo, Albiol, Callejón, Essien o Xabi. Leales o desleales, de uno u otro grupo, portugueses, españoles, brasileños, argentinos, franceses o alemanes. ¿Cómo no iba a sospechar el aficionado medio, si hasta el presidente hablaba como si pensara que algo oscuramente ilícito habían hecho?

—Yo es que no veo ningún motín —observó Florentino Pérez en su entrevista del 28 de mayo en la cadena SER—. Lo que sí digo es que se ha empezado esta temporada con un poco menos de hambre, y se ha visto en los primeros cuatro partidos. ¡Nosotros en los primeros cuatro partidos perdimos ocho puntos, que son los que nos sacó el Barça. Ahí es donde se produjo una reacción normal del entrenador para motivar a los jugadores. Porque, claro, no habíamos empezado como debíamos.

Eximido el mánager de la mayor parte de la responsabilidad, condicionado a un pobre papel de esforzado operario el día de la gran avalancha, a los ojos del presidente no había por qué sospechar de su negligencia. Tampoco de su devoción desmedida por preservar su reputación, aunque para ello necesitase sugerir en todos los foros que los futbolistas habían cometido traición.

El triunfo más asombroso de José Mourinho en sus tres años en el Madrid fue inducir a miles de personas a pensar que el fútbol era lo accesorio; que daba igual cómo jugara el equipo, o si en el lateral izquierdo ponía a Marcelo o Coentrão, y en la portería a Casillas o Diego López. Hasta la «décima» dejaba de ser lo crucial. Porque finalmente, a la hora de emitir las conclusiones, los administradores no lo condenarían por lo mal que disputó los partidos decisivos. Ni siquiera lo juzgarían por no haber sabido hacerse respetar por sus futbolistas. Para muchos, aquello que de verdad determinó su éxito o su fracaso fue su capacidad para formular un mensaje, difundirlo sin fatiga y resultar convincente. En la calle, en ciertos platós de televisión, en los consejos de administración y en algunos despachos, las reglas de oro del *reality-show* derogaron las leyes del fútbol.

Pero el fútbol seguía ahí, y uno de sus principios más extendidos dice que es imposible sostener un proyecto, disciplinar el vestuario y obtener resultados cuando los jugadores y el entrenador se repelen. No parece un precepto extraño. Lo saben los hinchas de memoria. Pero durante una época inolvidable el Real Madrid se afanó en forzar el destino. El fenómeno autodestructivo que se desencadenó fue único en la historia de este deporte. Tan asombroso que la idea ganadora fue igual a la perdedora.

Calendario del «Mourinhato»

2010

28 de mayo: El Real Madrid ficha a Mourinho.

25 de septiembre: Levante-Real Madrid (0-0).

27 de septiembre: Conferencia de prensa de Auxerre; diatriba contra Pedro León.

29 de noviembre: Barcelona-Real Madrid (5-0).

19 de diciembre: Real Madrid-Sevilla (1-0); denuncia del arbitraje de Clos Gómez con lista de errores en mano.

2011

6 de enero: Vuelta de los octavos de la Copa, Levante-Real Madrid (2-0); pelea en el vestuario del Ciutat de Valencia.

1-2 de marzo: Desprecio del entrenador al Málaga; Real Madrid-Málaga (7-0).

4-5 de marzo: Cónclave de los jugadores en Santander; Racing-Real Madrid (1-3).

17-19 de marzo: Simulacro de clásico; Atlético-Real Madrid (1-2).

20 de abril: Final de la Copa del Rey; Barcelona-Madrid (0-1).

27 de abril: Ida de la semifinal de Liga de Campeones, Madrid-Barcelona (0-2); denuncia contra la UEFA.

1-3 de mayo: Charla del Domingo de Resurrección; vuelta de la semifinal de Liga de Campeones, Barcelona-Madrid (1-1).

24 de mayo: Jorge Valdano, hasta entonces director general deportivo, anuncia que Florentino Pérez le ha destituido para satisfacer a Mourinho, que se convierte en mánager.

17-18 de agosto: Vuelta de la Supercopa de España; el dedo en el ojo de Tito Vilanova; Casillas llama a Xavi y a Puyol para restablecer la concordia.

24 de agosto: Trofeo Bernabéu; Casillas va señalado al banquillo.

18 de septiembre: Levante-Real Madrid (1-0); el mánager denuncia la incompetencia de sus jugadores en una conferencia de prensa por primera vez.

21 de septiembre: Racing-Real Madrid (0-0); rebelión de El Sardinero.

30 de septiembre: Pacto de la barbacoa.

26 de noviembre: Valencia-Real Madrid (2-3); plenitud del «triángulo de presión adelantada».

10 de diciembre: Real Madrid-Barcelona de Liga (1-3).

2012

18 de enero: Ida de la semifinal de Copa, Real Madrid-Barcelona (1-2); primera pitada del Bernabéu contra Mourinho.

17 de abril: Ida de la semifinal de la Liga de Campeones, Bayern-Real Madrid (2-1).

21 de abril: Barcelona-Real Madrid de Liga (1-2).

25 de abril: Vuelta de la semifinal de la Liga de Campeones, Real Madrid-Bayern (2-1).

2 de mayo: Athletic-Real Madrid (0-3); alirón en San Mamés.

3 de mayo: Fiesta en Cibeles.

29 de agosto: El Real Madrid conquista la Supercopa ante el Barcelona.

2 de septiembre: Real Madrid-Granada; Cristiano declara que está «triste».

15 de septiembre: Sevilla-Real Madrid (1-0). Mourinho asegura que no tiene equipo.

18 de septiembre: Real Madrid-Manchester City (3-2); Mourinho castiga a Ramos con la suplencia.

30 de septiembre: Real Madrid-Deportivo (5-1); Ramos se pone la camiseta de Özil y desafía al mánager.

7 de octubre: Real Madrid-Barcelona de Liga (2-2).

24 de noviembre: Betis-Real Madrid (1-0). Florentino Pérez abre una ronda de consultas para decidir si echa al entrenador.

15 de diciembre: Florentino Pérez decide respaldar a Mourinho y pronuncia su discurso de apoyo en el acto de entrega de las insignias. Por la tarde Mourinho filtra a *Marca* que el vestuario está corrompido por «tres ovejas negras».

22 de diciembre: Málaga-Real Madrid (3-2); el mánager envía a Casillas al banquillo y pone en su puesto a Adán.

2013

23 de enero: Vuelta de los cuartos de final de la Copa, Valencia-Real Madrid (1-1); Arbeloa fractura accidentalmente la mano izquierda de Casillas.

26 de febrero: El Madrid elimina al Barça de la Copa con una victoria contundente en el Camp Nou (1-3).

5 de marzo: Vuelta de los octavos de la Liga de Campeones, el Real Madrid elimina al Manchester en Old Trafford (1-2).

24 de abril: Ida de la semifinal de Liga de Campeones, Borussia Dortmund-Real Madrid (4-1); Florentino Pérez defiende al mánager y critica a los jugadores antes del partido.

7-8 de mayo: Invectiva del mánager contra Pepe y Casillas; los «ultras» insultan a Casillas en la concentración; Alex Ferguson anuncia que se retira y nombra heredero a David Moyes.

17 de mayo: Final de Copa, Real Madrid-Atlético (1-2). Mourinho reconoce que su temporada ha sido un fracaso.

20 de mayo: Florentino Pérez anuncia la rescisión del contrato de Mourinho y asegura que «el Madrid está donde le corresponde».

Índice